Andreas Linhardt
Feuerwehr im Luftschutz
1926-1945

vfdb
Vereinigung zur Förderung des
Deutschen Brandschutzes e.V.
Technisch-wissenschaftlicher Beirat
Referat 11 - Brandschutzgeschichte -

Deutsche Brandschutzgeschichte

Bericht Nr. 19 04/2002

Fachgebiet: SHD (LS-Polizei) und LS-Abteilungen (mot) der Luftwaffe

Andreas Linhardt

Geb. 1967 in Braunschweig. Studium der Kunst, Geschichte, Politikwissenschaft und Pädagogik für das Lehramt an Gymnasien an der HBK bzw. TU Braunschweig. Fachgebiete sind Luftkriegsgeschichte mit dem Schwerpunkt Luftschutz/Katastrophenschutz und die Geschichte der Technischen Nothilfe. Diverse Veröffentlichungen in Zeitschriften und Büchern. Mitglied der vfdb und Mitarbeiter des Referats 11 seit 1996.

Internet: http://andreas-linhardt.de
E-Mail: ALinhardt@t-online.de

Andreas Linhardt

Feuerwehr im Luftschutz 1926-1945

Die Umstrukturierung des öffentlichen Feuerlöschwesens in Deutschland unter Gesichtspunkten des zivilen Luftschutzes

Die Deutsche Bibliothek - CIP-Einheitsaufnahme
Ein Titeldatensatz für diese Publikation ist bei Der Deutschen Bibliothek erhältlich.

Repros, Scans, Satz und Umschlaggestaltung
Andreas Linhardt, Braunschweig

Herstellung
Books on Demand GmbH, Norderstedt

ISBN 3-8311-3738-2

Umschlag
Die „Luftschutz"-Schwinge wurde als offizielles Hoheitszeichen ab 1939 an Luftschutz-Stahlhelmen sowie außerdem an der Dienstkleidung des Sicherheits- und Hilfsdienstes und des Luftschutzwarndienstes getragen. Für die Verwendung auf dem Umschlag wurde das Hakenkreuz herausretuschiert.

Foto: Reichseigene Kraftspritze KS 25 des Braunschweiger FE-Dienstes auf dem Hof der damaligen Hauptfeuerwache Münzstraße, 1937 (Archiv Hermann Günther).

Inhalt

Vorwort

Der vorliegende Bericht Nr. 19 des vfdb-Referats 11 basiert auf meiner Ende 1993 abgeschlossenen Ersten Staatsexamensarbeit, die ihrerseits auf eine Seminararbeit von 1990 zurückgeht.

Schon während des Zusammenschreibens hegte ich den Gedanken, all die Mühen nicht allein für die zwei der Prüfungskommission bestimmten Exemplare aufzuwenden, sondern die Arbeit später einer breiteren Fachöffentlichkeit zugänglich zu machen. Mit meiner 1996 erfolgten Aufnahme in das vfdb-Referat 11 reifte die Idee heran, die Arbeit baldmöglichst in der Reihe der Referatsberichte zu veröffentlichen. Meine ursprüngliche Absicht, die für die Examensarbeit begonnenen Forschungen gleichzeitig in einer Doktorarbeit zu vertiefen, konnte ich leider nicht verwirklichen, da man am Historischen Seminar der TU Braunschweig Ablehnung signalisierte. So wählte ich ein anderes, von der Geschichtsschreibung bislang ähnlich stiefmütterlich behandeltes Thema als Dissertationsprojekt: „Die Technische Nothilfe in der Weimarer Republik". Nun mußte aber die Herausgabe meiner Arbeit als vfdb-Referatsbericht bis auf weiteres warten.

Meine Verbindung zur Brand- und Luftschutzgeschichte blieb aber über die Jahre trotzdem aufrechterhalten: Zeitschriftenartikel in Brandschutz und Unabhängiger Brandschutz, Aufsätze und Vorträge, die Ausstellungen „Braunschweig im Bombenkrieg" 1993 und „Bomben auf Braunschweig" 1994,[1] die Aufarbeitung und Katalogisierung des als Depositum im Deutschen Feuerwehrmuseum Fulda hinterlegten Nachlasses von Kurt G. Lindner, meines verstorbenen Vorgängers im vfdb-Referat 11, und nicht zuletzt die Mitarbeit an der umfangreichen, aber außerhalb Braunschweig leider fast unbekannt gebliebenen Festschrift „Kampf gegen Feuer. Zur Geschichte der Berufsfeuerwehr Braunschweig"[2] sind hier zu nennen. Zudem bietet auch mein Dissertationsthema vielfältige Anknüpfungspunkte an die genannte Thematik, gehörte doch die Technische Nothilfe mit zu den ersten Organisationen, die sich ab Ende der 20er Jahre federführend im Gas- und Luftschutz engagierten. Dies ist auch der Grund, weshalb dieser Bericht jetzt doch noch vor Abschluß der Dissertation erscheint.

Seit 1993 sind mehrere Veröffentlichungen erschienen, welche die im

---

Hinweis:

Häufig zitierte Schriften werden durch den Namen des Autors/der Autoren und das Erscheinungsjahr bezeichnet; diese Siglen werden im Literaturverzeichnis aufgelöst. Artikel ohne Verfasserangabe oder Bekanntmachungen werden ggf. mit einem vereinbarten Stichwort, Kürzel, Jahreszahl und Seitenangabe zitiert. Bei Fortsetzungsartikeln eines Autors, die in einer Zeitschrift ohne fortlaufende Seitenzahlen erscheinen, wird zusätzlich die Heftnummer angegeben (z.B. Haag 1958, H. 5, S. 90).

1 Eine aktuelle Veröffentlichungsliste befindet sich auf meiner Homepage unter http://andreas-linhardt.de/literatur.html

2 Braunschweig 2000.

Rahmen dieses Berichts behandelten Fragestellungen direkt berühren. Ich habe mich bemüht, den in meinen Augen wichtigsten Neuerscheinungen im vorliegenden Bericht einigermaßen gerecht zu werden. Gleichwohl bitte ich um Verständnis dafür, daß ich aus zeitlichen Gründen nicht jede Neuauflage eines bereits vorher erschienenen Buches, jeden Zeitschriftenaufsatz und jede seitdem auf den Markt gebrachte Feuerwehrfestschrift berücksichtigen konnte. Und da es inflationär viele Bildbände zu den Feuerwehren der Kriegszeit gibt, fällt auch die Illustration dieses Berichts vergleichsweise sparsam aus. Ein Schwachpunkt meiner Arbeit ist, daß ich nur in verhältnismäßig geringem Umfang auf Primärquellen aus Archiven zurückgreifen konnte. Dieses sicherlich notwendige Verfahren, um das höchstmögliche Maß an historischer Authentizität zu erzielen, wäre aber nur im Rahmen einer Dissertation möglich gewesen. Diesbezüglich zur Perfektion zu gelangen, hätte die Veröffentlichung jedoch noch länger hinausgezögert.

Insofern ist meine Arbeit ein Bericht im wahrsten Sinne des Wortes, nämlich eine Momentaufnahme laufender Forschung mit dem Vorbehalt partieller Ungenauigkeit und von Irrtümern. Gleichwohl soll er bis zum Erscheinen eines vollkommeneren Werkes all jenen eine Orientierung liefern, die sich umfassender informieren möchten, wie Deutschlands öffentliches Feuerlöschwesen zu einem Instrument des zivilen Luftschutzes und somit der Kriegführung umstrukturiert wurde. Regionalgeschichtliche Aspekte, insbesondere zu meiner Heimatstadt Braunschweig, dienen nur der Illustration und werden nach Möglichkeit zu historischen Fakten aus anderen Städten und Regionen in Beziehung gesetzt. Der Bericht ist im Sinne des vfdb-Referats 11 als Beitrag zu einer umfassenden deutschen Brandschutzgeschichte zu verstehen. Trotz des vergleichsweise breiten Ansatzes und seines Umfangs ist er aber keinesfalls als **die** deutsche Feuerwehrgeschichte der Jahre 1926-1945 zu verstehen. Dazu fehlen zu viele Aspekte der Sozial-, Wirtschafts-, Technik- und Kriegsgeschichte, die hier nur angerissen werden können.

Mein besonderer Dank gilt der Leitung des vfdb-Referats 11, Herrn Stadtbranddirektor a.D. Dipl.-Ing. Joachim Haase und Herrn Stadtbranddirektor Dipl.-Chem. Dieter Jarausch, die mich freundschaftlich mit Rat und Tat sowie mit finanzieller Förderung versehen haben. In gleichem Maße danke ich meinem bereitwilligen und fachkundigen Korrekturleser Thorsten Waldmann. Einen Gutteil der Bilder stellten mir freundlicherweise Hartmut Nickel vom Stadtarchiv Braunschweig und Karsten Preiss von der Berufsfeuerwehr Braunschweig zur Verfügung. Schließlich noch der Dank an meine Partnerin Silke Hurlemann, die mir trotz eigener Berufstätigkeit in jederlei Hinsicht „den Rücken freigehalten" hat. Ohne sie alle wäre dieser Bericht wohl weiter in der Schublade geblieben.

Braunschweig, im April 2002

Andreas Linhardt

Einführung

Die Auseinandersetzung mit den Ursachen, der Vorgeschichte und dem Verlauf des Zweiten Weltkriegs hat seit 1945 zu einer bekanntermaßen großen Fülle von Publikationen geführt, und man möchte meinen, so viele Jahrzehnte nach Kriegsende sei über alles gearbeitet worden, was auch nur im entferntesten betrachtens- und überlieferungswert erscheint. Bei genauerem Hinsehen fällt aber auf, daß sich Abhandlungen lediglich zu bestimmten ‚typischen' und ‚spektakulären' Aspekten häufen: zur Person und Ideologie Adolf Hitlers, zur Rolle der NSDAP, der SS und einiger anderer Parteigliederungen, zur nationalsozialistischen Außen- und Rassenpolitik, zum Kriegsgeschehen an den Fronten und zum Widerstand, um nur die gängigsten zu nennen. Ursprünglich entstammte diese stark reduzierte Sicht des „Dritten Reiches" wohl dem berechtigten und notwendigen Bedürfnis intellektueller sowie von den Verfolgungen des Regimes betroffener Kreise, einen Kontrapunkt zu den restaurativen und verdrängenden Tendenzen der ersten zwei Nachkriegsjahrzehnte zu setzen. Diese

Der Luftschutz war für sich genommen nicht gefährlich und eher unspektakulär, wirkte aber als ‚Schild des Regimes' herrschaftsstabilisierend. Briefmarke von 1937.

Sicht kann aber längst nicht mehr als ausreichend für die historische Betrachtung gelten, denn letztlich war sie in ihrer Entstehungszeit primär politisch, nicht historisch motiviert.[1] Meines Erachtens bleiben zu viele der tieferen, ebenso tragenden Strukturen des Systems (und auch deren Brüche) verschlossen, wenn

1 Zur Rezeptionsgeschichte des Nationalsozialismus in der historischen Forschung der unmittelbaren Nachkriegszeit vgl. z.B. Hüttenberger 1980, S. 8-11, u. Matzerath 1970, S. 10 f.; Benz 1986, S. 66 f., bewertet Interpretationsversuche, die „im Zeichen einer politisch instrumentalisierten Totalitarismus-Theorie in den 50er Jahren und danach unternommen wurden", folgendermaßen: „Solche Darstellungen gingen von verschiedenen falschen Voraussetzungen aus, entweder weil sie aufgrund der Effizienz, mit welcher der Nationalsozialismus Böses vollbrachte, ein monolithisches Herrschaftssystem und eine entsprechend durchdachte Herrschaftstechnik vermuteten, die Ideologie des Nationalsozialismus überschätzten und demzufolge Staat und Partei als konsequent und rational arbeitende Maschinerie zur Durchsetzung programmatischer Ziele betrachteten. Und schließlich gibt es immer noch Interpretationsansätze, bei denen Adolf Hitler als allesbewegende Kraft oder als alleiniger Herrschaftsträger im Mittelpunkt steht."

einzig und allein die emotional so schwer faßbaren spektakulären Aspekte zur Untersuchung des „Dritten Reiches" herangezogen werden.[2]

Wenige Jahre nach Kriegsende - im Falle von Franz Neumanns im amerikanischen Exil entstandener Abhandlung „Behemoth" sogar schon 1944 [3] - konnte das „Dritte Reich" anhand zugänglich gewordener Quellen durchaus schon als ein höchst heterogenes System konkurrierender Eliten gesehen werden, das zudem ständigen Wandlungen unterworfen war. Allerdings besteht in der Zeitgeschichtsforschung noch immer Uneinigkeit über die Rolle und Gewichtung Hitlers in der Herrschaftsstruktur des „Dritten Reiches": Während die Intentionalisten die Satrapenkämpfe und institutionellen Antagonismen innerhalb des Systems nur als einen Ausdruck der Person und der ideologisch motivierten Zielvorstellungen des letztlich über allem stehenden „Führers" sehen,[4] neigen die Strukturalisten eher zu einer einschränkenden Sicht der tatsächlichen Einflußnahme und -möglichkeiten Hitlers auf die auseinanderdriftenden Teilgewalten von Staat und Partei im Sinne einer Polykratie.[5] Aufgrund der Erkenntnisse, die ich im Zusammenhang mit dieser Arbeit über das vielfältige, bis an den Rand der Anarchie reichende Eigenleben der am Luftschutz beteiligten Kräfte aus Staat, SS und Partei gewinnen konnte, soll im folgenden der strukturalistischen Sichtweise der Vorzug gegeben werden.

Das grundsätzliche Wissen um die tatsächlichen Strukturen des „Dritten Reiches", seien sie nun intentionalistisch oder strukturalistisch gedeutet, ist aber längst noch kein Allgemeingut geworden. Die anfangs skizzierte, recht enge Auswahl von Aspekten prägt nach wie vor Schul- und Sachbücher über das „Dritte Reich" und somit das Bild, das in vielen Köpfen über diese Zeit existiert - ein Bild, häufig noch immer beherrscht von der Vorstellung eines monolithisch-dämonischen Führerstaates, der in historischer Einmaligkeit bzw. in Verschwisterung mit kommunistischen Systemen das modellhafte Gegenbild zum parlamentarisch-demokratischen System darstellt. Auf dem Nährboden dieser fast mythischen Vorstellung gedeihen Heldenlegenden ebenso wie die Faszination des unvorstellbar Grausamen. Mit zunehmender zeitlicher Distanz wird der Zweite Weltkrieg zu einem ‚großen Abenteuer', einem ‚Spiel ohne Grenzen' im zynischsten Sinne des Begriffs. Kaum einem Fliegeras und nur wenigen kämpfenden Truppenteilen ist inzwischen eine ausgiebige historische Würdigung versagt geblieben. Ebenso sind die Auswüchse des Systems und seiner Kriegsmaschinerie,

---

2 Hierauf wird auch - in Bezugnahme auf die Verwaltungsgeschichte - hingewiesen in Rebentisch/Teppe 1986, S. 8 ff.

3 Vgl. Neumann 1977.

4 Als Beispiel einer intentionalistischen Argumentation sei auf das grundlegende Kapitel über Hitlers Herrschaftsausübung in Diehl-Thiele 1969, S. 1-32, verwiesen.

5 Vgl. Rebentisch/Teppe 1986, S. 7 f., die zudem auf S. 7, Anm. 2, darauf hinweisen, daß der Begriff „Polykratie" in diesem Zusammenhang erstmals von Gerhard Schulz 1960 eingeführt worden sei.

insbesondere die Greueltaten gegen Juden und die Völker besetzter Nationen, vergleichbar gut und detailliert untersucht. Der Blick in einschlägige Bibliographien [6] und - vielleicht noch aufschlußreicher - die Regale der Buchhandlungen bestätigt dies. Ein recht verläßliches Barometer für diejenigen Aspekte des Krieges, welche die breite Öffentlichkeit zu interessieren scheinen, sind in besonderem Maße die Massenmedien Film und Fernsehen: Jenseits jeder strengen Bindung an historische Tatsachen zerlegen sie den Zweiten Weltkrieg in mehr oder weniger spekulative Episoden im Kammerspielformat, in denen der ‚Masse Mensch', insbesondere der Zivilbevölkerung, zumeist nur dekorative Funktion zukommt. Was nicht plakativ spektakulär ist, was dem Publikum nicht die Identifikation mit einzelnen ‚Helden' oder den Groll gegen das personifizierte ‚Böse' ermöglicht, bleibt allzuoft unbeachtet.

Der strategisch geführte Luftkrieg betraf in seiner Theorie und Durchführung die genannte ‚Masse Mensch', also jeden, der nicht an Kampfhandlungen im Frontgebiet teilnahm. Bei den Bombardements gab es keine Helden, keine Ritterlichkeit, keine militärischen Spielregeln und keine Humanität mehr. In keinem Bereich der Geschichte des Zweiten Weltkriegs liegen die Grenzen zwischen legitimer Landesverteidigung und Kriegsverbrechen derart nahe beieinander. Der Luftkrieg war die modernste und rücksichtsloseste Form militärischer Operationen, bei denen die traditionelle Unterscheidung zwischen Kombattanten und Nicht-Kombattanten gegenstandslos wurde.

Mit dem allgemeinen Aufschwung, den die Sozial- und Alltagsgeschichte des „Dritten Reiches" und des Zweiten Weltkriegs seit Ende der 70er Jahre genommen hat, gewann endlich auch die ‚Bodenperspektive' des Luftkriegs eine gewisse, wenn auch noch immer vergleichsweise bescheidene Bedeutung. Seitdem - vereinzelt auch schon etwas früher - ist eine Reihe von Untersuchungen und Sammlungen von Augenzeugenberichten zu den Folgen der alliierten Bombardements erschienen, die in den meisten Fällen regionalgeschichtlich orientiert sind.[7] Die gut besuchten Ausstellungen „Hamburgs Weg in den Feuersturm" im Museum für Hamburgische Geschichte 1993 und „Bomben auf Braunschweig" im Braunschweigischen Landesmuseum 1994 sind weitere Indizien dafür, daß man sich nun auf breiterer Basis nicht mehr mit der vorherrschenden Sicht der oben genannten ‚großen' Aspekte zufriedengeben mag, sondern Antworten und auch neue Fragen in vermeintlich unspektakulären und

6 Hier sei noch einmal auf die - inzwischen veraltete - Bibliographie von Hüttenberger 1980 verwiesen.

7 Als Beispiele aus neuerer Zeit seien ohne Anspruch auf Vollständigkeit genannt: Schmidt 1964; Grabe/Hollmann/Mlynek/Radtke 1983; Steinweg 1989; Lippe 1992; Grote 1985; Friedrich/Schöbel 1993; Hauschild-Thiessen 1993. Ferner sei auf die ausführliche, nach Städten geordnete Literaturliste im Anhang von Wolf 1985, S. 279-299, verwiesen, die allerdings nur den Stand von 1968/69 berücksichtigt.

daher lange vernachlässigten Facetten der Geschichte sucht.

Stellt man sich das System „Drittes Reich“ als Modell interagierender Elemente vor, so ist zweifelsohne die NSDAP das gleichsam konstituierende Kernelement. Flankiert wird es von Strukturelementen wie z.B. der Wehrmacht, dem Propagandaapparat, den Schlüsselindustrien (vor allem Rüstungskonzerne nebst Grundstoff- und Zulieferindustrien, Chemie und Petrochemie) sowie der SS- und Polizeiorganisation. Dahinter zurücktretend, doch nach wie vor in präsenter Position stellen die traditionellen Staats- und Regierungsorgane weitere Elemente dieser Art dar.

Hingegen könnte eine Liste der letztlich tragenden Grundelemente des „Dritten Reiches“ umfassen:

- die NATIONALSOZIALISTISCHE VOLKSWOHLFAHRT (NSV) und das WINTERHILFSWERK
- der REICHSARBEITSDIENST
- die Justiz
- die staatliche Verwaltung von Kommunen und Ländern
- die uniformierten Polizeisparten
- Berufsverbände und Standesvertretungen
- Hilfsorganisationen wie das DEUTSCHE ROTE KREUZ (DRK) und die TECHNISCHE NOTHILFE (TN)
- Zeitungsverlage und Filmindustrie
- die regimetreuen Teile der Kirchen
- den zivilen Luftschutz

Ungeachtet ihrer zeitgenössischen Bedeutung sind erst einige dieser Grundelemente einer eingehenderen Betrachtung und Gewichtung durch die historische Forschung unterzogen worden. Zu ihnen zählen vor allem solche, die bzw. deren Protagonisten auch in der Nachkriegszeit allgemeine Wirksamkeit entfalten konnten: Justiz, Kirchen, Medien und einige Industriezweige.

Ein von der Zeitgeschichtsschreibung [8] besonders stiefmütterlich behandeltes Grundelement des „Dritten Reiches“ ist der zivile Luftschutz,[9] also die Gesamtheit aller nichtmilitärischen Vorkehrungen und Maßnahmen der Luftverteidigung. Dies ist umso unverständ-

---

8 Wie wenig sich selbst sozialgeschichtlich orientierte Werke zum Luftkriegsgeschehen bemühen, den Luftschutz und seine Gliederungen zutreffend in ihre Betrachtungen einzubeziehen, wird an Grabe/Hollmann/Mlynek/Radtke 1983, S. 12, besonders deutlich: Die Autoren werfen arglos die Organisation des Reichsluftschutzbundes mit der des Sicherheits- und Hilfsdienstes durcheinander! Auch der geringe Umfang der Darstellung des Luftschutzes - vier Absätze in einer knappen Spalte bei über 200 Seiten - zeugt von einer sträflichen Unterbewertung dieses Bereichs. Dabei ist den Autoren selbst diese knappe und sachlich falsche Thematisierung noch hoch anzurechnen, denn in den meisten regionalgeschichtlichen Veröffentlichungen kommt der Luftschutz überhaupt nicht als Einzelaspekt vor.

9 Mit dem Begriff „ziviler Luftschutz“ werden im folgenden der Flugwarndienst, der Selbstschutz von Bevölkerung, Betrieben und Behörden, die in der kriegsbedingten Gefahrenabwehr mitwirkenden Einheiten und Einrichtungen öffentlicher und privater Hilfsdienste sowie der Schutzraumbau im zivilen Bereich zusammengefaßt. Die im Rahmen dieser Arbeit ebenfalls gebrauchte (Kurz-)Bezeichnung „Luftschutz“ folgt durchgehend der gleichen Definition.

„Der Blockwart - der Vater des Blocks“: Humoristische Darstellung der Totalkontrolle der Bevölkerung durch den Reichsluftschutzbund in der Zeitschrift DIE SIRENE, 1939

licher, wenn man sich das hohe Maß an Gegenwart des Luftschutzes im Alltag des „Dritten Reiches“ vergegenwärtigt: Seit Einführung der allgemeinen Luftschutzdienstpflicht 1935 konnte praktisch jeder, der nicht in einem öffentlichrechtlichen Dienstverhältnis stand oder aus anderen Gründen unabkömmlich gestellt wurde, zu Dienst- und Sachleistungen herangezogen werden.[10] Der REICHSLUFTSCHUTZBUND (RLB), zuständig für die Breitenausbildung im Selbstschutz, hatte in den Kriegsjahren rund zwanzig Millionen Mitglieder und war somit die nach der DEUTSCHEN ARBEITSFRONT [11] mitgliederstärkste Massenorganisation. Umfassender und wirkungsvoller, als es die Partei allein je vermocht hätte, sorgte der Luftschutz für Kontrolle und Disziplinierung jedes politisch indifferenten oder gar feindseligen „Volksgenossen“. Auch die Angehörigen öffentlicher und privater Hilfsdienste, welche in den Luftschutz integriert waren, zählten nach Hunderttausenden; allein die Freiwilligen Feuerwehren verfügten über zwei Millionen Mitglieder.

Eine Erklärung, warum der Luftschutz - ebenso wie andere seinerzeit auffällige Grundelemente des Systems [12] - so lange beinahe unbeachtet hinter den allseits bekannten Facetten der Geschichte des „Dritten Reiches“ und des Zweiten Weltkriegs zurückstand, versuche ich im folgenden anhand von vier Thesen zu entwickeln:

---

10 Luftschutzgesetz vom 26. Juni 1935. Reichsgesetzblatt Teil I, Jg.1935, S. 827, §§ 2-6.

11 Nach Benz 1986, S. 70 f., hatte die Deutsche Arbeitsfront 1942 rund 25 Millionen Mitglieder.

12 Nicht allein der zivile Luftschutz ist von immensen Aufmerksamkeitsdefiziten der zeitgeschichtlichen Forschung betroffen: So wurde nach Rebentisch/Teppe 1986, S. 8 ff., der gesamte Bereich der Verwaltungsgeschichte trotz der nachweislich hohen Erkenntnismöglichkeiten für das Verstehen des Gesamtsystems lange Zeit völlig übergangen, weil er entweder als „angeblich spröde Materie“ abqualifiziert wurde oder „weder im Rahmen der allgemeinen Geschichtswissenschaft noch als Teil der juristisch und politologisch orientierten Verwaltungswissenschaft eine methodologisch emanzipierte Rolle“ spielen konnte. Auch die Nationalsozialistische Volkswohlfahrt, eine für den NS-Staat geradezu zentrale Massenorganisation, wurde von der Geschichtsschreibung lange Zeit nur sehr spärlich berücksichtigt, vgl. Vorländer 1988, S. 1.

1. Die Grundelemente sind eher unscheinbar, alltäglich und wenig spektakulär; dadurch werden sie in ihrer Bedeutung für das System unterschätzt.
2. Die Grundelemente sind in sich von hoher Komplexität und tragen viele Gesetzmäßigkeiten des Gesamtsystems bereits in sich.
3. Die Grundelemente sind von sich aus überhaupt nicht gefährlich, wohl aber in summierter Form und als funktionalisierter Teil des Systems.
4. Die Grundelemente existieren, bevor das System entsteht.

Auf den zivilen Luftschutz übertragen lassen sich diese vier Thesen folgendermaßen zu Arbeitsthesen verdichten:

Zu 1.) Der Luftschutz war ein Grundelement des nationalsozialistischen Staates und seiner Politik, wenngleich er auch unscheinbar hinter das theatralische Getöse anderer Elemente zurücktrat. Dabei war er spätestens seit Kriegsbeginn allgegenwärtig und für Millionen Menschen von Bedeutung. Seine Aufgabe, Vorkehrungen gegen die negativen Folgen eines modernen Krieges zu treffen, ließ den Luftschutz für propagandistische Zwecke des Regimes ungeeignet erscheinen. Die mit der Errichtung des Luftschutzes anerkannte Tatsache, daß ein noch so hochgerüstetes Deutschland dennoch aus der Luft bedroht werden konnte, paßte nicht ins Bild heroischer Siegeszuversicht. Die mangelnde ideologische Verankerung durch die Protagonisten des Regimes tat ein übriges, daß sich der Luftschutz in öffentlichem Understatement übte.

Zu 2.) Bei näherer Betrachtung offenbart sich der Luftschutz dennoch als ausgesprochen schillerndes und komplexes Gebilde. Kaum ein Bereich des nationalsozialistischen Systems war nicht in irgendeiner Form mit ihm befaßt, und die sich um den Luftschutz entspinnenden Kompetenzrangeleien zwischen Ministerialbürokratie, Partei und SS bilden geradezu modellhaft die Verhältnisse des Gesamtsystems ab.

Zu 3.) Ohne einen mit erheblichen Mitteln ausgebauten und einsatzbereiten Luftschutz hätte das „Dritte Reich" kaum derart lange offensiv Krieg führen können, da ohne Zivilverteidigung alsbald die Wirtschaftskraft und die Moral der Bevölkerung empfindlich nachgelassen hätten. Vordergründig betrachtet eine harmlose Maßnahme staatlicher Daseinsvorsorge, trug der Luftschutz als Teil des Gesamtsystems zu dessen Gefährlichkeit bei.

Zu 4.) Der zivile Luftschutz war keine originäre Erfindung des Dritten Reiches. Vielmehr begann sein Aufbau während der letzten Jahre der Weimarer Republik.

Ziel des vorliegenden Berichts ist es, durch ausführliche Fundierung der voranstehenden vier Thesen zu einer realistischeren Gewichtung des zivilen Luftschutzes in der Geschichte des „Dritten Reiches" und des Zweiten Weltkrieges beizutragen. Angesichts der hohen

Komplexität des Gesamtthemas ‚ziviler Luftschutz' wird hierzu exemplarisch eine wesentliche Komponente der Zivilverteidigung, das öffentliche Feuerlöschwesen, ausgewählt und eingehend untersucht. Notwendigerweise wird hierzu ein wesentlicher Teil Organisationsgeschichte gehören, und natürlich können bei der Untersuchung auch die friedensmäßigen Aufgaben der Feuerwehren nicht gänzlich außen vor bleiben. Allerdings wurde die Neuorganisation der öffentlichen Hilfsdienste durch die Nationalsozialisten hauptsächlich unter dem Gesichtspunkt betrieben, selbige zu Instrumenten des Luftschutzes umzugestalten; ein Blick auf die damaligen und im Rahmen dieser Arbeit vorgestellten Gesetze und Erlasse bestätigt dies. Insofern drängt sich der zivile Luftschutz geradezu als roter Faden für die Feuerwehrgeschichte zwischen den späten 20er Jahren und dem Ende des Zweiten Weltkriegs auf. Bei aller thematischen Eingrenzung sollen allerdings auch wesentliche politische Rahmenbedingungen sowie den gesamten Luftschutz betreffende Entwicklungen und Ereignisse nicht völlig unberücksichtigt bleiben.

Der Bericht gliedert sich in sechs Kapitel:

Im Rahmen des einführenden **ersten Kapitels** werden zwei geschichtliche Handlungsfelder - die Entstehungsgeschichte der Feuerwehren sowie die politischen und technischen Voraussetzungen des Luftschutzes - vorgestellt, die mit dem Aufbau eines Zivilverteidigungssystems vielfältige kausale Verknüpfungen und die Basis aller weiteren Entwicklungen bilden sollten.

Die Phase zwischen 1919 und 1933, in der sowohl der zaghafte Aufbau des zivilen Luftschutzes einsetzt als auch die Feuerwehren bemüht sind, aus eigener Kraft eine längst überfällige Reorganisation ihrer überaus verschachtelten und ineffizienten Strukturen zu versuchen, wird im **zweiten Kapitel** behandelt.

Erste staatliche Umstrukturierungsbestrebungen bezüglich des öffentlichen Feuerlöschwesens, der damit verbundene Niedergang der meisten Feuerwehrverbände, das Forcieren der Luftschutzvorbereitungen durch das Reichsluftfahrtministerium und die Vorbereitungen zur Übernahme der Feuerwehren in die Polizeiorganisation bis zum Erscheinen des Reichsfeuerlöschgesetzes im November 1938 sind Inhalt des **dritten Kapitels**.

Die direkten Auswirkungen des Reichsfeuerlöschgesetzes auf die Feuerwehren, die Führungsstrukturen auf Reichs- und Regionalebene sowie die Situation der Brandschutzkräfte bis 1942 bestimmen das **vierte Kapitel**.

Die Situation der Brandschutzkräfte im sich verschärfenden Bombenkrieg, die sich daraus ergebenden Konsequenzen für die Luftschutzorganisation und die Ausdehnung des Einflusses der SS bis zum Kriegsende werden im **fünften Kapitel** thematisiert.

Im **sechsten Kapitel** werden noch einmal in Form einer Zusammenfassung die wesentlichen Entwicklungen herausgestellt und einer Bewertung unterzogen. Eine kurze Betrachtung zur gegenwärtigen und künftigen Gestalt des deutschen Feuerlöschwesens bildet den Abschluß.

Daß die Stadt und der damalige Freistaat Braunschweig in diesem um Allgemeingültigkeit und Übertragbarkeit bemühten Bericht immer wieder als Beispiel hervorgehoben werden, sollte nicht als Ausdruck eines überzogenen Lokalpatriotismus mißdeutet werden. Natürlich spielt auch die relativ bequeme Erreichbarkeit von Quellenmaterial eine Rolle. Braunschweig bietet sich aber für die Betrachtung vor allem schon deshalb an, weil hier

- schon sehr früh Luftschutzvorbereitungen getroffen wurden,
- die Feuerwehr auf Initiative ihres Branddirektors nicht nur im Luftschutz mitgewirkt hat, sondern ihn in der ersten Hälfte der 30er Jahre federführend aufgebaut hat,
- die Verhältnisse in einem Kleinstaat denjenigen im umgebenden Preußen gegenübergestellt werden können.

Da die braunschweigischen Feuerwehren diese Sonderstellung bezüglich des zivilen Luftschutzes in den Jahren des „Dritten Reiches" wieder eingebüßt haben, weil nun verschiedene gesetzliche Regelungen dem Eigenleben örtlicher Luftschutzinitiativen allmählich den Boden entzogen, beschränkt sich das gewählte regionale Beispiel auf die Zeit bis zur Auflösung des Braunschweigischen Landesfeuerwehrverbands infolge des Reichsfeuerlöschgesetzes 1939.

Im Rahmen dieses Berichts muß die Frage offenbleiben, wie die Phase der Angleichungsversuche an die preußische Gesetzgebung zwischen 1934 und 1939 in anderen außerpreußischen Ländern verlaufen ist. Eine vergleichende Untersuchung der aufgrund unterschiedlicher Landesverfassungen behinderten Gleichschaltungsversuche des Feuerlöschwesens auf dem Verordnungswege wäre sicher lohnend und aufschlußreich. Gleiches gilt für das Schicksal der einzelnen Landesfeuerwehrverbände. Besonders interessant wäre sicher auch, den Verhältnissen in Ostpreußen noch eingehender nachzugehen, wo - wie gezeigt werden wird - der Luftschutzgedanke aufgrund der besonderen geostrategischen Lage schon sehr früh Anhänger fand und bereits 1930 die ersten Großübungen auf deutschem Boden stattgefunden haben. Dies muß jedoch späteren Forschungen überlassen bleiben.

Zur Forschungs- und Literaturlage

Es existiert eine Publikation mit Handbuchcharakter, die sich explizit mit der Organisation und dem Einsatz des zivilen Luftschutzes in seiner Gesamtheit befaßt: das 1963 erschienene Werk „Der Zivile Luftschutz im Zweiten Weltkrieg", veröffentlicht von Erich Hampe unter Mitwirkung zahlreicher Fachleute, die im Krieg in leitenden Positionen des Luftschutzes gewesen waren. Hampe selbst, von der Gründung der Technischen Nothilfe (TN) 1919 bis zum Jahr 1941 stellvertretender Leiter dieser Organisation, war zweifelsohne einer der Pioniere des zivilen Luftschutzes. In einzelnen, nicht nach Verfassern unterschiedenen Kapiteln werden die jeweiligen Aspekte des zivilen Luftschutzes in nüchterner, technisch-sachlicher Weise dargestellt; gleich zwei, offensichtlich nicht miteinander in Beziehung stehende Abschnitte sind dem Feuerlösch- und Entgiftungsdienst im Sicherheits- und Hilfsdienst (SHD) gewidmet; deren eigentliche Träger, die Feuerwehren, die TN oder das Deutsche Rote Kreuz (DRK), spielen hingegen nur eine untergeordnete Rolle. Dies ist auch nicht verwunderlich, denn das eigenständige Profil der Feuerwehren und der Hilfsorganisationen verschwamm zunehmend durch die vielen notdienstverpflichteten Ergänzungs-kräfte und ging durch die 1942 erfolgte Überführung des SHD in die Luftschutzpolizei fast restlos verloren. Problematisch sind die politisch völlig unreflektierten Resümees der einzelnen Kapitel, die in der Regel nur eine Effektivitätsanalyse des Luftschutzes im Hinblick auf einen künftigen Krieg liefern.[1]

Einen ähnlichen Ansatz verfolgte noch 1988 Kurt G. Lindner in seiner Abhandlung „Der Sicherheits- und Hilfsdienst (SHD) und die Luftschutzpolizei (LS-Pol.)", die nur in sehr bescheidenem Umfang als Bericht des vfdb-Referats 11 veröffentlicht worden ist.[2] Lindners Perspektive ist stark geprägt von seiner eigenen Tätigkeit als Luftschutzoffizier in verschiedenen Funktionen vor und während des Zweiten Weltkriegs.[3] Es ist dementsprechend weniger die Arbeit eines Historikers als eine minutiöse Bestandsaufnahme und Evaluation dieses Teilgebiets des Luftschutzes aus der Sicht des Praktikers. Bis zu einem gewissen Grad ist Lindners Arbeit somit selbst als Quelle zu bewerten und auch als solche nutzbar.

Zwanzig Jahre nach Erscheinen des „Hampe" trat Georg Wolfgang Schramm mit seiner an der Universität

1 Hampe 1963.
2 Lindner 1988.
3 Kurt G. Lindner (1914-1994) begann seine Luftschutzlaufbahn als Adjutant des Polizeiabschnitts Süd in Frankfurt am Main und war dort zeitweilig 2. Luftschutzoffizier von 1938 bis Anfang 1939. Nach Kriegsbeginn diente Lindner dann von 09.01.1940 bis 31.05.1942 als Adjutant in der SHD-Abt. (mot) 15, die im deutsch besetzten Belgien und Nordfrankreich eingesetzt wurde. Von 01.06.1942 bis zur Gefangennahme durch amerikanische Truppen Anfang April 1945 war Lindner Kommandeur der LS-Abt. (mot) 19.

Erlangen-Nürnberg eingereichten Dissertation „Der zivile Luftschutz in Nürnberg 1933-1945" hervor. In seinem zweibändig publizierten Werk stellt Schramm enzyklopädisch praktisch sämtliche Facetten des Luftschutzes in der fränkischen Metropole dar, verläßt aber nur selten den gewählten regionalgeschichtlichen Ansatz. Die Genauigkeit und Detailfülle seiner Ausführungen machen Schramms Arbeit allerdings zu einem wertvollen Fundus für überblicksartige und vergleichende Betrachtungen, wie sie im vorliegenden Bericht angestellt werden sollen.[4]

Demgegenüber behandeln diverse Veröffentlichungen zur Geschichte der Feuerwehren und anderer Hilfsdienste den Luftschutz als - eher lästige und gern verdrängte - Episode am Rande. Sehr oft liegt dies daran, daß die Verantwortlichen von damals die Verfasser sind und manches nicht behandeln, was aus der zeitlichen Distanz betrachtet wenig positiv erscheint. Obgleich durchaus aufschlußreich, fällt dem nach dem Krieg geborenen Historiker mitunter die Entscheidung nicht leicht, ob der jeweilige Text nun als Darstellung oder als verspätete Quelle einzustufen ist.[5] Rühmliche Ausnahme stellt hierbei das von Hans Brunswig, einem ehemaligen Offizier der Hamburger Feuerschutzpolizei (Berufsfeuerwehr), verfaßte und 1978 erstmals erschienene Buch „Feuersturm über Hamburg" dar, in dem sehr vielschichtig sowohl die Luftkriegsereignisse als auch der Einsatz der Luftschutzkräfte dargestellt werden. Brunswig scheut sich auch nicht, manches ‚heiße Eisen' wie z.B. die zunehmende Einmischung der Partei in den Luftschutz der Hansestadt anzusprechen und kritisch zu werten.[6]

Für Braunschweig hat der ab 1943 bei der Feuerschutzpolizei dienende Brandingenieur Rudolf Prescher bereits 1955 eine detailreiche Abhandlung über die Luftkriegsereignisse und den Einsatz des Luftschutzes vorgelegt: „Der rote Hahn über Braunschweig". Obgleich auch Prescher einiges stillschweigend herausgefiltert hat - alles, was mit der NSDAP oder SS in Zusammenhang stehen könnte, wurde weggelassen -, kann „Der rote Hahn" noch immer als Standardwerk zu den Bombenangriffen auf Braunschweig gelten.[7] Erst 1992 erfuhr Preschers Werk eine kritische und überwiegend den Zeitraum vor 1943 abdekkende Ergänzung durch Hermann Günther, der bis zu seiner Einberufung 1941 der Freiwilligen Feuerwehr und dem SHD Braunschweig als Bereitschaftsführer z.b.V. angehörte: „Die Berufsfeuerwehr Braunschweig im Vorfeld der Luftangriffe von 1944. Planung, Aufbau und Einsatz des Zivilen Luftschutzes 1926-1943".[8] Insbesondere die Vorreiterrolle der Braunschweiger Berufsfeuerwehr und ihres 1937 verstorbenen Leiters, Branddirektor Fritz Lehmann, bei den Luftschutzvorbereitungen der Stadt stellt

4 Schramm 1983.
5 Als Beispiele seien genannt: Rumpf 1952, Schnell 1956.
6 Brunswig 1987.
7 Prescher 1955.
8 Günther 1994.

Günther anhand eigener Erinnerungen und seltener Materialien seiner Sammlung anschaulich heraus.

Bei den Autoren der Nachkriegsgeneration läßt die historische Authentizität bisweilen zu wünschen übrig. So schreiben seinerzeit unbeteiligte, aber heute in den betreffenden Hilfsdienst persönlich involvierte Autoren eine Geschichte ihrer Organisation, wie sie diese gern während des „Dritten Reiches" gesehen hätten: politisch neutral, fast schon als Widerstandsbewegung, aber auf jeden Fall als Opfer der NS-Willkür.[9]

Das Thema Feuerwehrfahrzeuge erfreut sich im Hobbybereich nach wie vor ungebrochener Beliebtheit bei jung und alt; dementsprechend riesig ist die Auswahl an reich bebilderten und üppig ausgestatteten Büchern und Zeitschriften. Freilich bleiben die meisten dieser Publikationen auf der reinen Artefakt-Ebene stecken. Eine historische Einordnung geschieht nur sehr gelegentlich und dann auch oft nur ungenau, geschweige denn wissenschaftlichen Ansprüchen genügend. Zu den besten Veröffentlichungen dieser Gattung zählen für den betrachteten Zeitraum dieses Berichts das Handbuch von Werner Oswald und Manfred Gihl zu den Fahrzeugen der Feuerwehr und des Sanitätsdienstes, das inzwischen von einem neuen zweibändigen Werk abgelöst worden ist.[10] Auch das Buch von Gustav Ewald über die Geschichte der Feuerspritze bis 1945 liefert noch immer einiges an verwertbaren technischen Informationen.[11] Ein wissenschaftlichen Kriterien am ehesten genügender Artikel zu den Feuerwehrfahrzeugen im „Dritten Reich" findet sich an etwas überraschender Stelle, nämlich in einer Kundenzeitschrift des namhaften Modellauto-Herstellers Brekina; der Verfasser Werner Hartung - gleichzeitig Geschäftsführer des besagten Unternehmens - verdient wirklich Respekt für einen korrekt recherchierten und facettenreichen Aufsatz mit sauberen Belegen.[12]

Mit dem besonderen Anspruch, nicht „den schon zahlreich bestehenden Technik-Publikationen eine weitere hinzuzufügen", sondern „den Schwerpunkt auf Ereignisgeschichte (zu) legen, in den besetzten Gebieten in West und Ost, an den Fronten sowie im Reichsgebiet selbst",[13] stellt der Historiker Michael Foedrowitz 1994 sein Buch „Feuerwehrfahrzeuge im Einsatz 1939-1945" vor. Tatsächlich ist der Band randvoll mit größtenteils noch nie zuvor veröffentlichem Bildmaterial aus zahllosen Archiven im In- und Ausland. Allein diese Fleißarbeit, deren Umfang sich spätestens bei der Durchsicht des Quellenverzeichnisses

9 An der Grenze zur Geschichtsfälschung bewegt sich z.B. Voßmeier 1990, S. 56 f. Voßmeier verschweigt die Anbiederungsversuche der damaligen DFV-Führung an den NS-Staat. Ein besonders eklatantes, wenn auch nicht brandschutzspezifisches Beispiel: Gruber 1985. Ohne jeden Beleg behauptet der Autor schon in der Kapitelüberschrift: „Das DRK wurde keine NS-Organisation", und das Engagement des DRK im Luftschutz wird nur mit der Bekanntgabe der Helferzahlen in einem (!) Satz erwähnt (S. 92).

10 Für diesen Bericht wurde noch Oswald/Gihl 1986 herangezogen.

11 Ewald.

12 Hartung 1987.

13 Foedrowitz 1994, S. 6.

auf der letzten Seite erahnen läßt, verdient Respekt. Doch leider steht der betriebene Rechercheaufwand in keinerlei Verhältnis zum Endergebnis: Versatzstückhaft sind einige wenige Textseiten in dieses ‚Bilderbuch' eingestreut worden. Manche dieser Seiten verraten die Handschrift eines studierten Historikers, andere wiederum stiften mehr Verwirrung als Aufklärung oder sind mit Ungenauigkeiten und Fehlern durchsetzt. Gleiches gilt für einen Teil der Bildunterschriften. Eine den formulierten hohen Ansprüchen genügende Darstellung, die den rund 400 Fotos einen inhaltlichen Rahmen gegeben hätte, bleibt das Buch jedenfalls schuldig. Auch Anmerkungen fehlen völlig. Foedrowitz konnte auf Nachfragen allerdings glaubhaft machen, der Verlag habe zugunsten weiterer Fotos das ursprüngliche Manuskript zu einem Fragment zusammengekürzt. Mittlerweile hat er ein wirklich ausgezeichnetes Buch über den Bunkerbau bei einem anderen Verlag herausgebracht.[14] So muß dieses Werk wohl als Lehrstück gewertet werden, daß man bei Veröffentlichungen mit wissenschaftlichem Anspruch besondere Sorgfalt bei der Auswahl des Verlegers walten lassen sollte - sofern man das Buch nicht gleich (wie im vorliegenden Falle) selbst in Druck gibt bzw. geben muß.

In letzter Zeit sind aber auch einige positiv hervorzuhebende Arbeiten erschienen, in denen auch auf die Situation der Feuerwehren im „Dritten Reich" und im Zweiten Weltkrieg eingegangen wird. So sind eine ganze Reihe von Chroniken erschienen, die mit dem Thema verantwortlich und nicht beschönigend umgehen.[15]

Besonders hervorzuheben ist die 1990 erstmals und mittlerweile in zweiter Auflage erschienene Dissertation „Im Verein mit dem Feuer" von Tobias Engelsing, die sich mit der Sozialgeschichte der Freiwilligen Feuerwehren am Beispiel der Stadt Konstanz befaßt. Obgleich Engelsing keineswegs versäumt, auf die allgemeine Entwicklung der Feuerwehren unter nationalsozialistischer Herrschaft detailliert einzugehen, und ihm auch der Luftschutz einen Abschnitt wert ist, bleibt seine Untersuchung letztlich doch auf den Bodenseeraum zentriert. Hieraus ist ihm kein Vorwurf zu machen; die Verhältnisse in dem relativ kleinen Konstanz während des Krieges sind aber nicht ohne weiteres auf die Großstädte und Industriezentren übertragbar, die massiven Bombardements ausgesetzt waren.[15]

Aufschlußreicher ist diesbezüglich die Magisterarbeit „Polizeitruppe und Luftschutzorganisation: Berufsfeuerwehr Hannover im Dritten Reich." von Christian Stichternath. Ähnlich ambitioniert wie Engelsing, aber noch näher an Archivquellen arbeitend zeichnet er die in vorliegendem Bericht untersuchte Umstrukturierung des öffentlichen Feuerlöschwesens zu einem Instrument der Kriegführung aus regionalgeschichtlichem

14 Foedrowitz 1998.
15 Einige Beispiele ohne jeden Anspruch auf Vollständigkeit: Strumpf 1987; Jarausch/Haase 1991; Giller/Mierke/Petig 1991; Braunschweig 2000.

Blickwinkel nach. Stichternath nimmt hinsichtlich der Verstrickung einzelner Angehöriger der Berufsfeuerwehr bzw. Feuerlöschpolizei Hannover mit dem Nationalsozialismus kein Blatt vor dem Mund. Die Arbeit selbst wurde bislang nicht veröffentlicht, ist aber zumindest in Form zweier Aufsätze in Teilen zugänglich.[17]

Sowohl Engelsings als auch Stichternaths Veröffentlichungen haben bei manchen Feuerwehrfunktionären und -historikern für einen Sturm der Entrüstung gesorgt. Den beiden Autoren, die auch selbst in Freiwilligen Feuerwehren aktiv sind, wurde ‚Nestbeschmutzung' vorgeworfen. Andere, die es besser wissen müßten, haben es geflissentlich vermieden, diesem unwürdigen Kesseltreiben Einhalt zu gebieten. Im Falle von Engelsing führte dies letztlich dazu, daß er sich zwischenzeitlich von der Feuerwehrgeschichte ganz zurückgezogen hat. Es ist wirklich ein Trauerspiel: Da finden sich endlich zwei studierte Historiker und nehmen sich des Themas „Feuerwehren im ‚Dritten Reich'" in m.E. sehr sorgfältiger und verantwortungsvoller Weise an, und alles, was einigen Feuerwehr-Offiziellen (und -Offiziösen) dazu einfällt, ist ihnen das Leben schwer zu machen. Sechs Jahrzehnte nach Kriegsende nicht eben ein Indiz für einen aufgeklärten und souveränen Umgang mit der eigenen Vergangenheit. Es wird höchste Zeit, hier etwas zu ändern. Einen Beitrag hierzu möchte auch ich mit diesem Bericht leisten.

Trotz der geschilderten positiven Tendenzen in der Feuerwehrgeschichtsschreibung fehlt bis heute eine umfassende und gezielte Untersuchung der Interdependenzen zwischen dem Luftschutz und den in ihn involvierten Hilfsdiensten. Insbesondere die besonders komplizierten Strukturen der Spitzengliederung von Feuerwehr und Luftschutz müssen auf Historiker so abschreckend gewirkt haben, daß sich bislang meines Wissens niemand an einer Entwirrung des Kompetenzchaos versucht hätte.

Wie bereits in der Einleitung ausgeführt, war der Luftschutz ein äußerst komplexes Gebilde. In einer zeitgenössischen Broschüre des RLB findet sich hierzu eine treffende Definition: „Dem Umfange nach ist der Luftschutz ein staatspolitisches, wehrpolitisches, wirtschaftspolitisches und wissenschaftliches, dem Aufbau nach ein psychologisches, organisatorisches und technisches Problem."[18] So muß auch Literatur herangezogen werden, die auf den ersten Blick nur wenig mit dem Thema Luftschutz zu tun zu haben scheint, aber bei näherer Betrachtung wertvolle Hinweise zu geben vermag. Hierzu zählen Schriften zur

---

16 Engelsing 1990.
17 Stichternath 2000. Aufsätze: Stichternath 2001, Stichternath 2002.
18 Teetzmann 1935, S. 53.

Wehr-, Innen- und Sicherheitspolitik [19] sowie zur Organisation von Partei [20], SS und Polizei [21].

Unerläßlich bei der Untersuchung des Themas ist aber vor allem das intensive Sammeln und Auswerten von Quellenmaterial, das mit einigem Suchen noch in erstaunlicher Menge zugänglich gemacht werden kann. Manches ist trotz Kriegseinwirkung oder Aktenvernichtungsaktionen erhalten geblieben. Den Erhalt vieler Verordnungen, Berichte, Fachzeitschriften und Fotographien verdankt die Nachwelt allerdings nicht nur der systematischen Verwahrung in Archiven und Bibliotheken. Oftmals blieb der ‚alte Kram' einfach vergessen und ungeordnet in Kartons, ausgedienten Aktenschränken, auf Dachböden oder in selten geöffneten Behördenschubladen liegen. Andere Fundorte sind Nachlässe und Privatsammlungen. Einzelne Informationen, z.B. zu Personen, sind inzwischen auch über das Internet zu ermitteln. Nicht zuletzt aber ist das Auffinden und Befragen von Zeitzeugen ein lohnender Weg der Informationsbeschaffung - und inzwischen ein Wettlauf gegen die Zeit. Allen, die weitergeholfen haben, sei gedankt.

19 Salewski 1974.
20 Hüttenberger 1969.
21 Birn 1986; Buchheim 1964; Huck 1957; Neufeldt 1957; Tessin 1957.

1 Vorgeschichte

1.1 Die Entwicklung des öffentlichen Feuerlöschwesens bis 1919

Damit man die Folgen der Umstrukturierung der Feuerwehren nach 1933 leichter nachvollziehen kann, ist es hilfreich, sich bei der Betrachtung des vielschichtigen Gebietes des deutschen Feuerlöschwesens die langen Entwicklungslinien zu vergegenwärtigen, die zur Ausprägung derjenigen spezifischen Organisationsformen geführt haben, denen sich die Nationalsozialisten bei ihrer Machtübernahme gegenübersahen. Auch wird so deutlicher, daß bestimmte Maßnahmen der Umstrukturierungspolitik im „Dritten Reich" nicht willkürliches Produkt ihrer Zeit, sondern in einem tieferen historischen Kontext verwurzelt waren.

Seit dem 14. Jahrhundert waren feuerpolizeiliche Regelungen im Sinne eines vorbeugenden Brandschutzes das wirksamste Mittel, katastrophale Brände in den eng bebauten und dicht besiedelten deutschen Städten zu verhindern.[1] Zahlreiche Städte gaben sich Feuer- oder Löschordnungen, in denen Bauvorschriften sowie Regelungen für das Alarmwesen, das Vorhalten von Löschgeräten, das Betreiben von Herdstellen, das Lagern brennbarer Materialien und die Organisation von Löscheinsätzen niedergelegt wurden.[2]

Das Feuerlöschwesen blieb in seiner Organisation über die Jahrhunderte zumeist eine Angelegenheit der Nachbarschaftshilfe. Alle Bürger waren zur Hilfeleistung verpflichtet und hatten sich bei Ertönen der Sturmglocke auf bestimmten Plätzen ihres Quartiers einzufinden. Dennoch war diese Form des abwehrenden Brandschutzes angesichts einer Vielzahl gutwilliger, aber unausgebildeter Laien, unzulänglichen Löschgeräts sowie unwirksamer Führungsstrukturen wenig effektiv. Deswegen wurde manche Stadt trotz Feuerordnung noch immer ein Raub der Flammen.

Das 19. Jahrhundert brachte einen deutlichen Aufschwung für das Feuerlöschwesen, und zwar sowohl auf technischem als auch organisatorischem Gebiet. Nicht selten entstammten Ansätze zur Gründung von Löschvereinigungen Handwerkerbünden und den von Friedrich Ludwig Jahn initiierten

1 Frühe Feuer- bzw. Löschordnungen erschienen z.B. in Erfurt 1351, München 1370, Köln 1403, Bremen 1433, Frankfurt/Main 1439, Nürnberg 1449, Lübeck 1461 (vgl. Hornung 1985, S. 115); in Braunschweig trat eine auf älteren, z.T. aus dem 14. Jahrhundert stammenden Regelungen fußende Feuerordnung 1647 in Kraft (vgl. Nickel 2000, S. 27-35).

2 Vgl. z.B. die faksimilierte „Feuer-Ordnung für die Stadt Cassel" von 1558 in: Giller/Mierke/Petig 1991, S. 8 f.

Hamburg wurde zu Pfingsten 1842 von einer riesigen Feuersbrunst heimgesucht: 1749 Häuser werden ein Raub der Flammen. Wie duch ein Wunder verloren lediglich 50 Menschen ihr Leben. In den Augusttagen des Jahres 1943 - also etwas mehr als 100 Jahre später - wurde die Hansestadt Ziel einer Serie verheerender Bombenangriffe, der zu einem Feuersturm führte und ein Vielfaches an Schäden und Menschenleben forderte.

Turnervereinen des Vormärz, die das überkommene Feuerlöschwesen von Grund auf reformieren wollten.[3]

Freiwillige Feuerwehren im heutigen Sinne wurden ab 1840 zunächst in Sachsen (Meißen) und vor allem in Südwestdeutschland gegründet. Wichtigster Impulsgeber auf diesem Gebiet war der Heidelberger Feuerspritzenfabrikant Carl Metz, der in Frankreich die im Rahmen der Nationalgarde aufgestellten SAPEURS POMPIERS als Freiwilligenorganisationen im abwehrenden Brandschutz kennengelernt hatte. 1846 wurde auf Anregung von Metz in Durlach das „Erste Badische Pompiercorps" aus den Reihen der örtlichen Turnerschaft gebildet. Durch einen spektakulären Einsatz seiner Produkte - Metz-Spritzen bewährten sich beim Brand des Karlsruher Hoftheaters 1847 so hervorragend, daß ihr Ruf weit über die Grenzen Badens hinausgelangte - wurde Metz bald in ganz Deutschland bekannt. Metz paarte auf ideale Weise Bürger- und Geschäftssinn; er verkaufte mit seinen Spritzen gewissermaßen gleich die Idee einer auf Freiwilligkeit beruhenden Bürgerinitiative zum Zweck der öffentlichen Gefahrenabwehr mit.[4]

Ein weiterer Pionier der Freiwilligen Feuerwehren, dessen Name nicht nur in Brandschutzkreisen bis heute bekannt ist, war der Ulmer Fabrikant und Feuerwehrkommandant Conrad Dietrich Magirus. Seit 1851 hatte er eine ganze Reihe von grundlegenden Schriften verfaßt, so z.B. Exerzier-Reglements und nicht zuletzt Gebrauchsanweisungen für Feuerlösch-

3 Vgl. Frank 1929, S. 14 ff.; Engelsing 1990, S. 11.
4 Vgl. Frank 1929, S. 15 ff. u. 19; Ewald, S. 88 ff.; Engelsing 1990, S. 20 ff.

gerät.[5] Eine entsprechende Nachfrage konnte Magirus - genau wie Metz - bald großenteils aus eigener Fertigung befriedigen. Um einen engen und regelmäßigen Gedankenaustausch zwischen den in Württemberg gegründeten Feuerwehren in Gang zu bringen, trafen sich auf Betreiben von Magirus im Jahre 1853 die Vertreter von zehn Feuerwehren in Plochingen bei Stuttgart. Dort einigte man sich auf die Gründung eines Landesfeuerwehrverbands als übergreifende Institution; die anderen deutschen Länder wurden aufgerufen, es den Württembergern gleichzutun und zudem eine gesamtdeutsche Dachorganisation anzustreben. In regelmäßigen Abständen sollten nun auf regionaler und nationaler Ebene Feuerwehrtage abgehalten werden. Schon 1854 war Magirus Gastgeber des 1. Deutschen Feuerwehrtages in Ulm, und fast genau ein Jahr später, am 2. September 1855, wurde der DEUTSCHE FEUERWEHRVERBAND anläßlich des 2. Deutschen Feuerwehrtages in Stuttgart gegründet.[6] Seit dieser Zeit liegt allen Freiwilligen Feuerwehren - wie es die Bezeichnung schon ausdrückt - das Prinzip der Freiwilligkeit zugrunde. Sie sind bis heute vereinsähnlich organisiert, ohne jedoch zwangsläufig immer Vereine im rechtlichen Sinne zu sein.

In den Großstädten reichten die Freiwilligen Feuerwehren - so sie denn bereits vorhanden waren - aber schon bald nicht mehr aus, um eine Gefahrenabwehr rund um die Uhr sicherstellen zu können. Zudem bildeten sich im Zuge der fortschreitenden Industrialisierung und des weiteren Anwachsens der Metropolen auch immer neue Gefahrenpotentiale heraus, deren Bewältigung ein hohes Maß an Professionalität erforderte. Der große Brand Hamburgs im Jahr 1842 und der bereits erwähnte Theaterbrand in Karlsruhe ließen es den preußischen Behörden geboten erscheinen, über eine tiefgreifende Reorganisation des Feuerlöschwesens in der Landeshauptstadt Berlin nachzudenken.

Am 16. Januar 1851 wurde unter der Leitung des Polizeibauinspektors und Oberspritzenkommissarius Ludwig Scabell die Berliner Feuerwehr als erste Berufsfeuerwehr Deutschlands geschaffen; ihr Organisationsschema war militärisch, und die Verantwortlichkeit lag beim königlichen Polizeipräsidium.[7] Dem stand bereits das Verlangen des Berliner Magistrats vom 30. Januar 1846 entgegen, das Feuerlöschwesen aus der staatlichen und polizeilichen Verwaltung herauszulösen und in kommunale Verantwortlichkeit zu überführen.[8] In den nachfolgenden Kapiteln wird sich zeigen, daß dieser Kompetenzstreit bis in die Zeit des Nationalsozialismus aktuell blieb.

Dem Berliner Vorbild folgten zunächst weitere preußische Städte und 1865 als erste außerpreußische Städte Leipzig und Rostock.[9] Obgleich in den meisten Städten, in denen Berufsfeuerwehren

5 Vgl. Frank 1929, S. 27 f.
6 Zur Frühzeit der Feuerwehrverbände vgl. Herterich/Hornung 1970, S. 45 f.; Ewald, S. 100; Hornung 1985, S. 59.
7 Vgl. Frank 1929, S. 17 f.; Hornung 1985, S. 57; ausführlich Strumpf 1987, S. 14 ff.
8 Vgl. Hornung 1985, S. 55.
9 Vgl. Hornung 1985, S. 113.

Der Gründer der Berliner Feuerwehr, Ludwig Scabell, im Kreise seiner Offiziere. Schon am gewählten Habitus wird die Nähe zu Polizei und Militär deutlich.

geschaffen wurden, auch Freiwillige Feuerwehren im öffentlichen Brandschutz mitwirkten, bildeten sich zum Teil erhebliche Differenzen zwischen den berufsmäßigen und den ehrenamtlichen Löschkräften heraus. Wenigstens in ihrer Anfangsphase waren die Konzeptionen „Freiwillige Feuerwehr" und „Berufsfeuerwehr" absolut gegensätzlich: hier eine bürgerlich-genossenschaftliche Organisationsform, dort eine technokratisch-obrigkeitsstaatliche. Daß die Freiwilligen Feuerwehren zunächst vor allem in den noch immer von Frankreich beeinflußten liberalen Staaten Südwestdeutschlands und Sachsens entstanden, während in Preußen die Berufsfeuerwehren im Zuge einer ‚Reform von oben' aufgebaut wurden, war sicher kein Zufall. Erst Ende der 20er Jahre des 20. Jahrhunderts verständigten sich die Funktionäre beider Formen des öffentlichen Feuerlöschwesens auf eine engere Zusammenarbeit.

Parallel mit den organisatorischen Neuerungen ging eine Revolutionierung der Brandschutztechnik einher. Schon im ausgehenden 19. Jahrhundert begann eine sich immer stärker spezialisierende Feuerlöschgeräteindustrie, ortsansässige Handwerker wie Dorfschmiede und Stellmacher vom Markt zu verdrängen. Modernisierungsfaktor war hier wie in anderen Branchen die Dampfmaschine. Betriebe, die sich eine Umstellung auf Dampfkraft leisten konnten, waren hinsichtlich ihrer Produktivität ihren Konkurrenten weit überlegen. Neuerungen auf dem Werkzeugmaschinensektor taten ein übriges, um die Feuerlöschgerätetechnik ein großes Stück voranzubringen.[10] Insbesondere hochkomplexe, in moderner Technik konstruierte Baugruppen wie z.B. Kolben- und Kreiselpumpen mit Dampf- oder Benzinmotor oder mechanische Schieb- und Drehleitern wurden schon vor dem Ersten Weltkrieg nur noch von einer Handvoll namhafter Anbieter in nennenswerter Stückzahl produziert.[11]

Dennoch kannte der technische Fortschritt bei Deutschlands Feuerwehren mehrere Geschwindigkeiten: Am Vorabend des Ersten Weltkriegs waren in wohlhabenden Großstädten vollmotorisierte Löschzüge aus aufeinander abgestimmten Sonderfahrzeugen im Einsatz, während in armen ländlichen Gegenden weiterhin altersschwache Handdruckspritzen ihren Dienst leisten mußten - sofern überhaupt das Geld für ‚reguläres' Feuerlöschgerät aufgebracht werden konnte. Auch zwischen den einzelnen deutschen Staaten differierten die technische und personelle Qualität sowie der Grad amtlicher Wertschätzung des öffentlichen Feuerlöschwesens erheblich.

Bei Kriegsbeginn 1914 wurden zahlreiche Feuerwehrleute eingezogen, darunter auch Leiter von Berufsfeuerwehren aus frontfernen Großstädten. Die eingezogenen Brandschutzkräfte stellten das Personal für Militärfeuerwehren,[12] wurden aber zum Teil auch weitaus weniger defensiv eingesetzt:

Magdeburgs Branddirektor Eduard Prölss kommandierte ein Luftschiffgeschwader, das mehrere Bombenangriffe gegen London unternahm,[13] und der Branddirektor und Pionieroffizier Dr. Hermann Reddemann bildete im Auftrag der Obersten Heeresleitung ein aus Feuerwehrleuten bestehendes Bataillon, dessen Hauptwaffe er bereits 1912 aus der Feuerlöschkreiselpumpe entwickelt hatte: den Flammenwerfer. Am 26. Februar 1915 erfolgte der erste Flammenwerferangriff des Krieges gegen eine französische Stellung bei Malancourt unweit von Verdun. Reddemanns alsbald auf Regimentsstärke aufgestockte Einheit führte bis Kriegsende 653 Einsätze mit dieser verheerenden Waffe durch.[14]

---

10 Vgl. Ewald, S. 71 ff.

11 Diese waren nach Oswald/Gihl 1986, S. 10 f., u. Ewald, S. 78 ff. u. 232: Bachert (Kochendorf), Beduwe (Aachen), Blersch (Überlingen), Ewald (Küstrin), Flader (Jöhstadt), Hoenig (Köln), Jauck (Leipzig), Koebe (Luckenwalde), Kurtz (Stuttgart), Magirus (Ulm), Metz (Karlsruhe), Nürnberger Feuerlöschgeräte- und Maschinenfabrik AG (vorm. J. Ch. Braun, Nürnberg), Wagenbauanstalt und Waggonfabrik für elektrische Bahnen (vorm. W. C. F. Busch, Bautzen) und in Österreich Knaust (Wien).

12 Zu den Militärfeuerwehren des Ersten Weltkriegs vgl. Jarausch/Haase 1990, S. 13 ff.

13 Vgl. Strumpf 1987, S. 80.

14 Vgl. Jarausch/Haase 1990, S. 15 f.; Strumpf 1987, S. 78; Hornung 1985, S. 82; Engelsing 1990, S. 187 f. Nach Strumpf war Reddemann Branddirektor von Leipzig, während er nach Hornung und Engelsing Branddirektor von Posen gewesen sein soll. Richtig ist, daß R. im fraglichen Zeitraum (1911-1922) in Leipzig war; in Posen war er 1904-1911 (vgl. Prescher 1984, S. 502 u. 657). Zu den engen Beziehungen zwischen Militär und Feuerwehren in der Epoche 1871-1918 vgl. Stichternath 2000, S. 13-14.

1.2 Historische Voraussetzungen und Anfänge des Luftschutzes

Bombenwurf von Hand zu Beginn des Ersten Weltkriegs.

Die Anfänge des Luftschutzes reichen bis in den Ersten Weltkrieg zurück und sind eng mit der Entwicklung eines neuen Waffentyps, des Kampfflugzeugs, verbunden:

Bei Beginn des Ersten Weltkriegs lagen die ersten Hüpfer des Motorgleiters „Flyer I" der Gebrüder Wright in den Dünen von Kitty Hawk knapp 11 Jahre zurück. Seitdem waren im Flugzeugbau rasante Fortschritte erzielt wurden, und noch vor 1914 begannen die Militärs der europäischen Großmächte und der USA die Verwendbarkeit der neuen Technologie zu prüfen. Zunächst nutzte man Flugzeuge für die Gefechtsfeldbeobachtung und Aufklärung hinter den gegnerischen Linien. Nur wenige Wochen nach Kriegsbeginn führten diese Aufklärer auch Waffen mit, um gegnerische Maschinen zu bekämpfen: Revolver, Karabiner, Handgranaten und ab 1915 schließlich lafettierte Maschinengewehre. Bald wurde aber auch mit dem Abwurf von Sprengkörpern auf Bodenziele experimentiert. Setzte Deutschland für Bombenangriffe gegen Ziele in England anfangs auf eine ganze Flotte von Marine- und Armeeluftschiffen, machten diese in jeder Hinsicht verwundbaren Ungetüme bald Flugzeugen Platz. Mit zunehmender Differenzierung militärischer Flugzeugtypen entstanden in der zweiten Kriegshälfte schon bemerkenswert große Konstruktionen, die eine für damalige Verhältnisse gewaltige Menge an Fliegerbomben - bis zu 2000 kg - bis in frontnahe Zonen des feindlichen Heimatgebiets tragen konnten.[1]

Diese dramatische Entwicklung fand einen ersten Höhepunkt mit drei Bombenangriffen auf die unverteidigte Stadt Freiburg im Breisgau zwischen dem 4. und 13. Dezember 1914, bei denen drei Menschen zu Tode kamen und sechzehn verletzt wurden. Dieser Angriff und einige weitere auf frontnahe Städte im Reichsgebiet [2] nötigten die deutsche Militärführung, einen „Heimatluftschutz"

1 Zur Entwicklung der Bomber im Ersten Weltkrieg vgl. Munson 1978, S. 6 ff.

2 Angegriffen wurden u.a. Friedrichshafen, Köln, Trier, Düsseldorf, Wiesbaden, München und - besonders schwer mit insgesamt 700 Toten - Mainz (nach Hampe 1963, S. 5, u. Strumpf 1987, S. 80); zu den Bombenangriffen auf Stuttgart vgl. Jarausch/Haase 1991, S. 76 u. 78.

zu organisieren. Schon im August 1915 ernannte das Preußische Kriegsministerium den Artilleriemajor von Keller zum Inspekteur der Ballonabwehrkanonen im Heimatgebiet; dessen in Frankfurt/Main eingerichtete Dienststelle wurde für die bodengebundene Flugabwehr (Flak) und die Aufstellung eines Flugwarndienstes zuständig. An eine Leitung und Durchführung des Luftschutzes durch eine zentrale Reichsbehörde wurde noch nicht gedacht, sondern sie oblag zivilen und militärischen Dienststellen auf regionaler Ebene: Die Stellvertretenden Generalkommandos und Festungsgouvernements hatten die Zivilbevölkerung über das Verhalten bei und nach Luftangriffen aufzuklären und einen Flugmelde- und Warndienst zu organisieren. Zur Schadensbekämpfung wurden auf Veranlassung der auch im Frieden zuständigen Kommunalbehörden Feuerwehren, das Rote Kreuz und in schweren Fällen Hilfskommandos des Militärs eingesetzt.[3]

Am 8. Oktober 1916 wurden die fliegenden Truppenteile des deutschen Heeres unter einem Kommandierenden General der Luftstreitkräfte zusammengefaßt. Der Dienststelle dieses Generals wurde auch eine Abteilung Heimatluftschutz zugeordnet, in der alle militärischen und zivilen Maßnahmen der Luftverteidigung koordiniert werden sollten. Als Brandschutzberater beim Stab wurde der Ber-

Deutsche Militärfeuerwehr in Mechelen/Belgien, 1914. Als Kommandeure solcher Einheiten lernten viele Feuerwehroffiziere die Wirkung von Luftangriffen kennen. Aus ihrem Kreise gingen nach dem Krieg die wichtigsten Vordenker eines umfassenden Luftschutzes für die Zivilbevölkerung hervor.

3 Vgl. Haag 1958, H. 5, S. 98; Hampe 1963, S. 3 f.; Strumpf 1987, S. 80; detailliert Klinge 2001, Teil 1, S. 25-28.

liner Branddirektor und Major der Luftwaffe Maximilian Reichel berufen, und auch den Stellvertretenden Generalkommandos in luftgefährdeten Front- und Heimatgebieten wurden Kriegsbranddirektoren und Kriegsbrandmeister zugeordnet.[4] Aus den Reihen dieser Offiziere gingen nach dem Krieg einige prominente Befürworter des zivilen Luftschutzes hervor. So diente auch der Braunschweiger Branddirektor Fritz Lehmann nach einer Tätigkeit als Divisions- und Korpsgasschutzoffizier ab 1918 als Marinebranddirektor beim Marinekorps Flandern.[5]

Auch auf die Feuerlöschgeräteindustrie hatte der Krieg Auswirkungen: Die Feuerwehrgerätefabrik MAGIRUS nahm auf Anforderung der Heeresleitung 1916 die Fabrikation von Lastwagen mit Benzinmotor auf; 1918 baute der Ulmer Hersteller bereits Löschfahrzeuge mit Chassis, Aufbauten und Pumpe aus eigener Fertigung. Erste Empfänger von Magirus-Automobil-Spritzen waren das wegen seiner Pulvermühle kriegswichtige Rottweil und die Flugzeugbau- und Zeppelin-Werft in Friedrichshafen, beides Orte mit erheblicher Luftangriffsgefahr.[6] So gesehen waren die ersten Kraftfahrspritzen dieses noch heute renommierten Herstellers Luftschutzfahrzeuge.

Die noch sehr in den Anfängen steckende Gas- und Atemschutztechnik erhielt im Krieg durch den Einsatz von Kampfgas einen bedeutenden Entwicklungsimpuls. So konnten die Feuerwehren nach dem Krieg unmittelbar von der militärischen Forschung profitieren und auf wirkungsvolle Filter- und umluftunabhängige Atemschutzgeräte zurückgreifen.[7]

Obwohl die von den Entente-Mächten auf Südwest- und Westdeutschland durchgeführten 683 Luftangriffe nicht kriegsentscheidend waren, wurde wachen Geistern rasch deutlich, welche Radikalisierung der Einsatz von Bombern gegen Ziele tief im Hinterland für einen künftigen Krieg bedeuten mußte. Gestalteten andere neue Waffen des Ersten Weltkriegs - Unterseeboote, Maschinengewehre, Giftgas - das Sterben an den Fronten nur noch effizienter und grausamer, so war der Bomber geeignet, die Unterscheidung zwischen Front, Etappe und Heimat letztlich aufzuheben. Weitsichtig äußerte der britische General Jan Smuts bereits im Jahre 1918:

> „Der Tag mag nicht fern sein, da die Operationen in der Luft mit ihren Zerstörungen von Feindesland und der Zertrümmerung von Industrie- und Bevölkerungszentren in großem Maßstabe die Hauptoperationen eines Krieges sein werden und die älteren Formen des Land- und Seekrieges nur mehr eine sekundäre und untergeordnete Rolle spielen."[8]

---

4 Vgl. Haag 1958, H. 5, S. 99.
5 Vgl. Lehmann 1933, S. 40-53, hier S. 41.; zur Biographie Lehmanns vgl. auch Günther 1994, S. 13, u. Braunschweig 2000, S. 500.
6 Vgl. Ewald, S. 220 ff.
7 Vgl. Jarausch/Haase 1991, S. 93 f.
8 Zitiert nach Haag 1958, H. 5, S. 100.

2
Koordinationsversuche bei gleichbleibenden Organisationsstrukturen

2.1
Zur Lage der Feuerwehren in der Weimarer Republik

Das Feuerlöschwesen blieb auch nach Gründung der Weimarer Republik - trotz der Bemühungen des Reichsvereins Deutscher Feuerwehringenieure (RDF) und anderer Verbände, es zur Reichssache zu erheben [1] - Angelegenheit der Länder, die ihr Durchführungsrecht auf die Kommunen übertrugen. Selbst die Berliner Feuerwehr, die seit ihrer Gründung dem Polizeipräsidium unterstellt war, wurde auf Druck ihrer Mitglieder am 1. April 1920 in städtische Verantwortlichkeit überführt.[2] Landesgesetzliche Rahmenbedingungen, die Füllung der Gemeinde- oder Vereinsschatulle und die Fachkompetenz der Wehrführer entschieden letztlich über die Wirksamkeit der örtlichen Brandschutzorganisation.[3] Somit blieben manche unbefriedigenden Zustände der Vorkriegszeit vorerst konserviert.

Pferdezug-Motorspritze der Firma Müller, Döbeln/Sachsen, Baujahr 1925. Ländliche Feuerwehren, die bereits über solch ein Löschgerät verfügten, konnten sich glücklich schätzen. Spritzen dieser oder vergleichbarer Bauart kamen auch noch im Zweiten Weltkrieg zum Einsatz.

Das Fehlen von Richtlinien auf Reichsebene verhinderte eine Angleichung von Ausstattung und Ausbildung der Feuerwehren. Jede Wehr beschaffte die Geräte, die sie sich leisten konnte und

1 Vgl. Strumpf 1983, S. 11; Jarausch/Haase 1991, S. 143, erwähnen ferner einen 1919 von Vertretern des Deutschen Feuerwehrverbands, der Vereinigung deutscher Berufsfeuerwehroffiziere, der Verbandes deutscher Berufsfeuerwehrmänner, des Bundes deutscher Architekten und des Verbands deutscher Bezirksschornsteinfegermeister gebildeten Ausschuß, welcher der Reichsregierung vergeblich vorgeschlagen habe, ein „Reichsamt für Feuerschutz- und Feuerlöschwesen" ins Leben zu rufen. Auch ein 1927 vom Preussischen Feuerwehrverband unternommener Vorstoß, wenigstens in Preußen eine gesetzlich abgesicherte Vereinheitlichung des Feuerlöschwesens herbeizuführen, sei von der Staatsregierung aus Kostengründen abgelehnt worden.

2 Vgl. Strumpf 1987, S. 83 f.

3 Vgl. Prescher 1955, S. 120.

die ihr zweckmäßig erschienen.[4] Berufsfeuerwehren mit eigenen Werkstätten kauften sich ihre Fahrzeuge sogar in Einzelteilen und montierten sie selbst zusammen; auch der Umbau gebraucht erworbener oder von anderen kommunalen Dienststellen übernommener Kraftwagen war allgemein üblich.[5]

Neben den Unterschieden zwischen einzelnen Staaten und Kommunen [6] bestand weiterhin - trotz der Bemühungen der Feuerwehrverbände, Abhilfe zu schaffen - ein krasses Stadt-Land-Gefälle hinsichtlich Ausstattung, Ausbildungsstand und Organisationsgrad. Insbesondere die flächendeckende Motorisie-

In den 20er Jahren waren Fuhrparks von solcher Einheitlichkeit und Modernität die Ausnahme. Hier Fahrzeuge der Berufsfeuerwehr München auf MAN-Saurer-Fahrgestellen.

4 Hans Rumpf wetterte darüber in der Rückschau (Rumpf 1952, S. 17): „Was den eigentlichen feuerwehrtechnischen Apparat betraf, so konnte jeder Feuerwehrführer praktisch sich jedes, auch das ausgefallenste Gerät bauen lassen, jede Gerätefirma jede von ihr entwickelte Konstruktion auf den Markt bringen, jeder ‚Erfinder' für seine absonderlichen Ideen so viel Dumme suchen, wie er fand."

5 Hierzu Prescher 1980, S. 119: „In dieser Zeit war es bei den Feuerwehren weitverbreitet üblich, daß für die Löschfahrzeuge Fahrgestelle, Pumpen und Aufbauten bei verschiedenen Firmen beschafft wurden. Bei kritischer Betrachtung kamen vielfach mehr oder weniger gelungene Basteleien heraus." Aus Sparsamkeitsgründen wurden auch in Kassel (vgl. Giller/Mierke/Petig 1991, S. 35) und Stuttgart (vgl. Jarausch/Haase 1991, S. 85 f.) Neubauten und Reparaturen in eigenen Werkstätten der BF durchgeführt.

6 Vgl. Rumpf 1952, S. 16 f.

rung von Feuerwehren in ländlichen Gebieten war durch den Ersten Weltkrieg und die Inflation erheblich verzögert worden. Verbindliche Normen für Feuerlöschgeräte und -fahrzeuge, welche die Zusammenarbeit mehrerer Wehren bei Großbränden (z.B. durch einheitliche Schlauchkupplungen) und eine ökonomischere Großserienfertigung ermöglicht hätten, wurden in der Regel aus Furcht vor Umstellungskosten oder gar aus Eigensinn abgelehnt.[7]

Trotz allem wurde die weitere Motorisierung der Fuhrparks großstädtischer Berufsfeuerwehren weiter vorangetrieben. Ab 1930 fanden zudem viele technische Neuerungen im Schwerlastwagenbau - Luftbereifung, Öl- oder Luftdruckbremsen - auch Anwendung bei Feuerwehrfahrzeugen, und obwohl sich der Benzinmotor als Antriebsform gerade erst durchgesetzt hatte, kündigte sich der robustere und wirtschaftlichere Dieselmotor bereits als dessen Nachfolger für schwere Nutzfahrzeuge an. Dies hatte auch ökonomische Gründe: Dank modernerer Ausstattung konnten nun weniger Feuerwehrleute mehr leisten. Man hoffte, so auch die Zahl der Neueinstellungen zu begrenzen.[8] Eine weitere Verbesserung bei der Feuerwehr-Fahrzeugtechnik wirkte sich unmittelbar auf die bislang hohen Krankenstände und die nur wenige Jahre betragenden Dienstfähigkeitszeiten der Feuerwehrleute [9] aus: Nachdem Löschmannschaften während des extrem kalten Winters 1928/29 wiederholt mit Erfrierungen aus dem Einsatz zurückgekehrt waren, da ihre Fahrzeuge in ‚Cabrio'-Bauform gehalten waren und nur in den wenigsten Fällen über ein Verdeck verfügten, setzten sich allmählich geschlossene Mannschaftsräume durch.[10] Daß der Personalbestand vieler Berufsfeuerwehren aber - trotz aller Sparsamkeit - dennoch weiter aufgestockt wurde, hatte mehrere Gründe:

- Auf Druck der Gewerkschaften Verkürzung der Wachschichten von 48 auf schließlich 24 Stunden.[11]
- Neuzuweisung weiterer Aufgaben: Neben dem Feuerlöschdienst traten nun verstärkt die Bereiche technische Hilfeleistungen und Krankentransport sowie die Durchführung von Baumaßnahmen an von der Feuerwehr genutzten Gebäuden in den Vordergrund. Manche Berufsfeuerwehren wurden auch für andere kommunale Dienstleistungen herangezogen (Straßenreinigung, Fuhr-

---

7 Eine bereits 1882 patentierte „Kupplung mit gleichen Hälften" (Storz-Kupplung) wurde erst 1936 in Form der „Reichs-Normal-Kupplungen" A, B, C und D eingeführt. Ein 1904 eingebrachter Vorschlag, einheitliche Schlauchkupplungen einzuführen, scheiterte auf der Versammlung des Verbands Deutscher Berufsfeuerwehren, weil viele Kommunen die Umstellungskosten fürchteten.

8 Vgl. Jarausch/Haase 1991, S. 80.

9 Vgl. Strumpf 1987, S. 101.

10 Vgl. Ewald, S. 264; Oswald/Gihl 1986, S. 39.

11 Vgl. Strumpf 1987, S. 81; Jarausch/Haase 1991, S. 79; Giller/Mierke/Petig 1991, S. 35 u. 40. Zu den Feuerwehr-Gewerkschaften vgl. auch 2.2.6.

parkinstandhaltung, aber zum Teil auch völlig fachfremde Arbeiten [12]).

- Höherer Bedarf an technisch qualifiziertem Personal, das in der Lage war, moderne Feuerlöschtechnik zu warten und zu bedienen.

Gasschutzübung bei einer unbekannten Feuerwehr. Seit dem Ersten Weltkrieg hatte die Atemschutztechnik einen enormen technologischen Fortschritt zu verzeichnen.

Im Gegensatz zu den wachsenden Berufsfeuerwehren war die Mitgliederzahl der Freiwilligen Feuerwehren allgemein stark rückläufig.[13] Nach dem Ersten Weltkrieg hatten sich die Reihen gelichtet, weil mancher Feuerwehrmann gefallen oder zum Invaliden geworden war. Andere hatten vom Exerzieren und Uniformtragen endgültig genug. Hinzu kam, daß die traditionell tragende Schicht der Freiwilligen Feuerwehren, die mittelständischen Handwerker und Kaufleute, so sehr um den Erhalt ihrer Existenz zu kämpfen hatte, daß auch sie nicht in gewohntem Umfang Nachwuchs stellte.[14] Manchenorts, insbesondere in Großstädten, wurden Anfang der 20er Jahre Freiwillige Feuerwehren ganz aufgelöst; neben den bereits erwähnten Gründen spielte hier auch der Motivationsverlust bei den Freiwilligen mit hinein, die durch die schnelleren und effektiveren Einheiten der Berufsfeuerwehr aus der ersten Reihe des örtlichen Brandschutzes verdrängt wurden.[15] In der Endphase der Weimarer Republik waren es die aufstrebenden Gliederungen der NSDAP, die manchen zum Ausscheiden aus den Reihen der Freiwilligen Feuerwehren bewogen haben, zumal die Zugehörigkeit zu politischen Verbänden vielen von größerem persönlichen und beruflichen Nutzen erschien als der Dienst in einer Feuerwehr.[16]

Aber auch innerhalb der Feuerwehren, insbesondere der Berufsfeuerwehren, suchte die Politik immer mehr Fuß zu fassen. So bildeten sich dort, wie in anderen Betrieben auch, NS-Beamten-

12 So führte die BF Stuttgart „Wagnerarbeiten, Instandhaltung der Bereifung sämtlicher städtischer Fahrzeuge, Schärfen der Werkzeuge der Stadtbauinspektion, Möbelreparaturen für Kanzleien und Krankenhäuser, Bänke und Tische der Gartendirektion, Absteckpfähle und Tragen für das Friedhofsamt, Einbinden von Zeitungen und Büchern für die Bibliothek, Neueinbinden von Schulbüchern, Herrichten von Wand- und Schiefertafeln für die Volksschulen" durch (Jarausch/Haase 1991, S. 86).

13 Ein Beispiel: Löschkräfte in Braunschweig 1891: BF 41 Mann, FF 396 Mann; 1929: BF 86 Mann, FF: 60 Mann; nach Giller/Mierke/Petig 1991 wurde auch in Kassel die BF-Personalstärke erhöht von 1914: 86 Mann auf 1931: 113 Mann.

14 Vgl. Engelsing 1990, S. 114.

15 Vgl. Jarausch/Haase 1991, S. 84.

16 Vgl. Hampe 1963, S. 367.

ARBEITSGEMEINSCHAFTEN (NSBA) als Betriebszellen der NSDAP.[17]

Ungünstig für die Freiwilligen Feuerwehren wirkte sich ferner aus, daß auch während der Weimarer Republik teilweise noch alte Ressentiments staatlicher und kommunaler Stellen, auch innerhalb der Berufsfeuerwehren [18], gegenüber den Freiwilligen Feuerwehren weiterbestanden. Insbesondere Preußen pflegte ein auffallend distanziertes Verhältnis zu diesen Einrichtungen bürgerlicher Selbsthilfe. Wer als Großstadt auf sich hielt, leistete sich eine Berufsfeuerwehr und löste die Freiwilligen Feuerwehren möglichst auf. Im Jahre 1929 hatten 11 von 65 in Deutschland bestehenden Berufsfeuerwehren kein freiwilliges Pendant. Die betreffenden Städte - Altona, Breslau, Kassel, Koblenz, Frankfurt/Oder, Guben, Insterburg, Leipzig, Potsdam, Stettin und Tilsit [19] - gehörten ausnahmslos zu Preußen. Daß die preußische Stadt Kassel 1931 wieder eine Freiwillige Feuerwehr erhielt, gründete sich vor allem darauf, daß die durch Sparmaßnahmen in ihrem Einsatzwert geschwächte Berufsfeuerwehr für den Brandschutz in Vororten dringend einer Entlastung bedurfte.[20] Einige Städte besaßen am Ende der Weimarer Republik überhaupt nur deshalb Freiwillige Feuerwehren, weil sich diese in eingemeindeten Ortschaften erhalten hatten.[21]

Bei Großbränden wie hier in der Braunschweiger Pianofortefabrik Grotrian-Steinweg 1926 bewährte sich das Vorhandensein Freiwilliger Feuerwehren zur Verstärkung der Berufsfeuerwehr. Gleichwohl war ihr Einsatzwert durch zu wenige Übungen und Einsätze, unzureichendes Material und nicht zuletzt aufgrund ihrer Personalstruktur eingeschränkt.

Aber selbst in Städten wie Braunschweig, wo bislang ein traditionell enges Verhältnis zwischen Berufsfeuerwehr und Freiwilligen Feuerwehren bestand, gerieten die ehrenamtlichen Löschkräfte deutlich

17 Vgl. Prescher 1981, S. 2; Strumpf 1987, S. 101.

18 Selbst im Rückblick ließ Hans Rumpf, damals bei der BF Königsberg/Ostpreußen, seine Geringschätzung gegenüber den Freiwilligen Feuerwehren erkennen (Rumpf 1952, S. 14 f.): „Die freiwilligen Feuerwehren waren bemüht, es den Berufsfeuerwehren an Einsatzbereitschaft und Schlagfertigkeit nachzutun, waren jedoch durch den allzusehr ausgeprägten vereinsmäßigen Charakter ihrer Organisation und durch unzureichende Existenzmittel gehemmt. Es fehlte ihnen auch an klaren Grundsätzen und fester Organisation. (...) Berufsfeuerwehren und freiwillige Feuerwehren lebten im allgemeinen nebeneinander her, wobei in Norddeutschland der Einfluß der Berufsfeuerwehren, in Süddeutschland der der dort sehr volkstümlichen freiwilligen Wehren überwog."

19 Zahlen und Orte nach Frank 1929, S. 21 f.

20 Vgl. Giller/Mierke/Petig 1991, S. 40.

21 Vgl. Hannover 1988, S. 202 f.

ins Hintertreffen: Zwischen 1920 und 1930 wurde die einzige noch bestehende innerstädtische Freiwillige Feuerwehr, die Turner-Feuerwehr, lediglich zu vier Einsätzen alarmiert. Schon meldeten sich Stimmen im Stadtrat, die auf eine völlige Auflösung der ohnehin personell überalterten und unterbesetzten Turner-Feuerwehr drängten, und nur zähes Argumentieren und das intensive Anwerben neuer Mitglieder durch Branddirektor Fritz Lehmann sicherten vorerst ihren Erhalt.[22] Obgleich die Freiwilligen Feuerwehren in Großstädten tatsächlich nicht mehr ihre frühere Bedeutung für den alltäglichen Brandschutz besaßen, erkannte Lehmann doch frühzeitig das Helferpotential, das sich aus deren Reihen für den Luftschutz gewinnen ließ. Hier war Braunschweigs Branddirektor aber seiner Zeit weit voraus, und die nationalsozialistischen Machthaber hatten später erhebliche Schwierigkeiten, den weiteren Schwund freiwilliger Löschkräfte aufzuhalten oder gar eine Trendwende herbeizuführen.

22 Vgl. Günther 1994, S. 9 ff.; Rückendeckung erhielt Lehmann auch durch den Schriftleiter der BLZ, Mundt, der in seinem Artikel „Wann wird die Braunschweiger Feuerwehr großstädtisch? Die Lehren aus der Brandkatastrophe bei Gerloff & Co." am 22.02.1930 eine Verstärkung und Dezentralisierung der Berufsfeuerwehr forderte und die Freiwillige Feuerwehr in Schutz nahm.

2.2
Die Vereine und Verbände der Feuerwehren bis 1933

Die Vielfalt und Unterschiedlichkeit der deutschen Brandschutzkräfte fand ihre Entsprechung in den Feuerwehrvereinen und -verbänden, die sich in der Mehrzahl noch vor Beginn des Ersten Weltkriegs gebildet hatten.

Während die territoriale Organisation der einzelnen Wehren durch die Kreis-, Landes- und Provinzial-Feuerwehrverbände sowie den Deutschen (Reichs-) Feuerwehr-Verband geleistet wurde, konstituierten sich für den Bereich der Berufsfeuerwehren auf der einen Seite Offiziersvereinigungen, deren Hauptvertreter während der Weimarer Republik der Reichsverein Deutscher Feuerwehringenieure (RDF) war, und auf der anderen Seite die gewerkschaftlichen Vertretungen durch den Verband Deutscher Berufsfeuerwehrmänner (VDB) und die Fachgruppe Feuerwehr des Reichsbunds der Kommunalbeamten und -angestellten (KOMBA).

Neben den einzelnen Vereinigungen existierten noch übergreifende Zusammenschlüsse, die bestimmte, eng umrissene Aufgaben erfüllen sollten. Hier sei auf den Preussischen Feuerwehr-Beirat verwiesen, der, obwohl von der Rechtsform her ein eingetragener Verein, ein reines Beratungsgremium aus Vertretern der Feuerwehrverbände und berufener Spezialisten beim Preußischen Innenminister war. Ab Ende 1928 trat noch die von Vertretern der wichtigsten Verbände gegründete Arbeits- und Interessengemeinschaft deutscher Feuerwehrorgane hinzu.

Die Führungskräfte von Werk- und Fabrikfeuerwehren fanden ihre Repräsentation in der Auskunfts- und Zentralstelle für Leiter und Dezernenten des Feuerschutz- und Sicherungsdienstes industrieller Unternehmungen, kurz A.- und Z.-Stelle genannt.[1] Auf diese Institution soll hier im weiteren aber nicht eingegangen werden, da diese nicht unmittelbar mit dem öffentlichen Brandschutzwesen in Zusammenhang gebracht werden kann.

Die Stellung der Feuerwehrvereine und -verbände im öffentlichen Leben war ambivalent: Zum einen sorgten sie für eine umfassende, teilweise sogar übergreifende Organisation aller Arten von Feuerwehren, förderten den Gedankenaustausch, strebten eine Vereinheitlichung des Feuerlöschwesens an, pflegten Verbindungen zur Feuerlöschgeräteindustrie und den Feuerversicherungsanstalten; andererseits waren ihrem Einfluß auf die örtlichen Verhältnisse der Feuerwehren enge Grenzen gesetzt. Viele Bemühungen hinsichtlich Verbesserung und Vereinheitlichung des kommunalen Brandschutzes scheiterten an überzogenem Partikularismus oder unzureichenden Geldmitteln der öffentlichen Hand. Die finanzielle Situation der Feuerwehren blieb in der Weimarer Zeit immer auf das engste mit der konjunkturellen Lage verbunden. Besonders gefährdet waren die Etats zur Zeit der Hochinflation 1923 und der Weltwirtschaftskrise von 1929 bis 1932. Obgleich die Feu-

1 Zur A.- und Z.-Stelle vgl. kurzgefaßt Herterich/Hornung 1970, S. 50.

erwehren und ihre Verbände viel Idealismus entwickelten und bemüht waren, ihre Verbandstage auch in Notzeiten stattfinden zu lassen (vgl. 2.2.2), war die Enttäuschung über die offenkundige Gleichgültigkeit des Reiches und der Länder weit verbreitet. So ließ der Aufstieg der Nationalsozialisten bei manchem Feuerwehrfunktionär vorsichtige Hoffnungen auf Besserung keimen.

Ab 1928 erreichte das Thema ‚ziviler Luftschutz' auch die Feuerwehrverbände. Deren Tagungen, Vorstandssitzungen und Veröffentlichungen wurden in zunehmendem Maße zum Forum der Luftschutz-Befürworter aus Ministerialbürokratie, Luftschutzvereinen und Hilfsdiensten. Prominenteste Vertreter aus den Reihen der Feuerwehren waren Branddirektor Fritz Lehmann (Braunschweig) und Brandingenieur Hans Rumpf (Königsberg). Wenngleich auch der Luftschutz bis zur nationalsozialistischen Machtübernahme nur eine Minderheit der Feuerwehrführer ansprach, so waren seine Grundzüge längst durch Vordenker wie Lehmann oder Rumpf erarbeitet worden. Auch die zentrale Rolle der Feuerwehren im Luftschutz wurde bereits vor 1933 festgeschrieben.

2.2.1 Der Braunschweigische Landesfeuerwehrverband als Beispiel eines regionalen Feuerwehrverbands

Die zwei wesentlichen Zielsetzungen des 1874 gegründeten BRAUNSCHWEIGISCHEN LANDESFEUERWEHRVERBANDS [1], die materielle Ausstattung der Wehren zu verbessern und eine qualifizierte, einheitliche Ausbildung der Löschkräfte anzustreben, blieben auch nach Ende des Ersten Weltkriegs unverändert bestehen. Wesentliche Aufgabenstellung der Weimarer Zeit war vor allem, bei dringend anstehenden Modernisierungsmaßnahmen im Ausrüstungsbereich nicht den Anschluß an die immer rasanter voranschreitende Entwicklung im gerätetechnischen Bereich zu verlieren.

Nach seiner Rückkehr aus dem Krieg wurde der Leiter der Braunschweiger Berufsfeuerwehr, Branddirektor Fritz Lehmann, im Jahre 1919 auch zum Landesbranddirektor gewählt. Obgleich Lehmann und viele seiner Verbandskameraden ihre deutschnationale Gesinnung nicht verhehlten (anläßlich des 24. Braunschweigischen Feuerwehrtages in Vorsfelde 1928 wurde die schwarz-rot-goldene Flagge der Republik überhaupt zum ersten Mal über der dortigen Feuerwehrunterkunft aufgezogen [2]), gelang dem Braunschweigischen Landesfeuerwehrverband eine enge, vertrauensvolle Zusammenarbeit auch mit sozialdemokratisch geführten Landesregierungen.[3]

Lehmann nahm gleich nach seiner Wahl ein Projekt in Angriff, das er bereits 1912 erdacht hatte, aber infolge des Krieges verschieben mußte: die stufenweise Einführung von Motorspritzen in allen braunschweigischen Landgemeinden. In allen Kreisstädten wurden zudem Zentralen gebildet (Vorläufer der heutigen FEUERWEHRTECHNISCHEN ZENTRALEN), denen für überörtliche Hilfeleistungen bei Großschadenslagen automobile „Überlandfahrzeuge" zugeordnet waren. Als Ergänzungskomponente für örtliche Löschkräfte waren die Überlandfahrzeuge nach Gesichtspunkten des Katastrophenschutzes für lange Wasserförderstrecken ausgestattet und nahmen viele Merkmale späterer Luftschutzfahrzeuge vorweg:

- tragfähiges LKW-Chassis
- starke Pumpe (Kreiselpumpe 2.000 l/min)
- große Mengen an Druckschläuchen auf drei Haspeln
- C-Schläuche in Rückentragen
- zahlreiche Armaturen in geschlossenen Fächern

1 Zur Entstehung und Geschichte des BRAUNSCHWEIGISCHEN LANDESFEUERWEHRVERBANDS vgl. ausführlich Günther 1990.
2 Vgl. Landesfeuerwehrtag in Vorsfelde. In: VOLKSFREUND, 12.09.1928.
3 Vgl. Günther 1990, S. 74.

Überland-Motorspritze des Kreises Helmstedt bei einer Übung, nach 1922.

Den Prototypen für die Überlandspritze ließ Lehmann noch in seiner Zeit als Marinebranddirektor in Flandern bei Büssing bauen. Das Fahrzeug wurde ab 1917 bei der Militärfeuerwehr zum Schutz des „Großen Hauptquartiers“ in Spa/Belgien eingesetzt und kam nach Kriegsende auf Veranlassung Lehmanns nach Braunschweig.[4]

Seine Erfahrungen im militärischen Brandschutz, die auch schon Gas- und Luftangriffe umfaßten, machten Lehmann sensibel für Fragen des zivilen Luftschutzes (vgl. 1.2). Schon 1928 hielt Lehmann auf dem 24. Feuerwehrtag in Vorsfelde [5] einen „längeren Vortrag mit 150 Lichtbildern über den Luft- und Gasschutz“.[6] Allerdings, so beklagte er später, seien seine Ausführungen damals ohne merkliche Resonanz geblieben.[7]

Die radikale Wandlung der politischen Verhältnisse im Land Braun-

---

4 Hierzu ausführlich Günther 2000.

5 Vgl. Einladung zum 24. Braunschweigischen Landesfeuerwehrtag in Vorsfelde vom 8. bis 10. September 1928. Braunschweig, 06.08.1928. Archiv Hermann Günther, 2 : 1 : 1.

6 Lehmann war derart gut mit der Materie vertraut, daß er mehrstündige Vorträge anhand knapper Notizen oder sogar aus dem Stegreif hielt; so sind nur wenige Fragmente seiner Ausführungen erhalten. Im Gegensatz dazu haben sich die Diaserien in Form von Papierabzügen - thematisch in Fotoalben geordnet - im Archiv des Braunschweigischen Landesfeuerwehrverbands erhalten. Er benutzte vornehmlich Reproduktionen aus Zeitungen und Zeitschriften, aber auch selbstphotographierte Serien, darunter auch Bilder aus dem Ersten Weltkrieg.

7 Dazu Lehmann: „Es meldete sich am Schluß niemand zu Wort, so eindringlich hatten die Bilder aus der Praxis gewirkt; aber leider geschah auch später nichts. Das Thema war damals noch zu neu.“ (Fritz Lehmann: Ziviler Luftschutz. In: DFV-Bericht 1932, S. 41) schweig seit dem 1. Oktober 1930 - statt einer sozialdemokratischen Regierung amtierte nun eine Koalition aus „Bürgerlicher Einheitsliste" und NSDAP unter Dr. Werner Küchenthal (DNVP) [8] - ließ Lehmann Hoffnung auf mehr staatliches Verständnis für sein Luftschutzengagement schöpfen. Schon in der Einladung zum 26. Feuerwehrtag 1932 in Blankenburg machte er deutlich:

> „Die Tagesordnung zerfällt in 2 Hauptteile: Brandbekämpfung und Feuerverhütung sowie Luftschutz und Gasschutz für die Zivilbevölkerung. Besonders letzteres Gebiet wird bei der Verwaltung, den Mitgliedern des Luftschutzbeirates und der Feuerwehr lebhaftes Interesse erwecken. Ist es doch das aktuellste Thema der heutigen Zeit, das erstmalig in so ausführlicher Weise öffentlich behandelt wird."[9]

Ausgerechnet den geselligen „Deutschen Abend", dem auch der ehemalige Herzog von Braunschweig und Lüneburg, Ernst August, und Herzogin Viktoria Luise beiwohnten, leitete Lehmann zunächst mit einer zweistündigen Vorführung von vier Filmen über Luftmanöver und Luftschutzübungen ein.[10] Am zweiten Tag beanspruchte der Landesbranddirektor sein Publikum gar fünf Stunden mit insgesamt zwölf Lichtbildvorträgen,[11] nachdem bereits Oberregierungsrat Dr. Emil Voigt vom braunschweigischen Innenministerium über „die Entwicklung und den Ausbau des zivilen Luft- und Gasschutzes im Lande Braunschweig" berichtet hatte.[12]

---

8 Zur politischen Entwicklung im Land Braunschweig vgl. Roloff 1964, 161 ff.

9 Vgl. Einladung zum 26. Braunschweigischen Landesfeuerwehrtag in Blankenburg/Harz am 11. und 12. Juni 1932. Braunschweig, 26.05.1932. Archiv Hermann Günther, 2 : 1 : 1.

10 Vgl. Günther 1990, S. 75.; laut Einladung (vgl. Anm. 9) waren dies die Filme
„a. Luftmanöver amerikanischer Bombenflugzeuge an der kalifornischen Küste.
b. Luftmanöver und Bombenabwurfübungen der Luftstreitkräfte der Militärstaaten.
c. Industrieller Luftschutz.
d. Gasschutzübung des Roten Kreuzes in Gemeinschaft mit anderen Verbänden in Bremen."

11 Laut Einladung (vgl. Anm. 9) wurden folgende Vorträge gehalten:
„a. Der Luftschutzwarndienst mit Lichtbildern.
b. Die Kampfgase, die Kampfstoffe, ihre Wirkung und ihre Abwehr mit Experimenten u. Lichtbildern.
c. Der Schutz des aktiven Teils der Bevölkerung, seine Ausrüstung und seine Ausbildung.
d. Der Kollektivschutz für den passiven Teil der Zivilbevölkerung mit Lichtbildern.
e. Das Bombengeschwader und seine Wirkung mit Lichtbildern.
f. Die lebenswichtigen Betriebe, ihr Schutz und ihr Ersatz.
g. Die Feuerwehr im Dienste des Luftschutzes mit Lichtbildern.
h. Der Sanitätsdienst auf der Straße und in den Krankenhäusern.
i. Die Hilfstrupps und ihre Aufgabe in Gemeinschaft mit dem aktiven Teile des Luft- und Gasschutzdienstes und des Werksicherheitsdienstes.
k. Die Unterbringung der Bewohner zerstörter Grundstücke und Straßen.
l. Der Gaserkennungs- und -entgasungsdienst mit Lichtbildern.
m. Die Gasdisziplin. Eine Lichtbildserie des Herrn Brandoberingenieur Rumpf, Königsberg OPr."

12 Vgl. Luft- und Gasschutzfrage auf dem Feuerwehrtag. In: BLZ, 16.06.1932, S. 21.

2.2.2 Der Deutsche (Reichs-)Feuerwehr-Verband

Der 1853 gegründete Deutsche Feuerwehr-Verband - zwischenzeitlich auch Deutscher Reichs-Feuerwehr-Verband (DRFV) - war der älteste und zugleich größte Zusammenschluß deutscher Feuerwehren und ihrer regionalen Verbände. Obgleich im DRFV auch Vertreter der Berufsfeuerwehren zu finden waren - darunter Braunschweigs Branddirektor Lehmann als Beisitzer im Vorstand -, war der Verband mehrheitlich durch die Freiwilligen Feuerwehren geprägt. Die Zielsetzung des DRFV war den regionalen Verbänden vergleichbar; man suchte vor allem den fachlichen Erfahrungs- und Meinungsaustausch über Länder- und Staatsgrenzen hinweg zu fördern und eine Vereinheitlichung des Feuerlöschwesens anzustreben. Turnusgemäß wurden hierzu Vorstands- und Ausschußsitzungen an wechselnden Orten abgehalten.

Besonders trat der DRFV bei den „Deutschen Feuerwehrtagen" hervor, die in der Zeit der Weimarer Republik dreimal stattgefunden haben: In München 1923, Breslau 1928 und Karlsruhe 1932. Anläßlich dieser Veranstaltungen wurden neben der Regelung der Vereinsgeschäfte Fachvorträge gehalten, Ausstellungen von Feuerwehrgeräten durch verschiedene Hersteller organisiert sowie Schauübungen der gastgebenden Wehren und ein großer Festumzug veranstaltet.[1]

Der 19. Feuerwehrtag in München 1923 fand während der Zeit der Hochinflation statt und stand unter einem schlechten Stern, was die finanzielle Seite einer solch großen Tagung betrifft.[2] Ungeachtet dieser widrigen Umstände waren viele tausend Feuerwehrleute aus allen Reichsteilen und dem deutschsprachigen Ausland in die bayerische Hauptstadt gekommen; der RDF-Gau II „Süddeutschland" hielt dort zeitgleich eine Sitzung ab. Trotz des kriegsbedingten Verlustes der Provinzialverbände Elsaß-Lothringen, Westpreußen und Schleswig-Holstein waren damals immerhin noch 22.422 Feuerwehren mit einer Personalstärke von 1.180.870 Mann im DRFV organisiert (1914 über 2 Mio. Mann).[3]

Zum 20. Feuerwehrtag in Breslau 1928 kamen rund 4.000 Delegierte und 18.000 schlesische Wehrmitglieder.[4] Da sich dem Verband inzwischen der Österreichische Feuerwehr-Reichsverband (1923) und der neu gegründete Reichsverband für Feuerwehr- und Rettungswesen in der tschechoslowakischen Republik (1926) angeschlossen hatten,[5] wurde eine neue Satzung be-

1 Zu den Feuerwehrtagen vgl. auch Herterich/Hornung 1970, S. 47.
2 Vgl. DRFV-Bericht 1928, S. 5.
3 Vgl. Dipl.-Ing. Kaiser: Der 19. Deutsche Feuerwehrtag zu München. In: Feuerschutz, 3. Jg. 1923, Nr. 9, S. 182-186.
4 Vgl. Provinzial-Branddirektor Hämel: Was lehrt uns der 20. Deutsche Reichs-Feuerwehr-Tag? In: DRFV-Bericht 1928, S. 160-163, hier S. 160.
5 Vgl. Bürger 1953, S. 40 f.

schlossen, die neben der Änderung des Verbandsnamens in Deutscher Feuerwehr-Verband (DFV) die Umwandlung des Verbands in eine rechtsfähige Korporation mit einer ständigen Geschäftsstelle am Wohnsitz des Ersten Vorsitzenden vorsah. Zum neuen Ersten Vorsitzenden bestimmte die Mitgliederversammlung den bayerischen Landesbranddirektor Adolf Ecker.[6]

Unter den auf diesem Feuerwehrtag gehaltenen 16 Vorträgen befaßte sich einer mit einem Luftschutzthema: Der Breslauer Branddirektor Dr.-Ing. Kaiser sprach über „Ausbau und Durchführung des Gasschutzes bei den Feuerwehren".[7] Der Titel war etwas irreführend, denn Kaiser sprach keineswegs über Atemschutzgeräte, sondern hauptsächlich über die Notwendigkeit von Zivilverteidigungsmaßnahmen in einem künftigen Luft- und Gaskrieg; den späteren Sicherheits- und Hilfsdienst nahm Kaiser als Forderung vorweg und berief sich dabei auf den Präsidenten des Vereins „Deutscher Luftschutz", Dr. Rudolf Krohne (vgl. 2.3) sowie auf den Königsberger Brandingenieur Hans Rumpf (vgl. 2.2.3). Trotzdem war der Luftschutz damals noch ein Randthema.

Der 21. Deutsche Feuerwehrtag in Karlsruhe stand bereits wieder unter schlechten Vorzeichen, und die anhaltende Weltwirtschaftskrise hätte fast sein Zustandekommen vereitelt.[8] Inzwischen vertrat der DFV - mit einer Ausnahme [9] - sämtliche deutschen Landes- und Provinzial-Feuerwehrverbände. Wie zurückhaltend man aber noch 1932 an die Änderung bestehender Verhältnisse ging, mag die Formel im Geschäftsbericht verdeutlichen, welche die Auffassung des DFV in Fragen der Ausbildung wiedergibt:

> „Eine besondere Aufgabe des DFV ist es auch, das Ausbildungswesen zu fördern. Es ist damit nicht gemeint, daß im DFV dabei das Ziel einer völligen Einheitlichkeit erstrebt werden will, es muß vielmehr ein auf dem Austausch der Erfahrungen beruhender Aufbau des ganzen Ausbildungswesens entsprechend der Eigenarten der Länder- und Provinzial-Feuerwehrverbände (...) gefördert werden."[10]

Anläßlich dieses Feuerwehrtages hielten drei Referenten Vorträge zum Thema Luft- und Gasschutz. Besonders hervor-

6 Vgl. Adolf Ecker: Geschäftsbericht für die Zeit von Juli 1928 bis 31. Dezember 1931. In: DFV-Bericht 1932, S. 32.

7 Vgl. Branddirektor Dr.-Ing. Kaiser: Ausbau und Durchführung des Gasschutzes bei den Feuerwehren. In: DRFV-Bericht 1928, S. 94-99.

8 Vgl. Einleitung zum DFV-Bericht 1932.

9 Der Mecklenburg-Strelitzer Feuerwehr-Verband war 1932 noch nicht dem DFV beigetreten.

10 Adolf Ecker: Geschäftsbericht für die Zeit von Juli 1928 bis 31. Dezember 1931. In: DFV-Bericht 1932, S. 36.

zuheben ist der Vortrag des Braunschweiger Branddirektors Lehmann, der das Szenario entwarf, in dem Deutschland, da es sich mit seiner schwachen Armee nicht wehren könne, „als Durchmarsch- und Aufmarschgebiet für andere Völker sehr wohl in Frage kommen" würde und von daher nicht auf eine gut ausgebaute Zivilverteidigung verzichten könne.[11] Entgegen der Auffassung des DFV forderte Lehmann auch damals schon energisch die Ausbildung zum „Einheitsfeuerwehrmann", um einen vergleichbar guten Brand- und Luftschutz im gesamten Reich gewährleisten zu können (vgl. 2.3.2).

2.2.3 Der Reichsverein Deutscher Feuerwehringenieure

Sehr viel später als die Freiwilligen Feuerwehren organisierten sich die Führungskräfte der deutschen Berufsfeuerwehren.

Der direkte Vorläufer des Reichsvereins Deutscher Feuerwehringenieure (RDF) war der am 14. Juni 1900 gegründete Verband Deutscher Berufsfeuerwehren; dieser wiederum war aus einem reinen Feuerwehroffiziersverband, der Freien Vereinigung Deutscher Branddirektoren von 1895, hervorgegangen. Die Grundidee für diese Vereinigung war zunächst, einen institutionalisierten Erfahrungsaustausch der höheren Führungskräfte der Berufsfeuerwehren zu ermöglichen. Außerdem wollte man auch nicht den verschiedenen Vereinigungen der Freiwilligen Feuerwehren das Feld allein überlassen, wenn die Regierungen vor Entscheidungen über Fragen des Brandschutzwesens fachlichen Rat anforderten.[1] Schon sehr bald waren die Offiziersvereinigungen der Berufsfeuerwehren besonders auf die technisch-wissenschaftlichen Aspekte des Feuerlöschwesens ausgerichtet. So wurden 1906 erstmals sechs Kommissionen aufgestellt, die u.a. Erfahrungen mit neuen Feuerlöschgeräten oder besonderen Brandarten sammeln und diskutieren sollten.

Nach dem Ersten Weltkrieg traten die Mitglieder des VDB erstmals wieder vom 14. bis 16. Juni 1919 im sächsischen Bad Kösen zusammen und wählten den Berliner Branddirektor Maximilian Reichel zum neuen Vorsitzenden.[2]

Um Verwechslungen bei der Abkürzung mit der Feuerwehrgewerkschaft Verband Deutscher Berufsfeuerwehrmänner zu vermeiden, gab sich der VDB anläßlich dieser Tagung auch einen neuen Namen: Reichsverein Deutscher Feuerwehringenieure (RDF). Allerdings wurde dieser

---

11 Vgl. Fritz Lehmann: Ziviler Luftschutz. In: DFV-Bericht 1932, S. 40 ff.

1 Zu den Anfängen des RDF vgl. Strumpf 1983, S. 3 ff.; Herterich/Hornung 1970, S. 47 f.
2 Vgl. Strumpf 1987, S. 83.

Name erst nach der Eintragung in das Vereinsregister am 13. April 1920 offiziell.[3]

Reichel suchte nun auch stärkeren Kontakt zur gewerkschaftlichen Vertretung der Mannschaften: Im August 1919 gingen aus den Verhandlungen zwischen dem RDF und dem VDB die „Richtlinien für Deutsche Berufsfeuerwehren" hervor, die neben der Vereinheitlichung von Dienstbezeichnungen und Uniformierungen vor allem die Prüfungs- und Anstellungsmodalitäten regelten. Auf Drängen der Gewerkschaft wurde für besonders befähigte Berufsfeuerwehrmänner ohne akademische Vorbildung der gehobene Dienst eingerichtet. Auch wurde für die Aufnahme in den Vorbereitungsdienst des einfachen und gehobenen Dienstes eine abgeschlossene Handwerksausbildung obligatorisch. Der Deutsche Städtetag als für solche Verhandlungen eigentlich zuständige Körperschaft ließ den RDF in der - für einen Berufsverband einmaligen - Funktion eines Arbeitgeberverbandes gewähren. Schon seit 1907 prüfte eine Kommission die Bewerbungen von Volontären des höheren Feuerwehrdienstes.[4] Erst 1930 nahm sich der Städtetag der Auswahl und Ausbildung der Bewerber für den höheren Dienst wieder selbst an; allerdings wurde der Annahmeausschuß weiterhin mit RDF-Mitgliedern besetzt.

Am 13. Juni 1920 wurde ein fünf Mitglieder starker Ausschuss für Normen gebildet, der bereits 1921 als Fachausschuß in den Normenausschuß der Industrie übernommen wurde.[5] Vier Jahre später traten die ersten Normblätter für verschiedene Spritzentypen als DIN-FEN in Kraft. Die 1924 aus dem urspünglichen RDF-Ausschuß gebildete Feuerwehrtechnische Normenstelle schuf in der Folgezeit Normentwürfe, die aber nicht gesetzlich verbindlich wurden.[6] Die Beweggründe für diese vielfältigen Bemühungen, zu einer gerätetechnischen Vereinheitlichung zu gelangen, ähnelten denen, die ein gutes Jahrzehnt später die Regierungsstellen bewogen haben, die Normung energisch voranzutreiben: Wirtschaftlichere und einfachere Fertigungsbedingungen für die Industrie, günstigere Preise für die Abnehmer und Kompatibilität der Ausrüstung verschiedener Wehren. Nur an Kriegstüchtigkeit als Zielvorstellung dachte wohl damals noch niemand.

---

3 Vgl. Hornung 1985, S. 83; Strumpf und Hornung widersprechen sich im Zeitpunkt der Umbenennung.

4 Fortan mußte jeder Bewerber für die Laufbahn eines Feuerwehroffiziers neben der Qualifikation als Reserveoffizier der Armee oder Marine ein mit einem Diplomgrad abgeschlossenes Hochschulstudium des Maschinenbaus, des Bauingenieurwesens oder der Elektrotechnik nachweisen oder aber einen mindestens zweijährigen Lehrgang an der Militärtechnischen Akademie absolviert haben. Einer dreimonatigen Grundausbildung bei der als inoffizielle Feuerwehrhochschule geltenden Berufsfeuerwehr Berlin folgten je drei Monate Volontariat bei zwei anderen Berufsfeuerwehren, wobei eine davon auch den Löschdienst in einem großen Hafen versehen mußte. Bei Übereinstimmung der drei ausbildenden Branddirektoren erhielt der Volontär schließlich ein Befähigungszeugnis von der Berliner Feuerwehr ausgehändigt.

5 Vgl. Hornung 1985, S. 83; Strumpf 1983, S. 14, nennt das Jahr 1922.

6 Vgl. Herterich/Hornung 1970, S. 49.

Tagung des RDF-Gaues „Westmark" in Düsseldorf, 1925.

Ab Januar 1921 erschien die Zeitschrift FEUERSCHUTZ als vereinseigenes Organ. Weitere Publikationen, so z.B. die RDF-Jahrbücher und das bis 1944 erschienene und mehrfach aktualisierte Organisationshandbuch „Taschenbuch für Deutsche Feuerwehringenieure", folgten bald und förderten eine weitere Verwissenschaftlichung des Feuerlöschwesens.[7]

Auch im RDF profilierte sich Brandingenieur Rumpf aus Königsberg ab 1927 als einer der ersten, die sich über die Folgen eines zukünftigen Luftkrieges und die sich daraus ergebenden Konsequenzen für die Feuerwehren Gedanken machten: Aus den Erfahrungen des Ersten Weltkriegs heraus erwartete Rumpf zunächst die Anwendung der Gaswaffe durch feindliche Bomber gegen Städte im Hinterland. Zur Demonstration führte Rumpf u.a. einen Gasschutzkurs im Mai 1927 in Gelsenkirchen durch. Auf der Verbandstagung 1928 in Breslau referierte Rumpf über die Aufgaben, die auf die Brandschutzkräfte im Luftschutz zukämen [8] (vgl. 2.3.1 und 2.3.2).

Der mittlerweile sehr einflußreichen Stellung des RDF zu Beginn der 30er Jahre stand ein Bestechungsskandal gegenüber, in die ein Feuerwehrgerätehersteller und mehrere Mitglieder des RDF verwickelt waren; außerdem begannen

7 Vgl. Strumpf 1983, S. 13 f.; Herterich/Hornung 1970, S. 49; Rumpf 1952, S. 14 f., betont den großen Einfluß des RDF auf das hohe fachliche Niveau der Berufsfeuerwehren, das sich trotz behördlicher Geringachtung und Sparmaßnahmen entwickelt habe.

8 Vgl. Hans Rumpf: Die Aufgaben der Feuerwehr bei der Durchführung von Luftschutzmaßnahmen. In: RDF-Bericht 1928, S. 33-38.

die NATIONALSOZIALISTISCHEN BEAMTENARBEITSGEMEINSCHAFTEN (NSBA) ab 1931, in den Berufsfeuerwehren - und damit auch im RDF - Anhänger zu sammeln. Obgleich nicht direkt miteinander vergleichbar, haben diese beiden Entwicklungen eine gemeinsame Wurzel: die Gehaltskürzungen auf Grund der vom Präsidialkabinett Heinrich Brüning erlassenen Notverordnungen und die daraus resultierende Unzufriedenheit in der Beamtenschaft.

In diesen unruhigen Zeiten entschied sich der langjährige Vorsitzende des RDF, Branddirektor Georg Floeter, trotz seines Ausscheidens aus dem aktiven Feuerwehrdienst 1930 die Vorstandsgeschäfte bis auf weiteres fortzuführen.[9]

2.2.4 Der Preußische Feuerwehrbeirat

Anläßlich einer Tagung des VERBANDS DEUTSCHER BERUFSFEUERWEHREN (einem Vorläufer des RDF) in Bremen 1905 wurde vorgeschlagen, einen Ausschuß für Fragen des Feuerlösch- und Rettungswesens in Preußen einzurichten. Der Königliche Branddirektor von Berlin und spätere RDF-Vorsitzende Maximilian Reichel nahm sich der Bildung des Ausschusses an, und so kam es am 26. Dezember 1905 zu einem ersten Treffen zwischen Vertretern der preußischen Berufsfeuerwehren und der Freiwilligen Feuerwehren. Es dauerte allerdings weitere drei Jahre, bis man sich auf eine gemeinsame Satzung einigen konnte, so daß der preußische Minister des Innern erst am 21. Februar 1908 seine Genehmigung zur Bildung des PREUSSISCHEN FEUERWEHR-BEIRATS (P.F.B.) geben konnte. Aber auch jetzt noch zögerten viele der preußischen Provinzial-Feuerwehrverbände, dem neuen Organ beizutreten; erst 1911 waren alle Verbände der Freiwilligen Feuerwehren Mitglied geworden. Im Beirat vertreten waren auch zwei hauptamtliche Feuerwehr-Aufsichtsbeamte sowie stets der Leiter der Berliner Feuerwehr.

Der P.F.B. sah seine Aufgaben darin, als Spitzenorganisation aller Wehren des Landes die Kluft zwischen den Freiwilligen Feuerwehren und den Berufsfeuerwehren verringern zu helfen, in Fragen der Feuerverhütung und Feuerbekämpfung an gemeinsamen Lösungen zu arbeiten und nicht zuletzt staatliche Stellen bei eben solchen Fragen zu beraten. Seit 1910 war der Beirat eingetragener Verein. Bedingt durch die genannten Zielsetzungen strebte man aber eine „behördliche Stellung" an, der sich die preußische Staatsregierung allerdings auch nach dem Ersten Weltkrieg noch widersetzte.

Ab 1922 wurden auch Vertreter des VERBANDS ÖFFENTLICHER FEUERVERSICHERUNGSANSTALTEN und des VERBANDS DEUTSCHER PRIVAT-FEUERVERSICHERUNGSANSTALTEN hinzugezogen; ferner wurde die Möglichkeit geschaffen, externe Sachverständige als außer-

9 Vgl. Strumpf 1983, S. 16 f.

ordentliche Mitglieder zu berufen. Die Gewerkschaften der Berufsfeuerwehrleute, namentlich der Verband Deutscher Berufsfeuerwehrmänner und die Fachgruppe „Feuerwehr" des KOMBA, wurden in den Jahren 1924 und 1925 ebenfalls in den Beirat aufgenommen.[1] Schließlich trat noch die A.- und Z.-Stelle hinzu. Der P.F.B. selbst wurde 1928 Mitglied der Arbeits- und Interessengemeinschaft deutscher Feuerwehrorgane.

Auf der XX. Hauptversammlung des P.F.B. in Danzig 1931 war ein Punkt der Tagesordnung „Feuerwehr und Luftschutz". Unter dem Eindruck eines auf der Genfer Abrüstungskonferenz 1930 gescheiterten Vorstoßes der ehemaligen Mittelmächte, ein völkerrechtlich verbindliches Verbot des Luftkriegs zu erwirken, referierten zwei Teilnehmer (darunter Brandingenieur Rumpf) über Luftgefahr und Schutzmöglichkeiten der Zivilbevölkerung. Rumpf führte abermals aus, daß man bei der Konzeption von Abwehrmaßnahmen nicht allein mit Brisanz- (= Spreng-) und Gasbomben rechnen solle, sondern auch mit Brandbomben, deren Entwicklung seit Kriegsende große Fortschritte gemacht habe. Ein entwickelter Selbstschutz (z.B. Hausfeuerwehren) und die Mitwirkung der Bevölkerung seien notwendig, um dieser Gefahr wirksam begegnen zu können.[2]

2.2.5 Die Arbeits- und Interessengemeinschaft deutscher Feuerwehrorgane

Trotz positiver Ausnahmen waren vielerorts in Deutschland die Gegensätze und Rivalitäten zwischen den Freiwilligen Feuerwehren und den Berufsfeuerwehren noch immer so ausgeprägt, daß an eine konstruktive Zusammenarbeit ihrer Verbände lange Zeit nicht zu denken war. Der Gedanke eines Zusammenschlusses der verschiedenen Feuerwehr-Vereinigungen war schon 1920 auf einer Ausschußsitzung des Deutschen Reichs-Feuerwehrverbandes in Würzburg aufgebracht worden.[1] Aber noch 1928 beklagte der Provinzial-Branddirektor für Schlesien, Hämel:

> „Unserer großen Tagung (dem 20. Dt. Feuerwehrtag, A.L.) ging die Tagung des Reichsvereins Deutscher Feuerwehr-Ingenieure voraus und hatten wir alle die Hoffnung, es wird zum Zusammenschluß oder wenigstens zum Abschluß einer Arbeitsgemeinschaft

---

1 Vgl. Schmiedel 1926.
2 Vgl. Heinrich Paetsch: Der zivile Luftschutz, S. 44-49, und Hans Rumpf: Feuerwehr und Luftschutz, S. 49-54, beide in: P.F.B.-Bericht 1931.

1 Vgl. Adolf Ecker: Geschäftsbericht für die Zeit von Juli 1928 bis 31. Dezember 1931. In: DFV-Bericht 1932, S. 33.

kommen. Aber weit gefehlt, es kam nicht einmal zu einer gegenseitigen engeren Fühlungnahme. Wo hier gefehlt wurde, will ich nicht untersuchen, aber hieraus die Lehre aufstellen: ‚So geht es nicht weiter!'"[2]

Immerhin hatten sich die Zwistigkeiten zwischen den Vertretungen der Berufsfeuerwehren und der Freiwilligen Feuerwehren im November 1928 so weit gelegt, daß man darangehen konnte, ein Gremium zur Vertretung von gemeinsamen Interessen gegenüber den Regierungsstellen ins Leben zu rufen. Unter Federführung des RDF und des DFV, die sich künftig jährlich in der Wahrnehmung der laufenden Geschäfte abwechselten, konstituierte sich am 21. November 1928 die ARBEITS- UND INTERESSENGEMEINSCHAFT DEUTSCHER FEUERWEHRORGANE (A.- u. I.G.d.Fog.). Als weitere Mitglieder dieser Gemeinschaft traten die ARBEITSGEMEINSCHAFT DER OBEREN FEUERWEHRAUF-SICHTSBEAMTEN DEUTSCHLANDS, die A.- UND Z.-STELLE sowie der P.F.B. hinzu.[3] Die gewerkschaftlichen Organisationen der Berufsfeuerwehrmänner wurden hingegen nicht in die A.- u. I.G.d.Fog. aufgenommen, weil die anderen Vereinigungen es nicht für nötig erachteten, den Arbeitnehmervertretungen gesondert vom P.F.B., deren Mitglied sie waren, Sitz und Stimme einzuräumen.[4]

Im Jahre 1930 organisierte die A.- u. I.G.d.Fog. die erste „Deutsche Feuerschutzwoche". 1931 trat die sie dem TECHNISCHEN INTERNATIONALEN KOMITEE FÜR FEUERSCHUTZ UND FEUERWEHRWESEN (CTIF) bei; je ein Delegierter des DFV und des RDF vertraten Deutschland auf dem CTIF-Kongreß in Paris.[5] Somit waren der Gram und die Bitterkeit, die man in den ersten Jahren nach dem verlorenen Weltkrieg in den Feuerwehrverbänden gegenüber dem Ausland hegte,[6] doch noch dem Wunsch nach Wiederaufnahme umfassender Beziehungen zu den ausländischen Fachkollegen gewichen. Ein Jahr später allerdings war der Kontakt zum CTIF schon wieder sehr sporadisch geworden, wie der turnusgemäß mit dem Präsidium betraute DFV-Vorsitzende Adolf Ecker in seinem Tätigkeitsbericht beklagte.[7]

Die Arbeit der FEUERWEHRTECHNI-SCHEN NORMENSTELLE unterstützte die A.- u. I.G.d.Fog. ab 1932 mit finanziellen Zu-

2 Vgl. DRFV-Bericht 1928, S. 160.
3 Vgl. Strumpf 1983, S. 17.
4 Vgl. Stapusch: Aufnahme des Verbandes Deutscher Berufsfeuerwehrmänner und des Komba in die Arbeits- und Interessengemeinschaft Deutscher Feuerwehrorgane. In: P.F.B.-Bericht 1930, S. 144-146.
5 Vgl. Adolf Ecker: Geschäftsbericht für die Zeit von Juli 1928 bis 31. Dezember 1931. In: DFV-Bericht 1932, S. 34.
6 Vgl. Strumpf 1983, S. 12.
7 Vgl. Die deutschen Feuerwehren und das neue Deutschland. Ausschußsitzung des Deutschen Feuerwehr-Verbandes und des Preußischen Landes-Feuerwehr-Verbandes am 24. und 25. April in Cottbus. In: PFZ 1933, S. 165-169, hier S. 167.

wendungen.[8] Andere Quellen [9] sprechen sogar dafür, daß die Normenstelle als FACHNORMENAUSSCHUSS IM DEUTSCHEN NORMENAUSSCHUSS fester Bestandteil der A.- u. I.G.d.Fog. wurde.

2.2.6 Die Gewerkschaften der Berufsfeuerwehrleute

Bei ihrer Gründung und noch bis zum Ende des Ersten Weltkriegs herrschten zwischen einfachen Berufsfeuerwehrmännern und den Wehrführungen militärische Unterstellungsverhältnisse. Das System von Befehl und Gehorsam sah eine Interessenvertretung der Mannschaften und Unterführer bestenfalls in Form von durch Bittstellern überbrachten Petitionen vor. So blieben auch durchaus berechtigte Forderungen oftmals unerfüllt. Eine allgemeinverbindliche Regelung der Arbeitnehmervertretung auch im öffentlichen Dienst wurde erst durch das Betriebsrätegesetz vom 4. Februar 1920 geschaffen.[1]

Während der Weimarer Republik waren die einfachen Berufsfeuerwehrleute im VERBAND DEUTSCHER BERUFSFEUERWEHRMÄNNER (VDB) organisiert, während die mittleren und oberen Beamten zumeist der FACHGRUPPE FEUERWEHR IM VERBAND DER KOMMUNALBEAMTEN UND ANGESTELLTEN (KOMBA) angehörten. Zielsetzungen der Feuerwehrgewerkschaften waren neben dem Eintreten für materielle und rechtliche Besserstellung die Verbesserung des Unfallschutzes, der Ausbildung und der Aufstiegschancen für Mannschafts- und Unterführerdienstgrade sowie eine mit ausgleichenden Personalaufstockungen verbundene Verkürzung der Wachschichten (vgl. 2.1). Ihr Gegenüber als Arbeitgebervertretung fanden die Gewerkschaften bis 1930 im RDF, danach wieder im eigentlich zuständigen DEUTSCHEN STÄDTETAG (vgl. 2.2.3).

Der VDB wurde am 1. Oktober 1908 gegründet.[2] Möglich wurde dies durch das im selben Jahr erschienene REICHSVEREINSGESETZ, das auch Beamten die Gründung von Gewerkschaften erlaubte. In ihm organisierten sich Angehörige von kommunalen und industriellen Berufsfeuerwehren. Anfangs hatte der VDB mit größten Widerständen der Wehrführungen zu kämpfen. Insbesondere der Berliner Branddirekor Maximilian Reichel und sein Vorgesetzter, Polizeipräsident Traugott von Jagow, ließen nichts unversucht, die Feuerwehrmänner vom VDB fernzuhalten; so wurde Mitglied-

8 Vgl. Strumpf 1983, S. 16.
9 Vgl. Dipl.-Ing. W. Gemkow: Normung und Feuerschutz. In: FVZ 1935, S. 265-266.

1 Vgl. Grollmus 1931, S. 1864; Jarausch/Haase 1991, S. 78; zu den Gewerkschaften, ihrem Verhältnis zur Arbeitgeberseite und ihren Rivalitäten untereinander verdient die am Beispiel der BF Hannover entwickelte Darstellung in Stichternath 2000, S. 16-18, besondere Beachtung.
2 Vgl. Grollmus 1931, S. 1864; Jarausch/Haase 1991, S. 79; Strumpf 1987, S. 72.

schaft im Verband mit Gehaltskürzung oder Entlassung geahndet. Den gleichen Behinderungen sah sich der BUND DER FESTBESOLDETEN, einer der vor dem Ersten Weltkrieg zahlreichen und vielgestaltigen Zusammenschlüsse von Reichs-, Staats-, Kommunal- und Privatbeamten und Lehrern, ausgesetzt. Die restriktiven Erlasse von Jagows gegen das Koalitionsrecht der Polizeibeamten - und zu denen zählten in Preußen auch die Berufsfeuerwehrleute - beschäftigten am 4. Februar 1914 sogar den Reichstag.[3] Diese Verfahrensweise wurde erst Anfang 1918 aufgegeben, nachdem ein Rechtsanwalt eine Eingabe bezüglich der Koalitionsfreiheit der Berufsfeuerwehrleute an den preußischen Landtag gerichtet hatte.[4]

Nach dem Ersten Weltkrieg suchten sowohl der VDB als auch die sich bislang nicht als Gewerkschaft verstehenden Beamtenvereinigungen nach Orientierung. Letztere strebten infolge der drükkenden Notlage der Beamten nun doch einen gewerkschaftlichen Zusammenschluß an und gründeten 1918 den DEUTSCHEN BEAMTENBUND (DBB).[5] Diejenigen preußischen Einzelverbände des DBB, die als Vertretung von Kommunalbeamten im BUND DEUTSCHER GEMEINDEBEAMTEN organisiert waren, nahmen im Februar 1920 eine neue Satzung ihres nunmehr in VERBAND DER KOMMUNALBEAMTEN UND -ANGESTELLTEN PREUSSENS (KOMBA) umbenannten Landeszentralverbands an.[6] Nach der von Oktober 1920 bis März 1921 durchgeführten Umwandlung in einen Dachverband mit einheitlichen Landesgliederungen firmierte der Bund Deutscher Gemeindebeamten als REICHSBUND DER KOMMUNALBEAMTEN UND ANGESTELLTEN im DBB, wobei sich das Kürzel KOMBA jetzt sowohl auf die Reichs- als auch auf die Landesorganisationen bezog.[7] Die Feuerwehrbeamten bildeten innerhalb des KOMBA eine eigene Fachgruppe.

Der bislang autonome VDB suchte Anschluß an eine Spitzenorganisation; hierbei machte der Verband eine Odyssee durch die Anfang der 20er Jahre vielgestaltige Gewerkschaftslandschaft durch: Ein Beitritt zum DBB kam nicht in Frage, weil man aufgrund dessen Gliederung in einzelne Landesorganisationen die Aufsplitterung der vergleichsweise kleinen Zahl von Feuerwehrbeamten und letztlich die Auflösung des VDB befürchtete. Nachdem der VDB am 16. Mai 1920 gemeinsam mit dem KOMBA Mitglied im GEWERKSCHAFTSBUND DER KOMMUNALBEAMTEN UND -ANGESTELLTEN PREUSSENS geworden war, dieser aber infolge des Ausscheidens einiger seiner angeschlossenen Organisationen schon zum Jahresende nicht mehr bestand,[8] schloß sich

3 Vgl. Neffke 1989, S. 13.
4 Zu den Konflikten zwischen VDB und der Berliner Branddirektion vgl. Grollmus 1931, a.a.O.; Strumpf 1987, S. 72 f.
5 Vgl. Neffke 1989, S. 17 f.
6 Vgl. Neffke 1989, S. 20 f.
7 Vgl. Neffke 1989, S. 23 f.; ferner Stichternath 2000, S. 20-21.
8 Vgl. Neffke 1989, S. 21.

der VDB am 1. April 1921 dem Allgemeinen Deutschen Gewerkschaftsbund (ADGB) an.[9]

Der DBB hatte kurz zuvor die Anregung des ADGB abgelehnt, sich mit ihm zu vereinigen, da man sich dagegen wandte, dauerhaft mit den Arbeitergewerkschaften zusammenzuarbeiten; auch wollte man sich nicht als Gewerkschaft verstanden wissen, die Streiks unter der Beamtenschaft organisiere. So kam es am 4. März 1922 durch die freigewerkschaftliche Minderheit des DBB zur Gründung der Freigewerkschaft-lichen Beamtenzentrale, die noch im gleichen Jahr zum Allgemeinen Deutschen Beamtenbund (ADB) umgewandelt wurde.[10] Neben anderen freigewerkschaftlichen Organisationen des ADGB und des Allgemeinen freien Angestelltenbundes (AfA) wurde der VDB mit seiner Beamtensektion Mitglied des ADB.[11] Ebenfalls im Jahre 1922 trat der VDB der Arbeitsgemeinschaft kommunaler Arbeitnehmer bei, um die eigene Werbe- und Agitationstätigkeit zu intensivieren.[12] Am 27. März 1923 wurde zwischen dem ADB, dem ADGB und dem AfA ein Kartellvertrag unterzeichnet; nach der Satzung des ADB konnten nun auch die Berufsfeuerwehrmänner „die Dienstverweigerung nach Erschöpfung aller Verhandlungsmöglichkeiten als gewerkschaftliches Kampfmittel für sich in Anspruch" nehmen.[13]

Der Vorstand der relativ kleinen Feuerwehrgewerkschaft suchte über lange Zeit durch Kartellverträge mit größeren Einzelverbänden, aber auch durch Absagen an allzu vereinnahmende Fusionsversuche seine Autonomie zu sichern.[14] Allerdings ging die Tendenz innerhalb des ADGB zu immer umfassenderen Großorganisationen aus zusammengeschlossenen Einzelverbänden. Als am 8. Oktober 1929 die Gründung eines Gesamtverbands der Arbeitnehmer der öffentlichen Betriebe und des Personen- und Warenverkehrs im ADGB unmittelbar bevorstand, entschlossen sich nun auch Vorstand und Ausschuß des VDB, auf einem außerordentlichen Verbandstag am 13. und 14. Dezember 1929 den Eintritt in den Gesamtverband anzustreben.[15] Obgleich der VDB innerhalb des 700.000 Mitglieder (Stand: 1. Januar 1930)[16] zählenden Gesamtverbands gerade 1 % ausmachte,[17] waren immerhin von allen in Deutschland angestellten

9 Vgl. Grollmus 1931, a.a.O.
10 Treibende Kraft für den Austritt der Freigewerkschaftler aus dem DBB war die Reichsgewerkschaft der Eisenbahnbeamten und -anwärter, nachdem der DBB ihrer Mitgliedsgewerkschaft die Solidarität anläßlich des Anfang Februar 1922 durchgeführten großen Eisenbahnerstreiks verweigert hatte, vgl. Neffke 1989, S. 21 f.
11 Vgl. Furtwängler 1964, S. 308 f.
12 Vgl. Furtwängler 1964, S. 347.
13 Vgl. Furtwängler 1964, S. 309.
14 Vgl. Furtwängler 1964, S. 442.
15 Vgl. Reissner 1931, S. 599; Grollmus 1931, a.a.O.; Furtwängler 1964, S. 476 ff.; Strumpf 1987, S. 101.
16 Vgl. Reissner 1931, a.a.O.
17 Vgl. Furtwängler 1964, S. 482.

kommunalen Feuerwehrleuten 64 % (6.000) und den berufsmäßigen Angehörigen von Industriefeuerwehren 73 % (1.200) in dieser Feuerwehrgewerkschaft organisiert.[18] Dementsprechend zeigte sich der VDB-Vorsitzende Erich Grollmus davon überzeugt, daß sein Verband auch weiterhin „die gewerkschaftliche Wahrung aller Interessen des Berufs" sichern könne.[19]

Zu den anderen Feuerwehrverbänden bestand ein ausgesprochen disharmonisches Verhältnis, da insbesondere der VDB Vertreter von Berufsfeuerwehren und Freiwilligen Feuerwehren auch politisch attackierte. So mag es nicht verwundern, daß die konservativen Verbände 1930 einen gemeinsamen Antrag von VDB und KOMBA, in die A- u. I.G.d.Fog. aufgenommen zu werden, mit der Begründung ablehnten, der VDB verübe fortgesetzt üble Nachrede gegenüber höheren Feuerwehrbeamten und verunglimpfe durch parteipolitische Agitation die Freiwilligen Feuerwehren.[20] Etwas weniger hart ging man mit dem KOMBA, der Vertretung der oberen und mittleren Beamten, ins Gericht. Bei aller grundsätzlich bekundeten Bereitschaft, sich mit Kritikpunkten auseinanderzusetzen, verlangte die A.- u. I.G.d.Fog. Loyalität von den Gewerkschaften und die Zusicherung, „daß wir nicht gezwungen werden, in den wirtschaftlichen Kampf der Gewerkschaften miteinzutreten".[21]

Innerhalb der Berufsfeuerwehren waren die Gewerkschaften, besonders der VDB, zweifelsohne der reformerische Teil, der auf eine Entmilitarisierung des Dienstbetriebs und Umwandlung der Feuerwehren in kommunale Einrichtungen drängte.[22] Als im Juli 1930 ein Entwurf eines preußischen Selbstverwaltungsgesetzes vorlag, forderte der VDB, Berufsfeuerwehren wie Freiwillige Feuerwehren in kommunaler Verwaltung zu belassen.[23]

---

18 Vgl. Furtwängler 1964, S. 512.
19 Vgl. Furtwängler 1964, S. 477.
20 Dazu Stapusch in: P.F.B.-Bericht 1930, S. 144 ff.: „Diese Gründe (für die Ablehnung der Aufnahme in die A.- u. I.-G.d.Fog., A. L.) liegen hauptsächlich darin, daß seit Jahr und Tag der Verband Deutscher Berufsfeuerwehrmänner bezw. einzelne Mitglieder desselben, ob mit Zustimmung des Vorstandes weiß ich nicht, in dem Verbandsorgan bei jeder sich bietenden Gelegenheit über Mitglieder der freiwilligen Feuerwehren, über Leiter und Ingenieure der Berufsfeuerwehr und der industriellen Feuerwehren übertrieben abfällige Kritiken fällen, die nicht geeignet sind, ein erträgliches persönliches Einvernehmen zu erzielen. (...) Daß aber nun weiterhin nicht nur die Presse der Berufsorganisation, sondern auch die parteipolitische Presse (der SPD, A. L.) im Sinne des Verbands Deutscher Berufsfeuerwehrmänner tätig gewesen ist, ist ein weiteres Moment der Erschwernis. Ablehnen müssen wir (...), die Feuerwehren in irgendeiner Weise zu politisieren. Der Verband Deutscher Berufsfeuerwehren behauptete weiter, daß die freiwilligen Feuerwehren reaktionär gesinnt sind."
21 Stapusch, a.a.O.
22 Vgl. Strumpf 1987, S. 83 f.
23 Vgl. Furtwängler 1964, S. 512, der übrigens verwirrenderweise schon für 1931 die erst aus den Gesetzen des „Dritten Reiches" bekannten Begriffen Feuerlöschpolizei und Feuerschutzpolizei benutzt.

Für die Einstellung der Feuerwehrgewerkschaften zum Luftschutz liegt derzeit kein Beleg vor; sie dürfte sich aber zumindest im Falle des VDB nicht von der ablehnenden Haltung der ADGB-Spitze unterschieden haben.[24]

24 Diese Haltung des ADGB bedauert noch nach dem Zweiten Weltkrieg Haag 1958, H. 7, S. 164!

2.3
Der zivile Luftschutz in der Weimarer Republik

Die Epoche der Weimarer Republik bildete den zeitlichen Rahmen für die theoretische Fundierung und erste konkrete Maßnahmen eines reichsweit organisierten zivilen Luftschutzes, auf welche später die Nationalsozialisten aufbauen konnten. Damals profilierten sich auch einige Vertreter der Feuerwehren, die später unbeschadet nationalsozialistischer Säuberungen in die Funktionselite des Luftschutzes im Zweiten Weltkrieg aufstiegen; stellvertretend für andere soll hier der Name des Königsberger Brandingenieurs Hans Rumpf genannt werden.[1] Wie noch gezeigt werden wird, haben auch manche - oberflächlich gesehen als totalitäre Willkürakte erscheinende - Umorganisationsmaßnahmen bei Luftschutz und Feuerwehr nach 1933 durchaus erkennbare Ursachen in der Weimarer Republik.

Die unmittelbar ersten Luftschutzvorkehrungen nach dem am 11. November 1918 unterzeichneten Waffenstillstand veranlaßte das erste Kabinett der Republik unter Philipp Scheidemann. Hintergrund hierfür waren die als äußerst hart empfundenen Regelungen im Entwurf des Versailler Friedensvertrags, die der deutschen Regierung derart unannehmbar erschienen, daß man zeitweise die Kündigung des Waffenstillstands erwog. Da die Entente inzwischen über Bomber großer Reichweite verfügte, mußte für diesen Fall auch mit Luftangriffen gegen die Reichshauptstadt Berlin gerechnet werden. Daher wurde der Oberbefehlshaber der regierungstreuen Truppen im Großraum Berlin, Walter Freiherr von Lüttwitz, beauftragt, in Zusammenarbeit mit Magistrat, Feuerwehr, Reichspost, Reichsbahn und Presseorganen Luftschutzmaßnahmen zu treffen; diese beschränkten sich im wesentlichen auf die Errichtung eines provisorischen Warndienstes und die Verbreitung von Verhaltensmaßregeln für die Bevölkerung. Durch die ultimative Forderung der Entente vom 16. Juni 1919, den Versailler Friedensvertrag zu unterzeichnen, und die militärisch aussichtslose Lage des durch revolutionäre Unruhen beherrschten Reiches wurden diese in Aussicht genommenen Maßnahmen aber hinfällig. Für die nahe Zukunft geriet der Luftschutz in Vergessenheit. Andere, vordringlichere Probleme beschäftigten nun auf lange Sicht die Regierungsstellen, die Reichswehr und die Öffentlichkeit.[2]

Die erste Hälfte der 20er Jahre war gekennzeichnet durch eine Reihe von Konferenzen, in denen unter dem noch frischen Eindruck des Ersten Weltkriegs

1 Hans Rumpf wurde während des „Dritten Reiches" Branddirektor von Leipzig, Mitglied des Feuerwehrbeirats, Ende 1939 erster Kommandeur des Feuerschutzpolizei-Regiments „Sachsen" und 1943 einer der beiden Generalinspekteure des Feuerlöschwesens (vgl. Rumpf 1952, passim).

2 Vgl. Haag 1958, H. 5, S. 100, u. - praktisch wortgleich - Hampe 1963, S. 8 f.; ferner Klinge 2001, Teil 2, S. 26-27.

völkerrechtliche Verbote des Einsatzes von Massenvernichtungswaffen ausgehandelt werden sollten: Im Winter 1921/22 trafen in Washington die Vertreter der Großmächte USA, Großbritannien, Frankreich, Japan und Italien zusammen, um einen gegenseitigen Verzicht auf den künftigen Einsatz chemischer und bakteriologischer Waffen zu erreichen, und ein Jahr später berieten die betreffenden Staaten in Den Haag über einen Luftkriegsrechtsentwurf. Letzterer enthielt einige gutgemeinte, in der Rückschau aber anrührend naive Passagen zur Schonung der Zivilbevölkerung. So sollte das „Luftbombardement zu dem Zweck, die Zivilbevölkerung zu erschrekken oder das Privateigentum ohne militärischen Charakter zu zerstören oder zu beschädigen oder Nichtkombattanten zu verletzen", verboten sein, und den Bomberkommandanten sollte eine besondere Sorgfaltspflicht hinsichtlich der Schonung von Kulturdenkmälern und Krankenanstalten auferlegt werden. Beide Verbote waren letztlich völkerrechtlich nicht durchsetzbar.[3] Obwohl das Verbot des Einsatzes von Gas- und bakteriologischen Waffen durch die Weigerung Frankreichs nie geltendes Völkerrecht wurde, ist es von allen Seiten respektiert (und im Zweiten Weltkrieg auch eingehalten) worden. Der Bombenkrieg als Kampfform der Zukunft konnte hingegen nicht gebannt werden; zu viele Militärdoktrinen und Rüstungsanstrengungen der verhandelnden Staaten waren bereits auf ihn ausgerichtet worden. Daran änderten auch weitere internationale Konferenzen nichts. So konnte das Internationale Komitee vom Roten Kreuz in einer 1930 getroffenen Entschließung nur allen Staaten die Durchführung aller „zweckdienlichen Maßnahmen zur passiven Verteidigung der Zivilbevölkerung gegen die Gefahren des Krieges" dringend nahelegen.[4]

Ein nicht zu unterschätzender Einfluß auf die Luftkriegsstrategien (und dementsprechend auf die Luftschutzkonzeptionen) ging von den Lehren des italienischen Luftwaffengenerals und Militärtheoretikers Giulio Douhet aus, die etwa zur Zeit der Washingtoner und Haager Konferenzen die Fachöffentlichkeit erstmals in Aufregung versetzten. In zum Teil radikal zugespitzten Thesen propagierte Douhet das Primat der Luftherrschaft durch gegenüber Heer und Marine verselbständigte strategische Luftstreitkräfte; deren Bomber sollten sogleich bei Kriegsbeginn in Massen gegen das Hinterland des Feindes zum Einsatz gebracht werden, um zum einen dessen lebenswichtige Industrien zu vernichten, zum andern durch Angriffe auf Großstädte die Bevölkerung zu demoralisieren. Diese Art der Kriegführung pries Douhet als vergleichsweise humane Form des Krieges, da so in kürzester Zeit und ohne aufreibende Kämpfe in festgefahrenen Frontlinien eine Entscheidung herbeigeführt werden könne. Das Gesetz der Offensive favorisierte Douhet auch für die Verteidigung: Während bis

3 Vgl. Haag 1958, H. 5, S. 100 f.
4 Vgl. Ronde/Mahs 1931, S. 9 f.; Klinge 2001, Teil 2, S. 29-30.

zu einem gewissen Maße feindliche Bombenangriffe hingenommen werden sollten, müsse die eigene Bomberflotte durch massive Gegenangriffe Vergeltung üben. Demgegenüber hielt der General militärische Abwehrmaßnahmen (Jagdflugzeuge, Flak-Artillerie) für kräftezehrende Illusionen.[5] Klar definierte Douhet auch die Grenzen des Schutzraumbaus.[6] Trotz seiner Skepsis gegenüber Abwehrmaßnahmen hielt es Douhet aber für unabdingbar, die Bevölkerung auf die Auswirkungen eines Luftkriegs vorzubereiten und mit Hilfsmitteln auszustatten:

„Als Verfechter des Grundsatzes, daß man Angriffe des Feindes über sich ergehen lassen muß, um ihm größere zuzufügen, trete ich leidenschaftlich für die Notwendigkeit einer moralischen Rüstung der Bevölkerung ein, eine Notwendigkeit, die ich jedenfalls stärker empfinde, als alle die, welche sich einbilden, durch eine Luftabwehr die Wucht der Luftangriffe abschwächen zu können. Wer auf das Schlimmste gefaßt ist, der ist am besten gerüstet. Die umgekehrte Methode ist gefährlich. Eine von der Wirksamkeit der Luftabwehr restlos

5 Vgl. Douhet 1935 (Die italienische Originalausgabe „Il dominio dell' aria" erschien 1921). Giulio Douhet (1869 - 1930) war zunächst Artillerieoffizier. Schon vor dem Ersten Weltkrieg tat sich Douhet durch detaillierte Generalstabsstudien hervor, bevor er Kommandeur des ersten italienischen Luftschifferbataillons wurde. Schon 1909 sah Douhet die künftige Bedeutung des Flugzeugs als Waffe voraus. Nach Kriegsbeginn befürwortete Douhet das Umschwenken Italiens auf ein Bündnis mit der Entente. Ab 1915 war Douhet Divisionsführer. Seine scharfe Kritik an der Militärstrategie seines Landes brachte ihm ein Kriegsgerichtsverfahren und ein Jahr Gefängnis ein. Nach seiner Haftentlassung wurde das Urteil aufgehoben und Douhet rehabilitiert. 1918 übernahm Douhet das Oberkommando über die italienische Luftwaffe. Bei Kriegsende nahm Douhet seinen Abschied als General und beschäftigte sich bis zu seinem Tode mit der Theorie des Luftkriegs. Der Verfasser des Vorworts zum o.g. Buch, v. Bülow, sieht sogar eine Verbindung zwischen Douhets revolutionären Lehren und dem aufkommenden Faschismus in Italien (S. 7): „Douhets Angriffe auf die Bastionen der alten Kriegsprinzipien liefen dem faschistischen Marsche auf Rom parallel. Sie waren nicht zuletzt auch Ausdruck und Spiegelbild der Revolution des Faschismus."

6 Dazu Douhet 1935, S. 46: „Die sogenannte lokale Verteidigung oder der Schutz besonders wichtiger Punkte läßt sich in der Theorie entweder durch Verhütung feindlicher Bombenangriffe, oder durch Schutz der Ziele vor der Einwirkung solcher Bombenangriffe anstreben. Letztere Methode erscheint bereits auf den ersten Blick undurchführbar. Es ist zwar möglich, bestimmte lebenswichtige Einrichtungen, wie z.B. Depots, industrielle Anlagen, ja selbst Flugstützpunkte, Regierungsinstitutionen, bombensicher unter die Erdoberfläche zu verlegen, Schutzräume für die Zivilbevölkerung zu schaffen. Städte und Bahnhöfe, Häfen, Bahnlinien, d.h. also der gesamte Organismus sowie die Durchaderung des Staatskörpers, die Industrie und der überwiegend größere Teil aller anderen lebenswichtigen Angriffspunkte der Nation aber sind der Einwirkung feindlicher Zerstörungsoperationen praktisch schutzlos preisgegeben. Gegen die moralische Einwirkung intensiver Luftaktionen des Feindes gibt es ja auf die Dauer auch durch Vorsorge weitestgehender Organisation von Luftschutzräumen kein ausreichendes Schutzmittel, da sich ja schließlich die Bevölkerung des bedrohten und angegriffenen Gebietes nicht unausgesetzt in diesen Schutzräumen aufhalten kann."

> überzeugte Bevölkerung dürfte im Ernstfall in eine sehr traurige moralische Verfassung geraten.
>
> Die moralische Rüstung muß jedoch Hand in Hand mit einer materiellen gehen. Beide Rüstungen zusammen bilden den passiven Luftschutz, der keine Angriffsmittel erfordert. Diese Organisation halte ich nicht nur für nützlich, sondern für unbedingt notwendig."[7]

Diese Auffassung fand Widerhall bei den Luftschutzbefürwortern in Deutschland, zumal sich militärische Abwehrmaßnahmen oder gar der Besitz einer strategischen Bomberflotte durch die Regelungen des Versailler Vertrags von selbst verboten. Da zivile Vorkehrungen gegen Bombenangriffe nicht eindeutig unter die Bestimmungen des Friedensvertrags fielen, nahm sich die ABTEILUNG „LANDESVERTEIDIGUNG" DES TRUPPENAMTS der Luftschutzfrage an und legte 1923 eine erste „Anleitung für den Reichsluftschutz" vor. In dieser Schrift wurde die Errichtung einer „Zentrale für Reichsluftschutz" bei einem noch zu benennenden Ministerium angeregt, die für alle Belange der Zivilverteidigung zuständig sein sollte. Analog zu Douhets Gedanken über die Bedeutung des Luftschutzes sollte die Zentrale die Bevölkerung aufklären und für luftschutzmäßiges Verhalten werben. Obgleich ein „Späh- und Warndienst innerhalb des ganzen Reiches" aufgebaut werden sollte, wurde noch nicht an die Aufstellung eines besonderen Luftschutzhilfsdienstes gedacht; man wollte sich damit begnügen, „die Durchführung der Schutzmaßnahmen durch Aufstellung von Vorschriften und Anweisungen anzuordnen, anzuregen und zu überwachen". Allerdings sollte die Zentrale schon auf eine Vereinfachung und Verbilligung von „Schutzmaßnahmen" hinwirken - bezogen auf die damalige Situation der Feuerlöschtechnik und die Beschaffungspolitik der Feuerwehren ein wahrhaft hoher Anspruch! Reichskanzler Wilhelm Cuno empfand diese in einer rechtlichen Grauzone vor sich gehenden Ansätze einer reichsweiten Luftschutzorganisation als riskant. Zudem hätte es das Reichswehrministerium aus innen- und außenpolitischen Gründen gern gesehen, die Federführung dem REICHSMINISTERIUM DES INNERN (RMdI) zu übertragen, doch dort zeigte man sich nicht interessiert an der neuen Aufgabe.

Da ein umfassender, auf die Mitwirkung der Bevölkerung angewiesener Luftschutz kaum vor dem Ausland verborgen werden konnte, suchte man auf diplomatischen Kanälen bei den Ententestaaten um eine offizielle Genehmigung für den Aufbau einer Luftschutzorganisation nach.[8] Schließlich wurde Deutschland im Anschluß an die PARISER VEREINBARUNGEN ÜBER LUFTFAHRT die Schaffung eines zivilen Luftschutzes vertraglich zugestanden, wobei die Zuständigkeit weiterhin bei der Reichswehr lag. Das Datum der Unterzeichnung, der 22. Mai

7 Douhet 1935, S. 74.
8 Vgl. Haag 1958, H. 5, S. 101; Klinge 2001, Teil 2, S. 30-32.

1926, markiert den offiziellen Beginn des organisierten zivilen Luftschutzes in Deutschland.[9]

Mit Zustimmung der interalliierten Militärkontrollkommission wurde vom Reichswehrministerium am 10. Februar 1927 eine Luftschutzdienststelle unter dem einstigen Kommandeur des Heimatluftschutzes im Ersten Weltkrieg, Oberstleutnant a.D. von Keller, eingerichtet.[10] Erst am 3. November des gleichen Jahres wurde durch einen Kabinettsbeschluß den Wünschen der Reichswehr entsprochen und der zivile Luftschutz zu einer Angelegenheit des RMdI erklärt.

Trotz der Umressortierung blieb das Militär aber weiterhin mit der Luftschutzmaterie verbunden, da sich das Innenministerium als unerfahren und zudem außerordentlich schwerfällig erwies.[11] So kam es zu einer Vereinbarung zwischen den beiden Ministerien, die der Reichswehr die Schaffung eines Luftschutzhilfsdienstes bis auf weiteres übertrug. Organisatorische Regelungen wurden im Februar 1928 in einem „Anhalt für eine Anweisung an Kommunalbehörden zur Aufstellung des Luftschutzhilfsdienstes" zusammengefaßt.

Dennoch blieb das RMdI bei seiner uninteressierten Haltung und ließ die Reichswehrverwaltung weiterhin für sich arbeiten; man hatte nicht einmal eine eigene Dienststelle im Ministerium für Luftschutz geschaffen, sondern ließ Luftschutzfragen durch einen einzelnen Sachbearbeiter nebenbei erledigen. Es schien auch niemanden in der Ministerialbürokratie zu stören, daß die Reichswehr im Oktober 1928 durch den Erlaß von „Richtlinien für Luftschutzmaßnahmen der Polizeibehörden" unmittelbar in originäre Zuständigkeiten des Innenressorts eingriff. Erst persönliche Gespräche auf Ministerebene und Ermahnungen selbst eigentlich nur peripher mit der Materie betrauter Ministerien wie des Reichswirtschaftsministeriums führten schließlich zu einem - zumindest augenscheinlich - größeren Engagement des RMdI für den Luftschutz:

Einem am 24. Dezember 1930 erlassenen „Organisationsplan für die Vorbereitung eines Luftschutzes der Zivilbevölkerung" folgten am 24. Oktober 1931 die „Verteilung der Luftschutzaufgaben auf die obersten Reichsbehörden und Richtlinien für die Organisation des zivilen Luftschutzes". Insbesondere der letztgenannte Erlaß erwies sich als richtungsweisend für die spätere Struktur des Sicherheits- und Hilfsdienstes.

Nicht allein Regierungsstellen befaßten sich mit Fragen des Luftschutzes, sondern auch und vor allem private Vereine, die in ihrer Mehrzahl eigens zu diesem Zweck gegründet worden waren. Den Anfang machte bereits 1920 der Verein ehemaliger Angehörige der Flugabwehr

9 Beim Datum der Unterzeichnung differieren in den Quellen die Angaben: Heinrich Paetsch nennt im P.F.B.-Bericht 1931, S. 46, den 21.05.1926. An diesem Tag wurde das Luftfahrtabkommen zwischen Deutschland, Belgien und Frankreich selbst geschlossen (nach Overesch/Saal 1982, S. 293).

10 Vgl. Haag 1958, H. 5, S. 102.

11 Vgl. Haag 1958, H. 7, S. 160 u. 162.

e.V., kurz Flakverein. Unter dem Vorsitz des ab 1927 auch als Luftschutzsachbearbeiter im Reichswehrministerium tätigen Generals der Flakartillerie a.D. Hugo Grimme sammelten sich im Flakverein 800 ehemalige und aktive Offiziere. Als Vereinszweck legte man fest, die Luftkriegserfahrungen des Ersten Weltkriegs zu erhalten und die Weiterentwicklung der ausländischen Luftstreitkräfte zu verfolgen; des weiteren sollten Abwehr- und Schutzmöglichkeiten diskutiert werden. Bis 1926 vertrat und propagierte der Flakverein den Luftschutzgedanken als einzige deutsche Organisation überhaupt.[12]

Aufgeschreckt durch den zügigen Aufbau moderner Luftwaffen der Groß- und Mittelstaaten und den Douhetismus fand die Ansicht, daß der Aufbau eines zivilen Luftschutzes notwendig sei, Mitte der 20er Jahre auch in bürgerliche Kreise Eingang. Die Befürworter des Luftschutzes aus Verwaltung, Militär und Hilfsorganisationen begannen sich unter der Präsidentschaft des ehemaligen Reichsverkehrsministers Dr. Rudolf Krohne (DVP)[13] im Verein Deutscher Luftschutz e.V. zu sammeln; hierbei leisteten Mitglieder

Die Propaganda der privaten Luftschutzvereinigungen war nicht frei von revisionistischer Tendenz; Hauptziel war, die Fesseln des Versailler Vertrags abzuschütteln und wieder in den Besitz einer militärischen Luftabwehr zu gelangen. Plakat um 1930.

des Flakvereins aktiv ‚Geburtshilfe'.[14] Weitere private Zusammenschlüsse folgten,[15] so die 1931 mit Unterstützung des Preußischen Innenministeriums gegründete Deutsche Luftschutz-Liga, zu dessen Mitgliedern u.a. auch die Oberbürgermeister von Köln, Konrad Adenauer, und Leipzig, Carl-Friedrich Goerdeler, zählten. Neben der Aufklärung und Schu-

---

12 Vgl. Haag 1958, H. 5, S. 102; Hampe 1963, S. 13.

13 Dr. Rudolf Krohne (DVP, 1876 - 1953), Reichsverkehrsminister
- im Kabinett Marx II (03.06. - 15.12.1924), beauftragt ab 11.10.1924;
- im Kabinett Luther (15.01. - 05.12.1925);
- im Kabinett Luther II (20.01. - 12.05.1926);
- im Kabinett Marx III (16.05. - 17.12.1926).

(nach Spuler 1964, S. 141 ff.)

14 In Lindner 1988, S. 1, bleibt die angebliche Gründung eines „Luftschutzvereins e.V.", „bei dem das Deutsche Rote Kreuz die Rolle des Initiators übernommen hatte", leider unbelegt. Möglicherweise meint Lindner den Deutschen Luftschutz e.V. oder die 1931 gegründete Deutsche Luftschutz-Liga. Zu den Luftschutzvereinen und ihrem Wirken vgl. Klinge 2001, Teil 2, S. 31-33.

15 Vgl. Lindner 1988, S. 2.

lung der Bevölkerung verfolgten die Luftschutzvereine den Zweck, in ihrem Sinne auf Regierungsstellen einzuwirken.[16]

Der propagandistischen Breitenwirksamkeit der Vereine waren aber zunächst enge Grenzen gesetzt, nicht zuletzt durch Sanktionen der Reichsregierungen selbst, welche die Initiative in einer Angelegenheit der Landesverteidigung nicht völlig aus der Hand geben wollten. Die Vereine sollten erst dann für den Luftschutz werben, wenn es der Reichsregierung angemessen erschien. Die Ausgestaltung des Luftschutzes an sich sollte den Behörden vorbehalten bleiben.

Da die Vereine aber längst eigene Konzepte erarbeitet hatten und zudem in ihren Vereinsorganen[17] die schleppenden staatlichen Anstrengungen kritisierten, waren sie nicht immer gerngesehene Partner der offiziellen Stellen. So konnte sich 1928 der Deutsche Luftschutz e.V. nur durch den Rücktritt seines Vorsitzenden Dr. Rudolf Krohne und eine Umgestaltung zu einer wissenschaftlichen Studiengesellschaft vor der regierungsamtlich beschlossenen Auflösung retten.[18] Nach der Gründung weiterer regionaler und reichsweiter Luft-schutzvereine und einer zwischen ihnen vorgenommenen Abgrenzung der Aufgabenbereiche[19] ging das RMdI im Januar 1932 von der Konfrontation zur Kooperation über: Man erklärte sich nun einverstanden, mit dem am 25. September 1931 gegründeten Luftschutz-Arbeitsgemeinschaftsausschuss der vier größten Vereine - Deutscher Luftschutz e.V., Deutsche Luftschutzliga, Flakverein und Ring der Flieger - in Fragen der Öffentlichkeitsarbeit zusammenzuarbeiten.[20] Im Verlauf des Jahres 1932 fusionierten der Deutsche Luftschutz e.V. und die Deutsche Luftschutzliga zum Deutschen Luftschutzverband e.V.[21]

In der Sache herrschte grundsätzlicher Konsens zwischen allen Luftschutz-Befürwortern: Für die Zukunft sah man das abgerüstete Deutschland als Schlachtfeld rivalisierender Großmäch-

16 Der Verein Deutscher Luftschutz e.V. wurde von Mitgliedern des Flakvereins und des Reichsbürgerrats „zur Förderung, Unterstützung und Verwirklichung aller im Rahmen der Gesetze und der bestehenden internationalen Abkommen möglichen Luftschutzmaßnahmen" gegründet, vgl. Haag 1958, H. 7, S. 159.

17 So erschien ab August 1931 die Zeitschrift Gasschutz und Luftschutz als Organ der Deutschen Luftschutzliga.

18 Vgl. Haag 1958, H. 7, S. 159.

19 Am 10. Dezember 1931 verständigten sich der Deutsche Luftschutz e.V. und die Deutsche Luftschutz-Liga auf ein gemeinsames Präsidium, und es kam zu einer Aufgabenteilung: Während der Deutsche Luftschutz e.V. sich an alle wissenschaftlich oder behördlich mit Luftschutzfragen befaßten Personen wenden sollte, fiel der Deutschen Luftschutz-Liga die Breitenwerbung zu (Vgl. Haag 1958, H. 7, S. 164).

20 Vgl. Hampe 1963, S. 12.

21 Vgl. Fritz Lehmann: Ziviler Luftschutz. In: DFV-Bericht 1932, S. 42.

te in Ost und West.[22] Das tiefe Mißtrauen gegenüber dem angrenzenden Ausland, das in den Organen der Luftschutzvereine gern mit den Pauschalbegriffen „Militärstaaten" und „Rüstungsländern" tituliert wurde, war aber keineswegs eine Gefühlsangelegenheit einzelner, sondern behauptete sich mit erstaunlicher Kontinuität auch in der Außen- und Sicherheitspolitik der rasch wechselnden Reichsregierungen. Die Rüstungsbeschränkungen, die dem Deutschen Reich durch den Versailler Vertrag auferlegt worden waren, einerseits, und die fortschreitende Aufrüstung der Anrainerstaaten andererseits ließen bereits in der Mitte der 20er Jahre die Forderung nach mehr „Sicherheit" für Deutschland laut werden. Letztlich zielte dies auf eine schrittweise Revision des Versailler Vertrags ab und bedeutete konkret eine Wiederaufrüstung Deutschlands bei gleichzeitiger Abrüstung des angrenzenden Auslands.[23] Die Forderung blieb - wie oben bereits ausgeführt - Illusion; längst bauten die kontinentalen Großmächte unter dem Einfluß der Theorien Douhets auf den strategischen Einsatz von Luftstreitkräften gegen das gegnerische Hinterland.

Hier setzte die Argumentation der Luftschutz-Lobby an: Mit deutlichen revisionistischen Untertönen wurde gefordert, daß man die Zeit bis zur Wiederzulassung militärischer Luftabwehrmaßnahmen mit der Vorbereitung ziviler Luftschutzmaßnahmen überbrücken müsse. So mahnte Dr. Rudolf Krohne im Vorwort einer 1928 vom Verein „Deutscher Luftschutz" veröffentlichten Denkschrift:

> „Der Einwand weiter Kreise, daß ziviler Wirkungsschutz beim Fehlen eines militärischen Abwehrdienstes wirkungslos und damit zwecklos sei, verhindert das Mögliche, weil das Vollkommene nicht erreichbar ist. Damit wird er zum Vorwand völliger Untätigkeit, die unverantwortlich ist. Wer den Standpunkt nicht teilt, daß Deutschlands völlige Ohnmacht ein Dauerzustand für die Ewigkeit ist, kann die Notwendigkeit des zivilen Luftschutzes nicht ablehnen: Zweifellos wird der zivile Luftschutz allein einen Gegner nie hindern können, deutsches Gebiet zu überfliegen und seine Angriffe solange zu wiederholen, bis sie den von ihm gewollten Erfolg erzielen. Wer aber die Hoffnung auf Deutschlands Gleichberechtigung nicht endgültig aufgegeben hat, und dies ist die übergroße Mehrheit der Nation, muß derartige Gedankengänge, die zu völliger Selbstaufgabe führen, mit Recht ablehnen."[24]

---

22 Fritz Lehmann: Ziviler Luftschutz. In: DFV-Bericht 1932, S. 41: „Nur Deutschland, das auf allen Kampfplätzen tief im Feindesland gestanden hat bis zum Kriegsende, steht in seiner Ohnmacht wehr- und machtlos da, ein Spielball in der Hand der Völker. (...) Daß Deutschland mit seinen 100.000 Mann Reichswehr keinen Krieg führen kann, ist wohl jedem von uns klar. Sein Gebiet wird aber als Durchmarsch- und Aufmarschgebiet für andere Völker sehr wohl in Frage kommen."

23 Vgl. Salewski 1974, passim.

24 Krohne 1928, S. 5 f.

Trotz aller Versuche der Luftschutz-Lobby, alle „Organisationen des Volkes (...), welche die Träger der wirtschaftlichen und moralischen Kräfte sind"[25], in die Luftschutzvorbereitungen einzubinden, verweigerten sich die ADGB-Gewerkschaften, da sie nicht an in ihren Augen kriegsvorbereitenden Maßnahmen beteiligt werden wollten.[26] Sehr wahrscheinlich sagten dem ADGB auch einige der im Luftschutz engagierten Personen und Verbände politisch nicht zu. Hatte man schon zu der als „Streikbrechergarde" verrufenen Technischen Nothilfe ein traditionell gespanntes Verhältnis,[27] so mußte die Mitwirkung des im Hinblick auf seine Republiktreue zumindest zweifelhaften Jungdeutschen Ordens und eines Luftschutzlehrtrupps aus Mitgliedern des rechtsradikalen Bundes Ekkehard unter dem ehemaligen Freikorpsführer Gerhard Roßbach wie eine offene Provokation wirken.[28] Unter diesen Umständen ist es umso erstaunlicher, daß sich die aus der Arbeiterbewegung hervorgegangene Sanitätsorganisation, der Arbeiter-Samariter-Bund (ASB), überhaupt am Luftschutz beteiligte.[29]

Noch Anfang der 30er Jahre wurden Gasattacken auf die Zivilbevölkerung für die wahrscheinlichste Art des Zukunftskrieges aus der Luft gehalten. In dieser grotesk anmutenden Grafik wartet die Bevölkerung den Angriff in einem unterirdischen Gasschutzraum ab, der mit Annehmlichkeiten wie einem Restaurant und einem Kinderspielplatz ausgestattet ist.

Aus den Reihen der SPD selbst wurden grundsätzliche Zweifel an der Durchführbarkeit eines wirksamen zivilen Luftschutzes laut. So erschien am 3. September 1928 in der sozialdemokratischen Tageszeitung Volksfreund unter dem Titel „Der Untergang Londons" ein ausführlicher Bericht über eine Bombardierungs- und Luftschutzübung der britischen Reserveluftwaffe über der bri-

25 Ronde/Mahs 1931, S. 20.
26 Vgl. Haag 1958, H. 7, S. 164.
27 Zum Verhältnis zwischen Arbeiterschaft und Technischer Nothilfe vgl. Linhardt 1991 und die darin enthaltenen Literaturangaben.
28 Zur Mitwirkung des Jungdeutschen Ordens und der ehemaligen Freikorpskämpfer vgl. Haag 1958, H. 7, S. 163 bzw. 165, mit durchaus positiv wertender Tendenz. Zweifel an der Verfassungstreue des Jungdeutschen Ordens werden geäußert in Finker 1970, S. 227-237.
29 Zum Engagement des ASB im Gas- und Luftschutz ab 1931 vgl. Müller 1988, S. 177.

tischen Hauptstadt, die nach Meinung des Autors die Wirkungslosigkeit auch einer durchaus starken Luftverteidigung gegen einzelne durchstoßende Bomber bewiesen habe. Der Artikel schließt mit dem Resümee:

> „Die Bilanz der Londoner Luftmanöver ist ernst genug, und sie geht nicht nur London an. Sie gilt für alle großen Städte Europas. Sie alle sind, trotz Abwehr, eine Beute des zukünftigen Feindes, der sie binnen wenigen Stunden nach Ausbruch der Feindseligkeiten lahmzulegen, ja vielleicht sogar zu vernichten vermag."[30]

Mit der praktischen Konkretisierung von Luftschutzmaßnahmen wuchs auch der Widerstand der SPD-Basis. Am 25. November 1932 berichtete die gleiche Zeitung aus Erfurt, daß eine öffentliche Luftschutzübung einschließlich Verdunkelung der Stadt mit Protestkundgebungen und demonstrativem Anschalten des Lichts durch die Bevölkerung boykottiert worden sei. Die Übung sei deswegen gescheitert, „weil die organisierte Arbeiterschaft einfach den Krieg als Mittel der internationalen Auseinandersetzung als menschenunwürdig für das 20. Jahrhundert ablehnt" und Schutzmaßnahmen gegen Gas- und Brandbomben für eine Illusion halte.[31]

Statt also zu einer Massenbewegung zu werden, blieb der zivile Luftschutz in der Weimarer Republik eine Angelegenheit einer kleinen, vom nationalliberalen bis zum rechtsradikalen Spektrum reichenden Funktionselite aus Politik, Verwaltung, Militär, Hilfsorganisationen und Feuerwehren.[32]

---

30 Egon Wertheimer: Der Untergang Londons. In: Volksfreund, 03.09.1928.
31 Vgl. Protest gegen Luftschutz-Manöver. In: Volksfreund, 25.11.1932.
32 Zu einer ähnlichen Wertung gelangt auch Klinge 2001, Teil 2, S. 36.

2.3.1
Aufbau und Organisation eines Sicherheits- und Hilfsdienstes

Als Reaktion auf die Bombardements des Ersten Weltkriegs hatten sich bereits damals alle Aufgabenbereiche des zivilen Luftschutzes in ihren Grundzügen herausgebildet:

- Flugmelde- und Warndienst
- Selbstschutz der Bevölkerung
- Werkluftschutz
- Luftschutz in besonderen staatlichen Verwaltungen (z.B. Eisenbahn)
- Sicherheits- und Hilfsdienst (Katastrophenschutz)

Während die ersten beiden Bereiche schon in den frühesten Luftschutzregelungen der Weimarer Republik vorgesehen waren, wurden letztere aus Kostengründen oder auch Desinteresse lange zurückgestellt. Noch 1928 erklärte die Regierung unter Reichskanzler Hermann Müller-Franken (SPD) offiziell, „zur Durchführung dieser Aufgaben einen kostspieligen besonderen Apparat nicht aufbauen zu wollen".[1]

Gleichwohl machte das Reichswehrministerium in einem im Februar 1928 erschienenen „Anhalt für eine Anweisung an Kommunalbehörden zur Aufstellung des Luftschutzhilfsdienstes" den Vorschlag, daß nunmehr mit der Aufstellung von Katastrophenschutz-Einheiten sowie der Schaffung spezieller Luftschutzdienststellen in kommunaler Regie begonnen werden sollte; bei beiden sollte den Berufs- und Freiwilligen Feuerwehren eine maßgebliche Rolle zukommen. Für Orte über 10.000 Einwohner wurden besondere, mit jeweils einem Löschzug besetzte Luftschutzfeuerwachen vorgesehen. Analog dazu sollten Sanitätswachen und -kommandos sowie Gasschutzkommandos nach einem besonderen Einwohnerschlüssel geschaffen und dezentralisiert stationiert werden.[2] Auch der Verein Deutscher Luftschutz e.V. betonte in einer im gleichen Jahr erschienenen Denkschrift die besondere Bedeutung der Feuerwehren, wies aber gleichzeitig auf die Notwendigkeit hin, „ihre Organisation den Forderungen eines wirkungsvollen Luftschutzes anzupassen".[3] Kurzgefaßt forderte der Verein:

- Dezentralisierung der Brandschutzkräfte, „damit das Eingreifen der Wehr nicht durch lange Anfahrtwege verzögert oder möglicherweise durch zerstörte und gesperrte Straßen gehindert wird"
- Befähigung jeder einzelnen Feuerwache zu selbständiger Hilfeleistung
- Verbesserung und Vermehrung der Ausstattung
- Beschaffung von Gasschutzgeräten für alle Einsatzkräfte
- Heranziehung von Reservemannschaften

1 Zit. nach Hampe 1963, S. 13.
2 Vgl. Haag 1958, H. 7, S. 160; eine detaillierte Aufstellung dieser Regelungen liefert Klinge 2001, Teil 2, S. 33.
3 Krohne 1928, S. 70 ff.

Unterstützt werden sollten die Feuerwehren durch Instandsetzungskräfte,[4] Gasschutzeinheiten und das Sanitäts- und Rettungswesen. Ungeachtet der Details bildete sich in allen Konzepten die Idee eines Katastrophenschutzes heraus, der je nach Aufgabenstellung in verschiedene Fachdienste untergliedert ist.

Mit besonderem Nachdruck trieb man in dem vom übrigen Reichsgebiet abgetrennten Ostpreußen den Luftschutzgedanken voran. Hier wurde im August 1930 auch die erste größere, mehrtägige Luftschutzübung in und um Königsberg durchgeführt. Unter Federführung der Reichswehr probten die örtliche Wirtschaft, Hilfsorganisationen, Luftschutzvereine (darunter die von Brandoberingenieur Hans Rumpf ins Leben gerufene LUFTSCHUTZARBEITSGEMEINSCHAFT OSTPREUßEN) sowie Vertreter mehrerer Reichsministerien, Landes- und Kommunalbehörden den Ernstfall. Sinn der Übung sollte sein, Erfahrungen für den Aufbau eines reichsweiten Luftschutzsystems zu sammeln. Allerdings ließ die finanzielle Notlage des Reiches inmitten der Weltwirtschaftskrise keinen Raum für den Aufbau einer besonderen Luftschutzorganisation; so plante man, auf bereits im Frieden vorhandene Hilfspotentiale zurückzugreifen.[5] Die Führungsfrage im Luftschutz - im Reich noch immer faktisch in der Schwebe zwischen Reichswehr, Innenressort und Kommunen - löste das preußische Innenministerium nunmehr in eigener Initiative: Mit Berufung auf das PREUSSISCHE LANDRECHT von 1794 ließ es seinen Vertreter anläßlich der Übung verlautbaren, daß die öffentliche Katastrophenabwehr stets Aufgabe der Polizei sei „und es (...) wohl keine größere Katastrophe als Luftangriffe" gebe.[6]

Entgegen anderslautenden Absichtsbekundungen von Vertretern des Reichsinnenministeriums anläßlich der Königsberger Großübung unterblieb weiterhin die Vorbereitung praktischer Luftschutzmaßnahmen. Dies erneuerte den Unmut der Luftschutz-Befürworter, und wiederum kam Kritik aus dem Reichswirtschaftsministerium: In einer im März 1931 erschienenen Veröffentlichung des REICHSVERBANDS DER DEUTSCHEN IN-

---

4 Dazu Krohne 1928, S. 72: „Es ist auch der Gedanke zu erwägen, der neuerdings in der Berliner Presse angeregt wurde, besondere technische, mit modernen Aufräumungswerkzeugen, Kranen, Greifern, Schneidbrennern, Förderbändern, pneumatischen Meißeln u.a. ausgestatteten Korps in städtischen Diensten zur Hilfeleistung bei Unglücksfällen aller Art aufzustellen. Diese würden bei Luftüberfällen wertvolle Dienste leisten können. Ihnen wäre vielleicht auch die Aufgabe der Entgiftung verseuchter Räume durch Besprengen mit Wasser und Chlor zu übertragen." Es fällt auf, daß der Instandsetzungs- und Entgiftungsdienst nach diesem Konzept nicht der Technischen Nothilfe übertragen werden sollte.

5 Zur Königsberger Großübung vgl. Haag 1958, H. 7, S. 162 f.; Hampe 1963, S. 12 f.; Klinge 2001, Teil 2, S. 34-35.

6 Vgl. Hampe 1963, S. 13. Auch Lindner 1988, S. 2, stellt die besondere Eignung der Polizei als Führungsorgan heraus, „zumal schon die Führung in einem Katastrophenfall zu ihren Dienstobliegenheiten zählte", und berichtet für diese frühe Zeit auch schon von Luftschutzlehrgängen für Polizeioffiziere.

DUSTRIE stellten Ministerialrat Dr. Hans Ronde und Regierungsrat Dr. Freiherr von Mahs in ihrem Vorwort fest:

> „Die Sorge um große aktuelle Fragen der Politik, der Wirtschaft und der Finanzen ließ die Erörterung des Luftschutzproblems in Deutschland bisher stark in den Hintergrund treten. Während sich das Ausland in den letzten Jahren eingehend - und oft amtlich - mit allen Fragen des aktiven und passiven Luftschutzes befaßt hat, sind es in Deutschland in der Hauptsache einzelne private Organisationen gewesen, die den Versuch unternommen haben, die deutsche Öffentlichkeit über den Sinn und den Inhalt des Luftschutzes aufzuklären. Wesentliche praktische Maßnahmen sind jedoch bisher nicht bekannt geworden."[7]

Ronde unterstützte den preußischen Standpunkt der Zuständigkeit der Polizei und ihrer gemeindlichen Hilfsorgane (u.a. die Feuerwehren) für die Gefahrenabwehr [8] und stellte fest:

> „Es wäre eine unverantwortliche Lükke in der öffentlichen Vorsorge und Fürsorge zur Verhütung ‚Öffentlicher Notstände' und zur möglichsten Herabminderung ihrer schädlichen Folgen, wollte man durchgreifende organisatorische und sachliche Maßnahmen auch auf dem Gebiet des Luftschutzes nicht in die öffentliche Vorsorge und Fürsorge mit einbeziehen."[9]

An Rondes Argumentation knüpfte Rumpf anläßlich der Hauptversammlung des P.F.B. 1931 ausdrücklich an.[10] In seinen Ausführungen stellte er auch angesichts der von ihm betonten Gefahr durch Brandbomben [11] die Feuerwehren als Avantgarde des Luftschutzes in den Vordergrund:

> „Wenn jetzt Deutschland darangeht, den Luftschutz amtlich zu organisieren, so muß den deutschen Feuerwehren in der Vorbereitung und Durchführung der Abwehrmaßnahmen ein noch größerer Anteil als den Feuerwehren des Auslandes zufallen,

---

7 Ronde/Mahs 1931, S. 5.
8 Dazu Ronde/Mahs 1931, S. 22: „Die Löschung von Bränden ist ebenso wie ihre Verhütung Aufgabe der Polizei. Diese ist berechtigt, die Bereitstellung der hierzu erforderlichen Mittel von den Gemeinden zu verlangen."
9 Ronde/Mahs 1931, S. 23.
10 Vgl. (Hans) Rumpf: Feuerwehr und Luftschutz. In: P.F.B.-Bericht 1931, S. 49-54.
11 1932 erschien zu diesem Thema Rumpfs Buch „Brandbomben", in dem er die Aufmerksamkeit der Fachöffentlichkeit mehr auf den Aspekt lenkte, daß vor allem Feuersbrünste von bisher ungeahntem Ausmaß das Schadensgeschehen in einem Luftkrieg ausmachen könnten. Die von ihm gegebenen Hinweise wurden beim Aufbau des Sicherheits- und Hilfsdienstes berücksichtigt und trugen mit dazu bei, daß der Feuerlöschdienst des SHD nach 1935 der im Vergleich zu den anderen Zweigen personell stärkste und am besten ausgestattete Fachdienst wurde.

da der örtliche Luftschutz im Gegensatz zum Ausland auf militärische Unterstützung nicht wird rechnen können. Die Organisation der Feuerwehren, die die breiteste von allen Rettungsorganisationen ist, erscheint besonders geeignet, einen guten Unterbau für der Luftschutz abzugeben."[12]

Unter dem Eindruck der Königsberger Großübung, des Alleingangs des Preußischen Innenministeriums und der anhaltenden Vorwürfe der Luftschutz-Lobby gab das RMdI schließlich Ende Oktober 1931 verbindliche „Richtlinien für die Organisation des zivilen Luftschutzes" heraus (vgl. 2.3), wobei man mit geringstmöglichem Einsatz von Mitteln den größtmöglichen Erfolg erzielen wollte.[13] Da die Kommunen aus finanziellen Gründen zögerten, die neue Aufgabe in eigener Regie zu übernehmen, wurde die Durchführung des Luftschutzes der Polizei der Länder übertragen.[14] Ein öffentlicher Katastrophenschutz sollte unter Führung der Schutzpolizei aus den bereits im Frieden vorhandenen Hilfspotentialen der Feuerwehren, des ASB, des DRK und der TN sowie einigen kommunalen Einrichtungen aufgestellt werden. Die hierfür eingeführte Bezeichnung „Sicherheits- und Hilfsdienst" blieb bis 1942 in Gebrauch. Mit der Überwachung industrieller Luftschutzmaßnahmen wurde der REICHSVERBAND DER DEUTSCHEN INDUSTRIE beauftragt, während die staatlichen Sonderverwaltungen (Reichspost,

---

12 Vgl. (Hans) Rumpf: Feuerwehr und Luftschutz. In: P.F.B.-Bericht 1931, S. 50.

13 Branddirektor Lehmann faßte die Richtlinien zu diesem Punkt wie folgt zusammen (Fritz Lehmann: Ziviler Luftschutz. In: DFV-Bericht 1932, S. 46):
„a) Es ist kein Geld vorhanden weder bei Reich, Staat oder Kommune, aber es ist hinzuzufügen auch nicht beim Volk.
b) Die Organisation der Hilfskräfte ist so auszubauen, daß Einsatz und Wirksamwerden in kürzester Frist jederzeit gesichert sind.
c) Für zweckmäßige Ausrüstung und Ausbildung ist Sorge zu tragen.
Und hier liegt der Pferdefuß für die ganze Entwicklung. Ohne Geld ist recht schwer etwas Vollkommenes zu schaffen, es muß demnach z.T. wenigstens mit behelfsmäßigen Mitteln zu erstreben versucht werden."

14 Hans Rumpf bedauerte im nachhinein diese Entwicklung (Rumpf 1952, S. 15): „Bei den in dieser Zeit gelegentlich stattfindenden unverbindlichen Vorbesprechungen wurden allgemein die Stadtverwaltungen als die natürlichen Träger der Luftschutzorganisation vorausgesetzt. Ich habe mir bei diesen Aussprachen im Preußischen Ministerium des Innern, beim Deutschen Städtetag und bei Provinziallandtagen oft fast das Herz aus dem Leibe geredet, um die Verantwortung an die Städte zu bringen, weil ich damals wie heute überzeugt bin, daß diese Regelung die natürlichere, wirksamere und darum bessere ist. Aber alle Bemühungen blieben umsonst. Die Gründe für dieses Sichversagen der Regierungen und der Städte waren vorwiegend ideologischer und finanzieller Art."
Ob der Luftschutz in der Weimarer Republik tatsächlich Ländersache war, wie Hampe 1963, S. 17, glaubhaft machen will, muß angesichts der Tatsache, daß es sich beim Luftschutz um einen wichtigen Teil der Landesverteidigung handelte, für den zunächst das Reichswehrministerium, dann das Reichsministerium des Innern die Richtlinienkompetenz ausübte, fraglich bleiben. Unstrittig ist, daß sich das Reich der Exekutivorgane der Länder (z.B. der Schutzpolizei) beim Aufbau des zivilen Luftschutzes bediente.

Reichsbahn u.a.) ihren Luftschutz in eigener Verantwortlichkeit organisieren sollten.[15]

In Anlehnung an die genannten Richtlinien arbeitete das Berliner Polizeiinstitut für Technik und Verkehr für als besonders luftangriffsgefährdet eingestufte Gemeinden eine „Vorläufige Ortsanweisung für den Luftschutz der Zivilbevölkerung" aus.[16] Danach gliederte sich der zivile Luftschutz im Deutschen Reich ab Anfang 1932 in folgende Sparten:[17]

- Flugmeldedienst, Luftschutzwarndienst
- Tarnung
- Kollektivschutz, Einzelschutz
- Sicherheits- und Hilfsdienst (SHD)

Der SHD, der die Folgen von Luftangriffen für Menschen und Sachwerte bekämpfen sollte, wenn die Selbstschutzkräfte (Laienhelfer) hierzu nicht mehr allein in der Lage waren, wurde seinerseits in acht Fachdienste eingeteilt (siehe Tabelle).

Die drei wichtigsten und personell stärksten Fachdienste sollten der Feuerlöschdienst, der Instandsetzungsdienst und der Sanitätsdienst werden. Für alle den Grundstock der Fachdienste bildenden Hilfsdienste spielte dabei das Verhältnis zur Schutzpolizei, die mit der Führung betraut worden war, eine entscheidende Rolle.

Auch nach der nationalsozialistischen Machtübernahme blieb die „Vorläufige Ortsanweisung" bis zum Erscheinen des Luftschutzgesetzes 1935 die wesentlichste Grundlage für Aufbau und Organisation des zivilen Luftschutzes.

Fachdienst	Träger
Sicherheitsdienst und Führung	Schutzpolizei
Feuerlöschdienst	Feuerwehren
Instandsetzungsdienst	Technische Nothilfe (TN)
Sanitätsdienst	DRK, ASB, öffentl. Gesundheitswesen
Entgiftungs-(Gasabwehr-)dienst	Feuerwehren, kommunale Betriebe
Veterinärdienst	Veterinäruntersuchungsämter
Fachtrupps	Versorgungsunternehmen , TN
Havarietrupps und Hafenluftschutz	Hafenbehörden, Wasserbauämter

Fachdienstgliederung des Sicherheits- und Hilfsdienstes

15 Vgl. Haag 1958, H. 7, S. 161 f. u. 164 f.; Hampe 1963, S. 13 f.
16 Vgl. Haag 1958, H. 7, S. 164 f.; Lindner 1988, S. 2.
17 Vgl. Fritz Lehmann: Ziviler Luftschutz. In: DFV-Bericht 1932, S. 42.

2.3.2 Frühe Luftschutzmaßnahmen am Beispiel der Stadt Braunschweig

Branddirektor Fritz Lehmann

Obwohl Anfang der 30er Jahre Bewegung in den Aufbau eines zivilen Luftschutzes kam, zeigte dies zunächst kaum Auswirkungen auf die meisten Kommunen. Braunschweig bildete hier eine Ausnahme und war der Zeit abermals voraus.[1]

Wie bereits ausgeführt wurde, hielt Branddirektor Fritz Lehmann seit 1928 bei zahlreichen Anlässen Vorträge zum Gas- und Luftschutz. Im gleichen Jahr ließ er in der Lokalpresse auch einen nicht namentlich gezeichneten Artikel zum Thema „Luftangriffe und Feuerwehr" erscheinen. Unter Berufung auf Rumpf sollte der Deutsche Städtetag eine „Kommission von Feuerwehroffizieren" einsetzen, „welche ein System aller von den Berufsfeuerwehren zu übernehmenden Schutzmaßnahmen bis in feinste Einzelheiten auszuarbeiten hätte". Hinzu traten Forderungen nach Verstärkung der Feuerwehren, Bildung von Reservefeuerwehren sowie nach Dezentralisierung der Feuerwachen. Die Basis des Luftschutzes sollten die Feuerwehren bilden:

> „Wie in den Großstädten die Berufsfeuerwehren, so sollten in den Kleinstädten und auf dem flachen Lande nach dem Muster der polnischen Organisation die freiwilligen Wehren zu den Hauptträgern der Abwehr gegen Luftangriffe gemacht werden. Keine Feuerwehrtagung sollte stattfinden, ohne daß dabei Vorträge über Luftschutz gehalten würden."[2]

Der rührige Branddirektor beließ es aber nicht bei Worten und nahm zunächst die schrittweise Dezentralisierung seiner Löschkräfte in Angriff: Noch 1928 beantragte Lehmann Mittel bei der Stadt, um eine zweite Feuerwache außerhalb der Innenstadt einzurichten. Eine alte Fabrik gestalteten Berufsfeuerwehrleute innerhalb eines Jahres zu einem Wachgebäude um, das am 10. Januar 1930 eingeweiht wurde.[3] Ab Frühjahr 1932 wurde eine ehemalige Gasanstalt in Bahnhofsnähe in eine dritte, mit Angehörigen der Freiwilligen Feuerwehr zu belegende Feuerwache umgewandelt.

---

1 Zum folgenden vgl. auch Linhardt 2000, S. 245-251.
2 Vgl. Luftangriffe und Feuerwehr. In: BLZ, 11.07.1928.
3 Zur Wache II, Freisestraße 13, vgl. den sehr ausführlichen und bebilderten Artikel: mdt. (d.i. Schriftleiter Mundt): Braunschweigs neueste Feuerwache. Auf dem Wege zur Neugliederung der Feuerwehr. In: BLZ, 16.04.1930; vgl. ferner Günther 1994, S. 24-26.

Nach 1933 folgten noch drei weitere Wachen.[4]

Schon 1931/32 organisierte Lehmann teils nach Vorgaben der „Vorläufigen Ortsanweisung", teils nach eigenen Vorstellungen den Luftschutz in der Stadt Braunschweig.[5] Da Lehmann der Auffassung war, daß aufgrund ihrer Aufgaben im jeweiligen Fachdienst weder der Kommandeur der Schutzpolizei noch der Leiter der Berufsfeuerwehr die Gesamtleitung übernehmen könnten, wurde in Braunschweig ein Regierungsrat als Vertreter der Polizeibehörde für die Position des Luftschutzleiters vorgesehen;[6] sehr wahrscheinlich war dies der Oberregierungsrat im Braunschweigischen Staatsministerium Dr. Emil Voigt.[7] Die Luftschutzleitung und die Führer der am SHD beteiligten Organisationen (Fachdienstführer) bildeten gemeinsam eine Zentrale. Die territoriale Aufteilung des Stadtgebiets erfolgte analog zur Polizei, d.h. die sieben Luftschutzreviere waren mit den Polizeirevieren deckungsgleich. Jede der Feuerwachen der Berufsfeuerwehr sollte als „Hauptnebenwache" für ein Revier zuständig sein.[8] Unterstützt werden sollten diese Stützpunkte in den Außenbezirken und Vororten durch die Freiwilligen Feuerwehren, deren Unterkünfte als „Nebenwachen" eingestuft wurden. Parallel zur Feuerwehrorganisation sollten auch die anderen Fachdienste dezentralisiert auf die Luftschutzreviere verteilt werden. In jeder Gliederungsstufe kam dabei der Polizei die Führung zu.

Braunschweiger Unternehmen spendeten für den SHD sogar einige ausrangierte Fahrzeuge für Luftschutzzwecke. Die Luftschutzhelfer dürfte dies allerdings nur anfangs euphorisch gestimmt haben, denn viele dieser Gefährte besaßen nur noch Schrottwert.[9]

Für die Luftschutzorganisation suchte Lehmann engen Kontakt zu Persönlichkeiten aus Polizei, Hilfsorganisationen, Kommunalbehörden, Vereinen und Verbänden sowie aus dem Schul- und Hochschulbereich. Für die Durchführung der Vorarbeiten dachte er an die Bildung eines Luftschutzbeirats.[10] Ein besonders inniges Verhältnis scheint Leh-

---

4 Zur Dezentralisierung und den einzelnen Wachen vgl. Günther 1994, S. 20-21.

5 Hauptquelle zur Braunschweiger Luftschutzorganisation sind Lehmanns Ausführungen anläßlich des Deutschen Feuerwehrtags in Karlsruhe 1932 (Fritz Lehmann: Ziviler Luftschutz. In: DFV-Bericht 1932, S. 44-53) sowie die im Archiv des Braunschweigischen Landesfeuerwehrverbands als Fotoabzüge erhalten gebliebenen Planskizzen der BF von 1932.

6 Nennung Dr. Voigts als „Leiter der Luftschutzleitung" in: mdt. (d.i. Schriftleiter Mundt): Einweihung der Luft- und Gasschutzschule. In: BLZ, 17.10.1933.

7 In Großstädten wie z.B. Hamburg war nach der Allgemeinen Ortsanweisung zudem die Bildung von Luftschutzabschnitten vorgesehen, die mehrere Reviere umfassen und dem Dienstbereich der Polizeiinspektionen entsprechen sollten.

8 Eine Ausnahme bildete die Hauptwache an der Münzstraße, die für die beiden Luftschutzreviere der Innenstadt zuständig war.

9 Vgl. Günther 1994, S. 17-18.

10 Vgl. Fritz Lehmann: Ziviler Luftschutz. In: DFV-Bericht 1932, S. 45; der Luftschutzbeirat scheint in Braunschweig auch tatsächlich gebildet worden zu sein, da Lehmann dessen Mitglieder ausdrücklich in seine Einladung zum 26. Braunschweigischen Landesfeuerwehrtag 1932 einschließt.

mann zur TN und ihrem Ortsgruppenleiter Konrad Busch gepflegt zu haben, das zu einer engen Kooperation zwischen Feuerwehr und Technischer Nothilfe in Luftschutzfragen führte. Auch zwei Dozenten der Technischen Hochschule, den Architekten und Chemiker Prof. Dr. Diedrich Dieckmann und den Chemiker Prof. Dr. Ferdinand Krauss, konnte Lehmann als Mitarbeiter gewinnen. Das Engagement beider Hochschullehrer für den Gas- und Luftschutz erklärt sich aus ihrer Biographie.[11]

Unterdessen hatte die städtische SPD das Tun der „Braunschweiger Luftschutzleute" argwöhnisch verfolgt. Als die Berufsfeuerwehr gemeinsam mit dem Deutschen Luftschutzverband eine Schauübung auf dem Schützenplatz für den 27. November 1932 plante, bei der ein eigens gebautes Hüttendorf von zwölf Flugzeugen mit Brandbomben belegt und mit Chlorgas verseucht werden sollte, machte der Volksfreund mit zwei ausführlichen Artikeln massiv Front. Die Übung wurde trotz „schönsten Mützenwetters" wegen „ungünstiger Witterung" abgesagt, wie das Blatt nicht ohne Schadenfreude feststellte. Allerdings wurde die Luftschutz-Kundgebung im Saal einer Gaststätte wie geplant durchgeführt. Brandinspektor Fritz Kundler, stellvertre-

---

11 Dieckmann war vor dem Ersten Weltkrieg Baurat bei der Hamburger Berufsfeuerwehr gewesen. Da er seine Kenntnisse der Baustoffchemie als zu gering einstufte, um seiner Gutachtertätigkeit in der vorbeugenden Brandschau mit gutem Gewissen nachgehen zu können, absolvierte er noch ein Chemiestudium. Seine Kriegsverletzungen hinderten Dieckmann daran, in den Feuerwehrdienst zurückzukehren, so daß er eine Dozentenstelle für Baustoffkunde an der Staatlichen Höheren Schule für Hoch- und Tiefbau in Hamburg annahm. Am 01.10.1928 erfolgte Dieckmanns Berufung an die TH Braunschweig (Angaben aus Dieckmanns Lebenslauf, Personalakte Diedrich Dieckmann, TU Braunschweig, PA 108). Es läßt sich nicht mehr feststellen, wann Branddirektor Lehmann auf den mit einer Doppelqualifikation und profunder Feuerwehrerfahrung ausgestatteten Hochschullehrer aufmerksam wurde, aber belegt ist, daß Dieckmann 1933 als Leiter des Gaserkennungs- und Entgiftungsdienstes in die Luftschutz-Vorkehrungen der Stadt Braunschweig eingebunden war (Fragment eines Briefwechsels zwischen dem Braunschweigischen Minister für Volksbildung, dem Rektor der TH und Prof. Dieckmann bezüglich eines Schreibens von Ing. Chemiker Kurt Buchtenkirch betr. Vorlesungen in der Hochschule über Gas- und Luftschutz, Juni 1933, in: Akte „Seminar für Technischen Luftschutz", Universitätsarchiv der TU Braunschweig, A I:246, Nr. 1).
Ab dem Studienjahr 1932/33 hielt Krauss im Privatissimum regelmäßig einen Vortrag „Die Chemie des Gaskampfes", den er mit praktischen Versuchen begleitete. Krauss konnte hierbei auf seine Erfahrungen zurückgreifen, die er als Leiter der wissenschaftlichen Abteilung des Generalkommandos in Stuttgart während des Ersten Weltkriegs sammeln konnte (Schreiben von Prof. Krauss an den Dekan der Abteilung für Chemie, Prof. Hilpert, 02. 11. 1935, daselbst, Nr. 7). Auch außerhalb der Hochschule betätigte sich Krauss als Vortragender zum Thema Gas- und Luftschutz, so z.B. vor Angehörigen der TN (vgl. DR 1933, S. B 203). Sehr wahrscheinlich wurden Dieckmann und Krauss auch für die Ausbildung der ersten Entgiftungstruppführer im Frühjahr 1933 gewonnen, welche die TN aus ortsansässigen Chemikern, Studienräten und Mittelschullehrern rekrutierte. In DR 1933, S. B 87, werden keine Namen genannt, sondern lediglich ausgeführt: „Auf wissenschaftliche Vorträge wurde besonders Wert gelegt, wofür die Ortsgruppe Professoren der Technischen Hochschule gewinnen konnte."

tender Leiter der Berufsfeuerwehr und Vorsitzender der Ortsgruppe des Deutschen Luftschutzverbands, hielt dort einen Vortrag im Beisein des städtischen Luftschutzleiters Dr. Voigt.[12]

Auch den Flugmelde- und Warndienst richtete in Braunschweig die Berufsfeuerwehr ein: Im Keller einer am Rande der Innenstadt gelegenen Schule [13] wurde bereits am 29. September 1932 mit dem Einbau einer „Flugwachkommando/Warnzentrale", kurz „Fluko/Warze", begonnen. Eingehende Meldungen von „Flugwachen" (kurz „Fluwas", zumeist Turmbeobachter) oder aus Nachbarkreisen sollten an das Flugwachkommando gehen und nach der Auswertung an die Warnzentrale sowie an die Luftschutzleitung im Polizeipräsidium weitergeleitet werden. Als Nachrichtenhelferinnen kamen bei Übungen Schülerinnen des städtischen Lyzeums zum Einsatz. Am 20. Mai 1933 hatte Lehmann Gelegenheit, einige Behördenvertreter mit der neuen Einrichtung zu beeindrucken (vgl. nächste Seite).[14]

Lehmanns größtes Projekt aber war die Einrichtung einer „Luft- und Gasschutzschule", die von Handwerkern der Berufsfeuerwehr und der TN im Winter 1932/33 auf dem Gelände der geplanten vierten Feuerwache an der Hamburger Straße begonnen wurde.[15] Gedacht nicht allein für die Ausbildung von SHD-Einsatzkräften, sondern vor allem als Selbstschutzschule, sollte die Ausstattung möglichst wenig an den Krieg, sondern mehr an einen Ort des Vergnügens denken lassen: Eine 500 m² große Halle eines ehemals als Brauerei und danach als Gummifabrik dienenden Fabrikkomplexes wurde zu einem Gasübungsraum umgebaut. Im Inneren dieses Raums befanden sich zahlreiche Turn- und Sportgeräte sowie Tische, an denen Karten gespielt werden konnte. Neben der Erhöhung der Akzeptanz bei den Übenden diente diese Ausstattung nach Lehmanns Vorstellungen dazu, sich an das Atmen unter der Gasmaske auch bei körperlicher Anstrengung zu gewöhnen, „denn spielend müssen wir den Gedanken des Luftschutzes in die Jugend und in die Familie hineinbringen".

Ein anderes Gebäude des Areals nahm die Luftschutzschule auf. Hier wurden einfache Feuerlöschgeräte für den Selbstschutz ebenso gezeigt wie ein von der TN-Ortsgruppe zum „Rüstwagen" umgebauter Fahrzeugveteran. Das „Gas- und Luftschutzmuseum" enthielt eine Reihe von Exponaten und Lehrmodellen aus den Beständen des

12 Vgl. Protest gegen Luftschutz-Manöver. In: Volksfreund, 25.11.1932; Um Gas- und Luftschutz-Manöver. Die „ungünstige Witterung" am Sonntag. In: Volksfreund, 29.11.1932; vgl. ferner Günther 1990, S. 76, u. Günther 1994, S. 17.

13 Schule Echternstraße am Prinzenweg/Neustadtmühlengraben.

14 Vgl. Günther 1994, S. 16-17.

15 Lehmann gab schon auf dem Deutschen Feuerwehrtag in Karlsruhe 1932 vor, in Braunschweig existiere bereits eine entsprechende Einrichtung (Fritz Lehmann: Ziviler Luftschutz. In: DFV-Bericht 1932, S. 52); tatsächlich befand sich die Luft- und Gasschutzschule damals erst im fortgeschrittenen Planungsstadium.

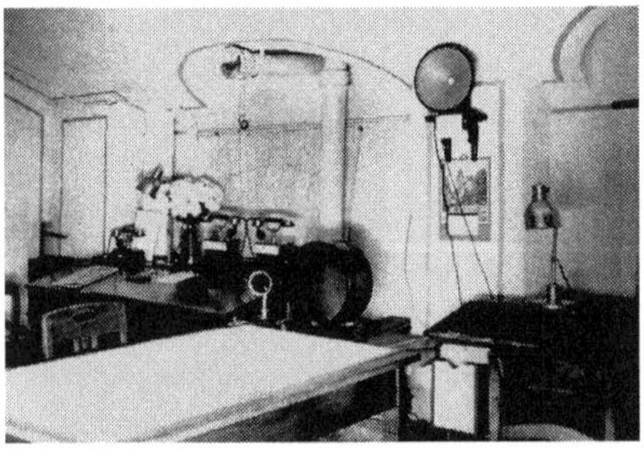

Fluko-Befehlsraum

Fluko-Weitergabe

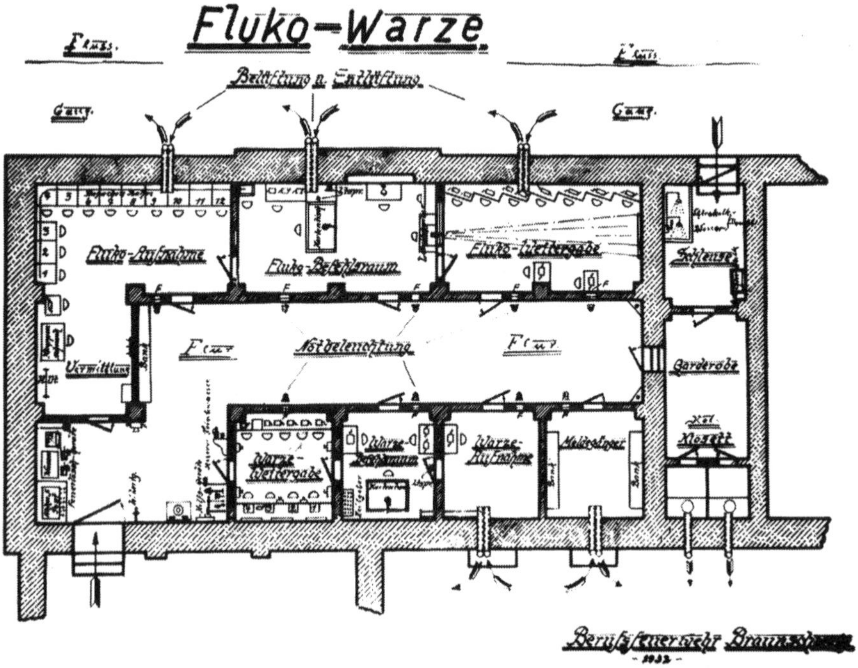

Warze-Weitergabe

Selbstschutzgerät

Das von der Berufsfeuerwehr Braunschweig eingerichtete Flugwachkommando/Warnzentrum („Fluko/Warze") im Keller der Schule Echternstraße, 1932/33.

Landesfeuerwehrmuseums; auch Pferdegasmasken aus dem Ersten Weltkrieg und eine gasdichte Hundehütte durften nicht fehlen. Eine Fachbibliothek, ein Maskenprüfraum und Musterschutzräume in den Kellerräumen ergänzten die Anlage.

Die Luft- und Gasschutzschule - reichsweit die vierte Einrichtung dieser Art - fand sowohl in der Fachpresse [16] als auch in der BRAUNSCHWEIGISCHEN LANDESZEITUNG große Beachtung; letztere brachte zur Eröffnung am 16. Oktober 1933 einen ausführlichen Artikel unter dem Titel „Braunschweigs ‚Oktoberfestwiese' eröffnet. Ein Vergnügungspark, der nur mit Gasmaske betreten werden darf".[17]

Bei der Einweihungsfeier für die Gas- und Luftschutzschule zeigte sich aber auch, daß nun eine neue Epoche begonnen hatte: Hausherr der Anlage wurde weder die Feuerwehr noch die TN, sondern die neugegründete staatli-

Übungsraum in der Gas- und Luftschutzschule Braunschweig, 1933/34.

16 Vgl. Von der Gasschutzschule in Braunschweig. In: FVZ 1934, S. 290-291, und noch einmal als besondere Attraktion herausgestellt im Rahmen des Artikels: Die Braunschweiger Tagung der A.- und Z.-Stelle. In: FVZ 1935, S. 509-512, hier S. 511.

17 mdt. (d.i. Schriftleiter Mundt): Braunschweigs „Oktoberfestwiese" eröffnet. Ein Vergnügungspark, der nur mit Gasmaske betreten werden darf. In: BLZ, 17.10.1933.

che Selbstschutzorganisation, der Reichsluftschutzbund. Am gleichen Tag wie der Artikel über die Gas- und Luftschutzschule erschien eine Ergebenheitsadresse der Berufsfeuerwehr an Hitler.[18] Das „Dritte Reich" hatte begonnen.

18 Vgl. (Rudolf) Schaubode: Ergebenheitsadresse der Berufsfeuerwehr Braunschweig an Hitler. In: BLZ, 17.10.1933.

3
Umstrukturierungsbestrebungen vor Erscheinen des Reichsfeuerlöschgesetzes 1933-1939

3.1
Erste Auswirkungen der nationalsozialistischen Herrschaft auf die Feuerwehren

Als die Nationalsozialisten im Reich die Macht übernommen hatten und sich im Laufe der Jahre 1933/34 eine Festigung ihrer Herrschaft abzeichnete, gerieten die bislang für Agitation und Straßenterror benötigten Verbände der NSDAP, allen voran SA und SS, in eine Sinnkrise.[1] Ohne hier auf bekannte Einzelheiten wie z.B. die Ambitionen der SA, mit der Reichswehr zu einer „Volksarmee" verschmolzen zu werden, eingehen zu wollen, ist festzustellen, daß diese NS-Verbände ihre Aktivitäten nun auf Gebiete lenkten, die bis dahin in alleiniger Zuständigkeit teils staatlicher, teils privater Organisationen und Einrichtungen lagen.

Auch der Katastrophenschutz einschließlich des in den Zeitungen zu einem ‚Modethema' avancierten Luftschutzes bot NS-Organisationen breiteste Betätigungsmöglichkeiten. So führte die Braunschweiger SA am 25. September 1933 vor Beobachtern der Berufsfeuerwehr, des Reichsluftschutzbundes und der Technischen Nothilfe eine großangelegte Luftschutz-Straßenräumungsübung in der Innenstadt durch, bei der SA-Hilfspolizisten Passanten in Eingänge drängten oder am Verlassen von Häusern hinderten; der Lokalzeitung war dieses Schauspiel drei Artikel - darunter einen bebilderten und ganzseitigen - wert.[2] In Dresden ließen sich SS-Leute von der TN im

Ein SA-Trupp demonstriert bei einer Kundgebung Luftschutzbereitschaft durch Tragen der „Volksgasmaske".

1 Vgl. Diehl-Thiele 1969, S. 1 f.; Ladwig 1985, S. 76.
2 Vgl. Luftüberfall-Alarm. In: BLZ, 24.09.1933; Edgar Kahn: Große Straßenräumungsübung der SA in der Annahme: Feindliche Flieger über Braunschweig! In: BLZ, 26.09.1933; Rückblick auf die Straßenräumungsübung. In: BLZ, 18.10.1933.

Hilfspionierdienst unterweisen,[3] in Kassel wirkte ein SA-Sanitätssturm im städtischen Krankentransport mit,[4] und in der unter Völkerbundsmandat stehenden Freien Stadt Danzig beteiligte sich eine SS-Standarte am Aufbau einer Gas- und Luftschutzschule.[5] Nicht immer engagierten sich die NS-Verbände im Sinne eines kameradschaftlichen Miteinanders: Als am 2. Mai 1933 reichsweite Aktionen gegen die Freien Gewerkschaften einsetzten, wurden auch Mitglieder und Einrichtungen des ARBEITER-SAMARITER-BUNDES (ASB) Opfer prügelnder und plündernder SA-Trupps. Nachdem Pläne fehlgeschlagen waren, den ASB in eine NS-Organisation umzuwandeln, wurde im August 1933 die Zwangseingliederung seiner Kolonnen in das DEUTSCHE ROTE KREUZ (DRK) in die Wege geleitet. Die Sanitätsdienste von SA und SS bemächtigten sich nun mit offizieller Genehmigung derjenigen Teile des ASB-Sachvermögens, die das DRK nicht für sich beanspruchte.[6]

Den Freiwilligen Feuerwehren gegenüber blieben die NS-Organisationen in spöttisch-sarkastischer Distanz. Obgleich die SA kein Interesse an der Übernahme der Freiwilligen Feuerwehren als „SA-Feuerwehrstürme" bekundete - dies war dem Stabschef der SA vom Chef der Ordnungspolizei Kurt Daluege 1937 sogar offiziell angeboten worden [7] -, sah man sich in einer Konkurrenzsituation bei der Mitgliederwerbung. Daher scheute man auch nicht davor zurück, die ehrenamtlichen Brandschützer verächtlich zu machen.[8] Walter Schnell notierte in sein persönliches Tagebuch:

> „Ich möchte (...) feststellen, daß die SA systematisch gegen uns hetzte. Dies ging soweit, daß im ‚SA-Mann', einer Wochenzeitung der SA, erlogene Schmähartikel gegen uns erschienen und unsere blaue Uniform unseren jungen Volksgenossen gegenüber als ‚Systemuniform' bezeichnet wurde. Tatsächlich hatten die Mannschaftsabgänge in den Wehren 1933-1938 etwa 33 1/3 % betragen, dabei war der Nachwuchs Jugendlicher vollkommen erloschen. Die HJ wollte nichts von uns wissen."[9]

Unter diesen Umständen wich bei den Feuerwehren die anfangs vorbehaltlose Zustimmung zum Machtwechsel einem vorsichtigen interessenpolitischen Taktieren bei äußerlich vollkommener Anpassung. Mit der stets propagierten ‚politischen Neutralität' war es nun vorbei, und selbst das auf Feuerwehrtagen zur Schau gestellte patriotisch-konservative Pathos bot angesichts des Schicksals deutschnationaler Parteien und Ver-

---

3 Vgl. DR 1933, S. B 98 u. B 103.
4 Vgl. Giller/Mierke/Petig 1991, S. 44.
5 Vgl. Oscar H. Greiser: Die Staatliche Gas- und Luftschutzschule in Danzig. In: FVZ 1934, S. 273-275.
6 Vgl. Müller 1988, S. 188-192.
7 Vgl. Schnell 1956, S. 279.
8 Vgl. Engelsing 1990, S. 128.
9 Zit. nach Ladwig 1985, S. 76.

bände keine Gewähr für ein unangetastetes Eigenleben unter nationalsozialistischer Herrschaft. Eine enge Anlehnung an Staat und Partei wurde daher nicht allein aus nationaler Begeisterung, sondern auch als Überlebensnotwendigkeit angestrebt. Der Preis hierfür war allerdings hoch:

Zunächst zwang das „neue Deutschland" alle Berufs- und Freiwillige Feuerwehren zu personeller „Gleichschaltung". Das nach dem Reichstagsbrand erschienene Gesetz über die Wiederherstellung des Berufsbeamtentums vom 7. April 1933 verschaffte den Nationalsozialisten die rechtliche Handhabe, aus den Berufsfeuerwehren alle „rassisch" oder „politisch bedenklichen" Beamten aus dem Dienst zu entfernen; im ersten Jahr der nationalsozialistischen Herrschaft wurde ein Drittel der Leiter von Berufsfeuerwehren ausgetauscht.[10] Die gewerkschaftlichen Vertretungen und Betriebsräte wurden nicht länger geduldet und noch im Verlauf des Jahres 1933 zerschlagen: Während der Verband Deutscher Berufsfeuerwehrmänner als ADGB-Gewerkschaft am 2. Mai 1933 verboten wurde, existierte der KOMBA mit seinen Landesgruppen nach der Gleichschaltung des DBB noch bis Ende 1933 weiter, um schließlich doch der stillschweigenden Selbstauflösung zu verfallen.[11] Betriebsversammlungen wurden untersagt oder zumindest stark reglementiert,[12] ehemalige Gewerkschaftsangehörige hatten - so sie denn nicht entlassen wurden - in „Beamtenfachschaften" unter der Leitung linientreuer „Obmänner" überzuwechseln.[13] Demgegenüber fühlten sich die den NS-Beamtenarbeitsgemeinschaften (NSBA) angehörenden Berufsfeuerwehrleute ermuntert, unter ihren Kollegen offen für den Nationalsozialismus zu agitieren. Hinzu kamen Bespitzelung und Denunziation, wodurch das Betriebsklima erheblich beeinträchtigt wurde. Besonders extrem war die Situation bei der Berliner Feuerwehr: Dort hielt die NSBA selbstherrlich auf den Feuerwachen politische Versammlungen ab und plakatierte ihre Aushänge ohne offizielle Genehmigung. Als Oberbranddirektor Walther Gempp am 20. März 1933 jede Form politischer Agitation während des laufenden Dienstbetriebs untersagte, wurde er von der NSBA beim preußischen Innenminister Hermann Göring angeschwärzt. Bereits vier Tage später wurde Gempp seines Amtes enthoben und nach einem demütigenden Disziplinarverfahren am 31. Mai 1934 in den Ruhestand versetzt.[14]

Auch aus den Freiwilligen Feuerwehren wurden kommunistische und sozialdemokratische Führer und Mannschaften nicht zuletzt auf massiven Druck von Regierungsbehörden ausgeschlossen; die freiwerdenden Stellen sollten möglichst mit Angehörigen der NSDAP oder

10 Vgl. Strumpf 1983, S. 18.
11 Vgl. Jarausch/Haase 1991, S. 79; zum Schicksal des KOMBA vgl. Neffke 1989, S. 26 f.
12 Vgl. z.B. den an die Belegschaft der BF Kassel ergangenen Befehl 96. In: Giller/Mierke/Petig 1991, S. 51.
13 Vgl. Strumpf 1987, S. 107.
14 Vgl. Strumpf 1987, S. 104 f.

ihrer Verbände besetzt werden (vgl. auch 3.2.2). Nicht-Arier durften zunächst den Wehren und ihren Vorständen dann weiter angehören, wenn sie ihr Amt seit dem 1. August 1914 ununterbrochen bekleidet hatten oder Frontkämpfer des Ersten Weltkriegs gewesen waren. Gleichgestellt wurden Väter und Söhne von Gefallenen.[15] Nach und nach verließen aber die jüdischen Feuerwehrleute ihre Wehren, da sie durch eine Reihe anderer Maßnahmen immer stärker diskriminiert wurden.[16]

Mit den Säuberungen und der politischen Indoktrination ging die Militarisierung der Feuerwehren einher. Einen nicht unwesentlichen Vorschub hierbei leistete die preußische Regierung mit dem Anfang 1934 in Kraft getretenen Gesetz über das Feuerlöschwesen, durch das sowohl Berufsfeuerwehren als auch Freiwillige Feuerwehren zu Polizeitruppen erklärt wurden (vgl. 3.1.1).

Der Nachfolger Gempps als Leiter der Berliner Feuerwehr, Oberbranddirektor Gustav Wagner, führte im Mai 1933 das Fußexerzieren wieder ein; dies begründete er als disziplinarische Notwendigkeit, um eine straffe Führung und einen effizienten Einsatz seiner Untergebenen bei Großschadensereignissen - Wagner erwähnte ausdrücklich Luftangriffe - sicherstellen zu können und somit die Berliner Feuerwehr „dem Fluche der Lächerlichkeit" im öffentlichen Ansehen zu entziehen.[17] Einige andere Berufsfeuerwehren folgten dem Berliner Beispiel, bis schließlich am 8. Mai 1936 eine Dienstanweisung des Reichs- und Preußischen Ministers des Innern den militärischen Drill zur Verpflichtung machte.[18]

Um dem Vorwurf „unsoldatischer Haltung" seitens der Parteiorganisationen zu entgehen, wurde der Dienstbetrieb auch bei Freiwilligen Feuerwehren autoritärer: Ausbildungsveranstaltungen und Übungen wurden regelmäßiger und häufiger, und ein Fernbleiben von Wehrmitgliedern wurde jetzt schwerer geahndet.[19] Zwar wurde die Ausbildung durch die (noch während der Weimarer Republik erfolgte) Einrichtung von Provinzial-Feuerwehrschulen fachlich fundierter, gleichzeitig wurde aber auch hier der Fußdienst „als Grundlage der Manneszucht" eingeführt.[20]

Die Angehörigen aller Feuerwehren sahen sich mit einer Flut von Dienstanweisungen konfrontiert, in denen selbst

---

15 Unter Berufung auf das Gesetz zur Wiederherstellung des Berufsbeamtentums und im Einvernehmen mit dem Gauleiter der NSDAP Kurmark, Oberpräsident Kube, von Branddirektor Bergmann bekanntgegeben in: PFZ 1933, S. 326; vgl. ferner Engelsing 1990, S. 125.

16 Vgl. Engelsing 1990, S. 145-148; Engelsing 1998, passim.

17 Vgl. Strumpf 1987, S. 107 f.

18 Dr. Kerstiens bewertete den Fußdienst „als hochwertige Maßnahme für die Vereinheitlichung des Feuerlöschwesens" (Dr. Kerstiens: Vereinheitlichung der Feuerwehren im deutschen Reich. In: Feuerwehrbeirat1936, S. 45-49, hier S. 47 f.); ferner Jarausch/Haase 1991, S. 105; Engelsing 1990, S. 135; zu den rechtlichen Grundlagen der Dienstanweisung des RuPrMdI vgl. 3.1.2.

19 Vgl. Engelsing 1990, S. 128.

20 Vgl. Schnell 1956, S. 275; Engelsing 1990, a.a.O.

Nebensächlichkeiten akribisch geregelt wurden.[21] Die Uniformierung bekam nun ebenfalls mehr militärischen „Schneid“, und selbstverständlich wurde genau festgelegt, wie man passend zu welchem Anlaß gekleidet war.[22] Verbessert wurde der Kopfschutz durch die 1934/35 erfolgte Einführung eines Helms, der die zumeist aus Leder gefertigten, häufig noch pickelhaubenartigen Kopfbedeckungen allmählich ablöste. Daß dieser neue Helm von der Form her praktisch identisch war mit dem Stahlhelm des Ersten Weltkriegs und der Reichswehr, wurde unter den gegebenen Umständen sicher nicht als störend empfunden.[23] Im Grunde entsprach die Hervorhebung militärischer Tugenden nach der „Verweichlichung“ der Jugend in der „Systemzeit“ sogar den Wertvorstellungen konservativer Wehrführer,[24] und das Tragen des Polizei-Hoheitszeichens (NS-Hoheitsadler auf einem Kranz aus Eichenlaub) an der Uniform wurde durchweg positiv als Zeichen behördlicher Wertschätzung gewertet.[25]

Alle Anstrengungen, sich der allgemeinen Militarisierung der Gesellschaft anzupassen, bewahrten die Freiwilligen Feuerwehren indes nicht vor einem weiteren drastischen Mitgliederschwund zugunsten der NS-Organisationen:

Werbeanzeige für Feuerwehr-Stahlhelme in der Feuerwehr-Verbands-Zeitung, 1935.

Anläßlich einer Tagung des Deutschen Feuerwehrverbandes im Herbst 1934 stand der schwelende Konflikt um die Personalfrage zwischen Freiwilligen Feuerwehren und den NS-Organisationen auf der Tagesordnung; inzwischen vertrat der DFV nämlich nur noch 1,5 Mio. Mitglieder (1932: 1,9 Mio.) in rund 30.000

21 Vgl. Giller/Mierke/Petig 1991, S. 50 f.

22 Vgl. Erlaß „Uniformierung der Berufs- und der freiwilligen Feuerwehrmänner“ des Preußischen Ministers des Innern vom 06.02.1934 - II D 2059. In: FVZ 1934, S. 105.

23 Vgl. Jarausch/Haase 1991, S. 103; Strumpf 1987, S. 108; dieser Helmform - wenngleich auch nicht dem Material Stahl - sind die deutschen Feuerwehren lange, teilweise bis heute treu geblieben.

24 Vgl. Engelsing 1990, S. 124 u. 126 f.

25 Vgl. Schnell 1956, S. 277; in Württemberg war das Tragen des Polizei-Hoheitszeichens ab Februar 1936 Vorschrift, vgl. Jarausch/Haase 1991, S. 103.

Wehren (1932: 39.176). Im Tagungsbericht heißt es geradezu beschwörend:

> „Mit besonderer Genugtuung werden im Bericht die kameradschaftlichen Beziehungen zwischen Feuerwehr und SA, SS und SA-R (R=Reserve, A.L.) betont, denn im neuen Deutschland kommt es nicht darauf an, der ‚Wichtigere' sein zu wollen, sondern darauf, daß überall, wo Not und Gefahr das Volk bedroht, jeder der ihm obliegenden Aufgaben gerecht werden muß, keiner in der Erfüllung seiner Pflicht behindert und alle gemeinsam dem Volk zu dienen haben."[26]

Dieser Konflikt sollte zunächst durch eine Verordnung des SA-Stabschefs Ernst Röhm vom April 1934 dahingehend entschärft werden, daß der Feuerwehrdienst in jedem Falle Vorrang hätte; die Verordnung enthielt sogar die Aufforderung an die Mitglieder der NS-Organisationen, in Freiwillige Feuerwehren und Pflichtfeuerwehren „im Interesse der Volksgemeinschaft" einzutreten.[27] Röhms Verordnung zeigte offenbar wenig Wirkung, und so wurde durch Runderlaß des preußischen Innenministeriums vom 15. August 1934 die Mitgliedschaft von Feuerwehrangehörigen in Gliederungen der NSDAP wie SA, SS, NSKK und dergleichen untersagt, da in einigen Gemeinden nicht einmal mehr der friedensmäßige Brandschutz gewährleistet war.[28] Allerdings modifizierte der Reichs- und Preußische Innenminister diesen Erlaß bereits am 31. Mai 1935 wieder zum Nachteil der Feuerwehren: Der Feuerwehrdienst sollte dem Dienst in den Parteiformationen dann übergeordnet sein, wenn der Betreffende über 35 Jahre (bei der SA) bzw. über 26 Jahre (bei SS und NSKK) alt ist.[29] Aber alle diese Regelungen konnten nicht den anhaltenden Mitgliederverlust bei den Freiwilligen Feuerwehren stoppen, der Ende 1937 so dramatisch wurde, daß die Wehren nur noch zwei Drittel ihrer Mann-

---

26 Deutscher Feuerwehr-Verband. In: FVZ 1934, S. 483.

27 Vgl. Verordnungsblatt der Obersten SA-Führung Nr. 17, zitiert nach FVZ 1934, S. 198:
„Auf mehrere Anfragen ordne ich an: SA- (SS- und SA-R-) Führer und Männer, die Mitglieder einer freiwilligen Feuerwehr oder Pflichtfeuerwehr sind, sind vom Feuerwehrübungsdienst durch ihre Zugehörigkeit zur SA, SS oder SA-R nicht befreit. Es ist vielmehr mit Rücksicht auf die Sicherstellung des örtlichen Feuerschutzes notwendig, daß sie an Übungen der Feuerwehr teilnehmen.
Ich erwarte von allen SA- (SS- und SA-R-) Führern und Männern, daß sie dort, wo freiwillige oder Pflichtfeuerwehren bestehen, im Interesse der Volksgemeinschaft und zum Schutze von Hab und Gut der Volksgenossen, sich der Feuerwehr zur Verfügung stellen. (...)
Bei Einsatz der Feuerwehren haben SA- (SS- und SA-R-) Führer und Männer, die freiwilligen oder Pflichtfeuerwehren angehören, den Anweisungen des Feuerwehrkommandanten Folge zu leisten.
Der Stabschef: gez. Röhm"

28 Vgl. Runderlaß „Mitgliedschaft von Feuerwehrmännern in SA und SS" des Preußischen Ministeriums des Innern vom 15.08.1934, Ministerialblatt innere Verwaltung, S. 1099, zit. nach FVZ 1934, S. 433-434.

29 Vgl. Runderlaß „Mitgliedschaft von Feuerwehrmännern in der SA, SS und dem NSKK" des Reichs- und Preußischen Ministers des Innern vom 31.05.1935 - III D 6017 IV, zit. nach FVZ 1935, S. 308.

schaftsstärke von 1933 besaßen.[30] Selbstredend konnten zahlreiche Wehren nun auch nicht den an sie gerichteten Anforderungen bei Brandkatastrophen in Friedenszeiten oder gar im Luftschutz genügen.[31] Unter diesen Umständen erschien den Feuerwehren eine umfassende, möglichst reichseinheitliche Neuordnung des Feuerlöschwesens unausweichlich und notwendig. Hierfür war man auch bereit, das traditionelle Selbstverwaltungsprinzip zugunsten stärkerer staatlicher Reglementierung zu opfern.

Gleichzeitig erhielten die Feuerwehren mehr als genügend Möglichkeiten zur Öffentlichkeitsarbeit nach den Vorstellungen der Zeit: Zu jedem sich bietenden Anlaß reihten sich die Feuerwehrleute in die Marschformationen der NS-Organisationen und anderer „vaterländischer" Vereinigungen ein. Manche Feuerwehr sah sich daraufhin veranlaßt, durch Bildung von Spielmannszügen und Blaskapellen zum passenden Rahmen beizutragen.[32] Anläßlich der ab 1936 alljährlich stattfindenden „Tage der Deutschen Polizei" durfte sich die Bevölkerung an zum Teil spektakulären Schauübungen auf zentralen Plätzen erfreuen, um anschließend bei Feuerwehrleuten ihren Obolus an das Winterhilfswerk durch Erwerb von Ansteckplaketten zu entrichten.[33]

Es blieb aber durchaus nicht bei diesen vergleichsweise harmlosen Dienstleistungen für das Regime: Die mit Duldung und sogar Beteiligung staatlicher Stellen von SA und SS vielerorts um den 9. November 1938 herum entfesselten Judenpogrome, die unter der euphemistischen Bezeichnung „Reichskristallnacht" prägend wurden, stürzte die Feuerwehren in einen Konflikt zwischen Linientreue und Berufsethos. Viele entschieden sich gegen ihr eigenes, stets hochgehaltenes Gebot „Gott zur Ehr', dem Nächsten zur Wehr" und begünstigten passiv oder auch aktiv die Zerstörung jüdischer Einrichtungen, Geschäfte und Privatwohnungen.[34] Wie sehr sich die Nationalsozialisten inzwischen daran gewöhnt hat-

---

30 Vgl. Schnell 1956, S. 277.

31 Vgl. Hampe 1963, S. 327.

32 Die BF Stuttgart stellte im Mai 1934 einen 14 Mann starken Spielmannszug auf, vgl. Jarausch/Haase 1991, S. 102; zur Kapelle der Berliner Feuerlöschpolizei vgl. Abbildung in Strumpf 1987, S. 110.

33 Erstmals fanden aufgrund eines Runderlasses des Reichs- und Preußischen Ministers des Innern vom 30.12.1935 Tage der Deutschen Polizei am 21. und 22.03.1936 unter Mitwirkung der „Feuerlöschpolizei" statt (vgl. Zum Tag der deutschen Polizei einschließlich Freiwillige Feuerwehr - Feuerlöschpolizei. In: FVZ 1936, S. 100); ferner Jarausch/Haase 1991, S. 106; Günther 1994, S. 64; Engelsing 1990, S. 133 ff., berichtet u.a. davon, daß sich eine ganze Abteilung einer Freiwilligen Feuerwehr geweigert habe, mit der Sammelbüchse für das Winterhilfswerk zu betteln; zu den Sammelaktionen des Winterhilfswerks durch „freiwillige" Helfer anderer Organisationen vgl. Vorländer 1988, S. 50.

34 Zu den Synagogenbränden und dem Verhalten der Feuerwehren ausführlich Engelsing 1990, S. 148-158, und Engelsing 1998, S. 93-97; Obst 1991, S. 315-318, wirft den staatlichen Ordnungskräften vor, selbst die wenigen verbliebenen Spielräume zum Abwenden oder Lindern der Schäden an jüdischem Eigentum aus Opportunismus preisgegeben zu haben.

ten, das von ihnen selbst drastisch verschärfte Recht - zu dieser Zeit stand auf Brandstiftung bereits die Todesstrafe [35] - zu brechen, zeigt die Vielzahl von gelegten Feuern in dieser Nacht.

Die Lage in den einzelnen Städten und sogar auf einzelnen Brandstellen war höchst unterschiedlich. So konnte im Vorfeld des Pogroms an den Leiter der Feuerlöschpolizei (bzw. Berufsfeuerwehr) der vertrauliche Befehl ergangen sein, brennende Synagogen und jüdische Geschäfte nicht zu löschen, sondern nur für den Schutz angrenzender Häuser zu sorgen,[36] oder es wurde dem Einsatzleiter vor Ort anheimgestellt, für welche Maßnahmen er sich entschied.[37] Verbreitet kam es bei Löscharbeiten zu Behinderungen durch die den „Volkszorn“ markierenden SA-Brandstifter, und in einigen Fällen hatte die Feuerwehr nach 1945 Schwierigkeiten, ihre Nichtbeteiligung an den Brandstiftungen als solchen glaubhaft zu machen.[38] Nur in Einzelfällen gelang es Feuerwehrführern, die SA ganz von Brandstiftungen mit Hinweis auf die Gefährdung angrenzender Bauten abzubringen.[39]

Die „Reichskristallnacht“ habe nach Auffassung des damals in Leipzig tätigen Branddirektors Hans Rumpf in gewissem Sinne aber auch einen Vorgeschmack auf einen mit Brandbomben geführten Luftkrieg gegeben, der die Feuerwehren vor völlig neue Probleme stellen sollte: Eine große Anzahl von sich rasch ausweitenden Entstehungsbränden, Mangel an Helfern und Geräten und das Fehlen eines Ordnungsdienstes, der Plünderungen verhindert und die Feuerwehrleute bei ihrer Arbeit geschützt hätte.[40]

---

35 Vgl. Rumpf 1952, S. 24.

36 Obst 2001, S. 309, erwähnt ein Fernschreiben des Chefs der Sicherheitspolizei, Heydrich, und des Chefs der Ordnungspolizei, Daluege, vom frühen Morgen des 10.11.1938, in dem den Ordnungskräften ein Vorgehen gegen antijüdische Ausschreitungen untersagt worden sein soll. Angeblich soll dieses Schreiben bis an die untersten Polizeibehörden weitergeleitet worden sein. Vgl. ferner Jarausch/Haase 1991, S. 109; Giller/Mierke/Petig 1991, S. 59; Stichternath 2000, S. 50-51, führt aus, daß die Feuerlöschpolizei Hannover erst - offenbar bewußt - zu einem vermeintlichen Großbrand in einer Fabrik in einem Vorortbezirk geschickt wurde, bevor sie erst viel später an der brennenden Synagoge eintraf, um dort aber lediglich die umliegenden Häuser vor einem Übergreifen der Flammen zu bewahren.

37 Vgl. Strumpf 1987, S. 116 f.

38 Vgl. Jarausch/Haase 1991, a.a.O.; Obst 1991, S. 316-317, und Engelsing 1998, S. 95, nennen weitere Formen der Beteiligung von Feuerwehren an der Zerstörung bzw. Nichtverhinderung von Bränden in jüdischen Einrichtungen.

39 Mit dieser Begründung habe der Stadtkreisfeuerwehrführer von Celle, Krohne, ein Niederbrennen der Synagoge durch Intervention bei örtlichen SA-Stellen verhindert, vgl. Celle 1989, S. 48.

40 Vgl. Rumpf 1952, S. 24. Stichternath 2000, S. 52, urteilt, dieser Vergleich gehe völlig fehl.

3.1.1
Das Preußische Gesetz über das Feuerlöschwesen

Während der Weimarer Republik war in Preußen eine grundlegende Neuordnung der Kommunalverfassung im Planungsstadium steckengeblieben. Ab 1931 wurden mehrere Referentenentwürfe in der preußischen Innenverwaltung diskutiert, die auf autoritär-technokratischen Vorstellungen fußten und eine stärkere Einflußnahme des Staates auf die Angelegenheiten der Gemeinden zu Lasten der Selbstverwaltung vorsahen. Mittels stark erweiterter Aufsichtsbefugnisse über Finanzen und Besetzung von Ämtern suchte die auch nach 1933 personell praktisch unveränderte konservative Ministerialbürokratie zum einen ein von ‚altpreußischen' Werten ausgehendes Führertum in den Gemeinden zu restituieren, zum anderen eine höhere Effizienz der örtlichen Verwaltungen zu erreichen. Unter Ausschaltung der Vertretungskörperschaften und somit der Mitbestimmung der Bürger sollten in Zukunft Berufsbeamte und - in zunächst noch bescheidenem Rahmen - Parteifunktionäre der NSDAP die Geschicke der Kommunen bestimmen. Am 15. Dezember 1933 erschienen schließlich das PREUSSISCHE GEMEINDEVERFASSUNGSGESETZ und das PREUSSISCHE GEMEINDEFINANZGESETZ zusammen mit einigen weiteren Gesetzen von kommunalpolitischer Bedeutung; zu diesen zählte auch das GESETZ ÜBER DAS FEUERLÖSCHWESEN (Dokument I).[1]

Entsprechend den skizzierten etatistisch-bürokratischen Tendenzen der preußischen Kommunalreform wurden nun die Feuerwehren und ihre Verbände der mannigfaltigen Kontrolle der Polizei- und Kommunalbehörden unterstellt. Aufschlußreich sind in diesem Zusammenhang die Erläuterungen zum Feuerlöschgesetz, die Vertreter des Preußischen Innenministeriums und des P.F.B. regionalen Feuerwehrführern gaben:[2]

Unter Berufung auf das Preußische Landrecht und das Polizeiverwaltungsgesetz vom 1. Juni 1931 wurde die Gefahrenabwehr als originäre Aufgabe der Polizei definiert; in der Praxis würde dieser Bereich der Gefahrenabwehr aber von den Feuerwehren abgedeckt, die in ihrer Mehrheit aus Freiwilligen bestünden. Das Gesetz schaffe nun die Voraussetzungen „zur Regelung des speziellen Polizeirechtes", wodurch die Freiwilligen Feuerwehren im Auftrag des

1 Zur preußischen Kommunalreform Matzerath 1970, S. 107 ff.; diese Tendenzen ebenso hervorhebend, insgesamt aber zu sehr verallgemeinernd Engelsing 1990, S. 131; zum Gesetz selbst vgl. Reppert/Goldbach 1940, S. 3-11.

2 Vgl. Dr. Kerstiens: Das preußische Feuerlöschgesetz und seine Auswirkungen. Aus dem Vortrag des Oberregierungsrats Dr. Kerstiens vom Ministerium des Innern auf der Tagung des Landesfeuerwehrverbandes zu Hannover am 7. Januar 1934. In: FVZ 1934, S. 77-79, sowie Dr. Müller: Die Freiwilligen Feuerwehren im neuen Staate. Vortrag, gehalten von Dr. Müller, Vorsitzender des Landesamtes der Freiwilligen Feuerwehren im Feuerwehrbeirat in Preußen, auf der Führertagung des Deutschen Feuerwehrverbandes am 12. Mai 1934 in Berlin. In: FVZ 1934, S. 264-267.

Polizeiverwalters (z.B. des Bürgermeisters) tätig würden. Einheitlich organisierte Feuerwehren - eine je Ortspolizeibezirk - sollten die alten, vielgestaltigen „Löschvereine" ablösen. Trotz ihrer Hilfspolizeirolle wurden die Freiwilligen Feuerwehren zu Vereinen erklärt, die neben der Erfüllung bestimmter materieller und personeller Voraussetzungen eine durch Runderlaß des Preußischen Ministers des Innern vom 13. Januar 1934 vorgeschriebene Mustersatzung annehmen mußten, um von der Aufsichtsbehörde anerkannt zu werden.[3] Der Vereinsstatus war angestrebt worden, damit die einzelnen Freiwilligen Feuerwehren den zu Körperschaften des öffentlichen Rechts umgewandelten Kreisfeuerwehrverbänden überhaupt beitreten konnten. Allerdings hatte dieses Gesetz den Nachteil, daß sich das angestrebte „nationalsozialistische Führerprinzip" nicht mit der so festgelegten Rechtsstellung der Freiwilligen Feuerwehren vereinbaren ließ: Da die Feuerwehrführer vom Ortspolizeiverwalter ernannt und nicht von der Mitgliederversammlung gewählt werden sollten, stand das Gesetz im Widerspruch zum Vereinsrecht.[4] Weder die Traditionalisten noch die erklärten Nationalsozialisten unter den Feuerwehrführern konnte diese Regelung befriedigen, und nur unwillig nahm man sie als Interimslösung bis zum Erscheinen des Reichsfeuerlöschgesetzes in Kauf.[5]

Durch das Herauslösen der Berufsfeuerwehren aus den Feuerwehrverbänden wurden die in Preußen ohnehin nicht sehr engen Bande zu den Freiwilligen Feuerwehren noch weiter gelokkert.[6] Dafür durften sich die hauptamtlichen Brandschutzkräfte nunmehr „Feu-

---

3 Vgl. Dipl.-Ing. Kohrs: Einheitlichkeit im Feuerlöschwesen! In: FLöschP 1938, S. 3-5.

4 Vgl. Schnell 1956, S. 277.

5 Landesbranddirektor Gaedicke übte in einem Artikel „Feuerwehr und Nationalsozialismus" (FVZ 1935, S. 547-548) Kritik am preußischen Feuerlöschgesetz, das nicht das „Idealgesetz" sei, da es das Führerprinzip „leider nicht restlos" eingeführt habe; in einer Rede vor dem Feuerwehr-Beirat anläßlich der Mitgliederversammlung am 15. und 16.05.1936 in Breslau und Waldenburg versuchte Ministerialrat Dr. Kerstiens mit haarspalterischen Argumenten zu beschwichtigen, vgl. Kerstiens 1936, S. 48: „Sie werden sich erinnern, daß in den Beratungen des Beirats immer die Frage Anstoß erregte, daß die freiwillige Feuerwehr ein Verein sei. In der Mustersatzung heißt es etwas anders. Die Feuerwehr ist eine Kameradschaft in der Rechtsform eines eingetragenen Vereins." Das Amt für Freiwillige Feuerwehren hielt dem entgegen (AfFF-Jahresbericht 1936, S. 20 f.): „Von allen Feuerwehrführern wurde in der Durchführung dieser Mustersatzung eine Minderung des Führerprinzips in den freiwilligen Feuerwehren insofern erblickt, als die Führer der Wehren nicht mehr von einer übergeordneten Dienststelle ernannt und abberufen, sondern von der Mitgliederversammlung gewählt werden. An diesem Tatbestand ändert auch nichts, wenn an Stelle des Wortes ‚Verein' der Ausdruck ‚Kameradschaft' gewählt würde." Vgl. auch Reppert/Goldbach 1940, S. 12 f., welche das Zugeständnis der Führerratswahl in der für die außerpreußischen Freiwilligen Feuerwehren modifizierten Mustersatzung für die Ablehnung der preußischen Gesetzgebung insgesamt verantwortlich machen; vgl. ferner Schnell 1956, S. 277; Engelsing 1990, S. 132.

6 Dr. (Christian) Kerstiens: Das preußische Feuerlöschgesetz und seine Auswirkungen. Aus dem Vortrag des Oberregierungsrats Dr. Kerstiens vom Ministerium des Innern auf der Tagung des Landesfeuerwehrverbandes zu Hannover am 7. Januar 1934. In: FVZ 1934, S. 79.

erlöschpolizei" nennen; dies brachte mit sich, daß die Berufsfeuerwehren nicht erst im Kriegsfall als Teil des SHD der örtlichen Polizei unterstellt waren, sondern bereits im Frieden.[7] Wesentlich war in diesem Zusammenhang auch, daß erstmals explizite Regelungen im Gesetz Niederschlag fanden, die den Luftschutz unmittelbar betrafen (§ 17 Abs. 2).

Das preußische Gesetz über das Feuerlöschwesen sollte auf die anderen Länder als mögliches Modell für ein nachfolgendes Reichsgesetz wirken.[8] Tatsächlich begannen mancherorts die Feuerwehren außerhalb Preußens, sich in Eigeninitiative auf die zu erwartenden Regelungen des geplanten Reichsfeuerlöschgesetzes einzustellen; dennoch vollzog sich vieles noch in gewohnten Bahnen.[9] Während durch das 1935 erschienene Luftschutzgesetz schon eine gewisse Vereinheitlichung im Hinblick auf den Luftschutz begonnen werden konnte (vgl. 3.3), reifte im inzwischen zusammengelegten Reichs- und Preußischen Ministerium des Innern die Idee, bis zu einer reichsgesetzlichen Regelung die Polizei- und Feuerlöschgesetzgebung der anderen Länder durch Erlasse zu suspendieren.

7 Vgl. Strumpf 1987, S. 113; Giller/Mierke/Petig 1991, S. 45 f.; Reppert/Goldbach 1940, S. 10, weisen allerdings darauf hin, daß die tatsächliche Umwandlung der Feuerwehren zu einer Polizeiexekutive als „Ziel zwar aufgestellt, aber in keiner Weise, auch nicht hinsichtlich der Berufsfeuerwehren, verwirklicht worden" sei, denn „die Feuerwehren waren in Preußen Einrichtungen der Gemeinden und nicht der Polizei. Dies beweist klar § 2 des Preuß. Feuerlöschgesetzes, aus dem hervorgeht, daß die Feuerwehren nur im Auftrage des Ortspolizeiverwalters tätig werden".

8 Zum Phänomen des preußischen ‚Sendungsbewußtseins' in der Kommunalgesetzgebung vgl. Matzerath 1970, S. 114.

9 Die Wirkung des preußischen Feuerlöschgesetzes auf die anderen Länder beurteilt Rumpf 1952, S. 17, äußerst skeptisch: „Da ‚die kleine Reform' selbst in ihrem Ursprungslande in vielen Teilen auf dem Papier blieb, war ihre Auswirkung auf die außerpreußischen Länder gleich null." Vgl. ferner Jarausch/Haase 1991, S. 102 f.

3.1.2
Versuche zur Ausweitung der preußischen Gesetzgebung auf andere Länder

Schon 1934 lag im RMdI der Entwurf eines Reichsfeuerlöschgesetzes auf der Grundlage der preußischen Gesetzgebung vor. Dieser Entwurf kam aber nicht zum Tragen, weil er erst nach Erscheinen eines Reichspolizeiverwaltungsgesetzes und anderer Organisationsgesetze Gültigkeit erlangen sollte. Da jedoch der Zeitpunkt des Erscheinen dieser Gesetze noch nicht absehbar war, sollten behelfsweise Angleichungsmaßnahmen auf dem Verwaltungswege durchgesetzt werden.[1] Eine vermittelnde Rolle gegenüber den außerpreußischen Feuerwehrführern wurde dabei dem P.F.B. zugewiesen (vgl. 3.2.4).

Am 12. Januar 1936 erschien im neugeschaffenen Ministerialblatt des Reichs- und Preussischen Ministers des Innern [2] ein Runderlaß, der die „Angleichung der außerpreußischen Feuerwehren" forderte (vgl. Dokument II). Aufgrund des Gesetzes für den Neuaufbau des Reiches vom 30. Januar 1934 [3] nahm der Minister in Anspruch, „bereits vor Inkrafttreten des Reichsfeuerlöschgesetzes grundsätzliche Erlasse über das Feuerlöschwesen an alle Polizei-Behörden des Reiches" zu richten, „um die aus verschiedenen Gründen dringend erwünschte Einheitlichkeit des Feuerlöschwesens im gesamten Reich wenigstens anzubahnen". Dabei sollten die örtlichen Polizeidienststellen mit den Feuerwehren so zusammenarbeiten, „als ob das Gesetz, durch das die öffentlichen Feuerwehren eine besondere Exekutive der Ortspolizei-Behörden werden sollen, bereits erlassen wäre".

Als der genannte Erlaß nicht die gewünschte Wirkung zeigte, wurde vom Reichs- und Preußischen Minister des Innern auf das inzwischen erschienene Gesetz zur Vereinheitlichung des Reiches vom 30. Januar 1936 zurückgegriffen und am 5. Februar des gleichen Jahres ein weiterer Überführungserlaß herausgegeben. Um vom Reichs- und Preußischen Minister des Innern „anerkannt" zu werden, sollten sich die außerpreußischen Berufs- und Freiwilligen Feuerwehren nunmehr durch eine „freiwillige Erklärung gegenüber den Polizeiaufsichtsbehörden" den jeweiligen Ortspolizeiverwaltern unterstellen und sich zur Übernahme aller preußischen Vorschriften „bereit erklären".[4]

Offizielle Begründung für diese Politik des Innenressorts gegenüber den außerpreußischen Ländern war, daß die preußische Regelung, die Feuerwehren in die Polizeiorganisation zu überführen,

1 Vgl. Reppert/Goldbach 1940, S. 11.

2 Runderlaß des Reichs- und Preußischen Ministers des Innern vom 12.01.1936 - III D 6007/36. In: FVZ 1936, S. 100.

3 Darauf weisen Reppert/Goldbach 1940, S. 11 f., hin.

4 Vgl. Reppert/Goldbach 1940, S. 12; Kerstiens behauptete vor dem Feuerwehr-Beirat, daß der zweite Überleitungserlaß vom Februar 1936 zu einem freiwilligen Anschluß von „99%" der außerpreußischen Feuerwehren geführt habe (vgl. Kerstiens 1936, S. 47).

eine stärkere „Disziplinierung" ermögliche als bei Feuerwehren anderer deutscher Länder, die noch immer Vereine oder „Abteilungen kommunaler Selbstverwaltung" waren. So werde eine „Zweiheit" im deutschen Feuerlöschwesen vermieden.[5] Ausdrücklich wurde auch auf die Vorteile einer solchen Regelung im Hinblick auf die Unterstellungsverhältnisse im zivilen Luftschutz hingewiesen.[6] Somit wurde in hegemonialer Selbstverständlichkeit das preußische Gesetz, obwohl kaum erprobt, mit Mängeln behaftet [7] und unter Fachleuten nicht unumstritten (vgl. 3.3.1), als Vorbild für die kommende reichseinheitliche Regelung herausgestellt.

Allerdings war die Überleitung der Feuerwehren in die Polizei ohne eindeutige reichsgesetzliche Grundlage mit größeren Schwierigkeiten verbunden, da die Verwaltungsstruktur der anderen deutschen Länder teilweise erheblich von den preußischen Gegebenheiten abwich.[8] So wurden bis 1938 insgesamt nur 10 von 40 außerpreußischen Berufsfeuerwehren zu Feuerlöschpolizeien nach preußischem Muster umgewandelt.[9] Zusätzliche organisatorische Schwierigkeiten bereitete der Umstand, daß der Reichs- und Preußische Innenminister Erlasse an außerpreußische Länderregierungen und Polizei-Behörden auf Grund eines noch nicht einmal im Entwurf vorliegenden Gesetzes richtete. Dies stiftete mehr Verwirrung als Klarheit hinsichtlich der endgültigen reichseinheitlichen Gliederung des Feuerlöschwesens. Zwar wagte längst kein Innenministerium eines Landes mehr, die Anordnungen aus Berlin offen zu kritisieren;[10] die Möglichkeiten der Interpretation, welche die Erlasse für die daraus folgenden Verwaltungsmaßnahmen der einzelnen Länder zuließen, waren aber noch immer sehr vielfältig.[11] Dies veranlaßte das Reichsministerium des Innern um die Jahreswende 1936/37, alle weiteren Anpassungsmaßnahmen der Länder an die preußische Gesetzgebung zu stoppen.[12] Man folgte nun der Auffassung, daß nur ein Reichsfeuerlöschgesetz eine wirkliche Vereinheitlichung herbeiführen könne.

---

5 Vgl. Kerstiens 1936, S. 45 ff.

6 Hierzu Kerstiens 1936, S. 46: „Ich möchte in diesem Zusammenhang (mit dem Luftschutz, A. L.) noch sagen, daß es auch hier am besten und richtigsten ist, die in Frage kommenden Stellen in ein enges Verhältnis zu den Polizeibehörden zu bringen, bei der die zentrale Organisation der örtlichen Maßnahmen zur Bekämpfung von Luftschutzgefahren (sic!) ist."

7 Eine Liste der seinerzeit kritisierten Hauptmängel in: AfFF-Jahresbericht 1936, S. 24.

8 Vgl. AfFF-Jahresbericht 1936, S. 21.

9 Nach Prescher 1981, S. 20.

10 Nach Jarausch/Haase 1991, S. 104 f., „bestätigte der württembergische Innenminister diese Regelungen vorbehaltlos durch eigene Erlasse" im August 1936; eine ähnliche Entwicklung ist für das Land Braunschweig belegt (vgl. 3.2.1 sowie ausführlich Günther 1990, S. 84 ff.).

11 Vgl. AfFF-Jahresbericht 1936, S. 21: „Von einer einheitlichen Durchführung kann aber nicht die Rede sein, weil die einzelnen Länder zu verschiedenartige Anordnungen und Durchführungsverordnungen von sich aus erlassen haben."

12 Vgl. AfFF-Jahresbericht 1936, S. 22 f.; Reppert/Goldbach 1940, S. 13.

3.2
Zum Schicksal der Vereine und Verbände der Feuerwehren

Die Vereinnahmung und Umstrukturierung der Feuerwehren und ihrer Verbände bereitete den nationalsozialistischen Machthabern weitaus größere Schwierigkeiten als bei den Hilfsorganisationen. Dies war schon dadurch bedingt, daß es sich bei den Feuerwehren überhaupt nicht um eine Organisation im eigentlichen Sinne handelte, die - wie das DEUTSCHE ROTE KREUZ oder die TECHNISCHE NOTHILFE - unter eine zentrale Leitung gestellt gewesen wäre. Obgleich also keine hierarchischen Systeme bestanden, waren die Feuerwehren in höchstem Maße organisiert und konnten nötigenfalls durch gemeinsame Organe - den P.F.B. und noch mehr die A.- u. I.G.d.Fog. - den Regierungsstellen entgegentreten. Zu Zeiten der Weimarer Republik befanden sich die Feuerwehren rechtlich wie faktisch in der Eigenverantwortlichkeit der Länder und Kommunen.[1] Somit waren dem direkten Zugriff der Reichsorgane auf die Feuerwehren enge Grenzen gesetzt.

Es war also nicht damit getan, daß man lediglich die Leitung einer Organisation auflöste und durch eine systemkonforme ersetzte, sondern es mußte überhaupt erst einmal ein zentralistisches Gerüst entwickelt werden, in das die Brandschutzkräfte eingepaßt werden konnten. Hierfür mußten aber zuvor die alten, trotz der zumeist konservativ-nationalistischen Gesinnung ihrer Funktionäre demokratisch verfaßten Feuerwehrverbände ihres Einflusses beraubt und schließlich zerschlagen werden. Erst dann konnte man daran gehen, eine reichseinheitliche Führung der Feuerwehren einzurichten.

Die Nationalsozialisten standen aber noch vor einem weiteren Dilemma: Zum einen erschien ihnen das Vereinswesen der Feuerwehren als zu ineffizient für eine Neuorganisation des Feuerlöschwesens,[2] zum anderen aber konnten und wollten sie nicht auf die Sachkompetenz der in den Feuerwehrvereinigungen und -verbänden organisierten Führer und Fachleute verzichten. Hierdurch erklärt sich auch die oftmals unentschlossen wirkende Politik der Regierungs- und Parteistellen bis zum Erscheinen des Reichsfeuerlöschgesetzes Ende 1938. Bis zur Herausbildung zentralistischer Hierar-

---

1 Dazu Rumpf 1952, S. 15: „Entwicklungsgeschichtlich hatte bisher der Staat das Brandschutzwesen den Städten als Selbstverwaltungsangelegenheit überlassen und sein Aufsichtsrecht auf praktisch kaum vorkommende Fälle grober Unterlassungen oder Mißstände beschränkt."

2 Abfällig äußerte Rumpf über die Verbände der Freiwilligen Feuerwehren (Rumpf 1952, S. 14 f.): „Bei aller Tüchtigkeit im kleinen fehlte den freiwilligen Wehren infolge übermäßiger Abschließung und Eigenbrötelei die Möglichkeit, größere Zusammenhänge zu überblikken. Die Verbände behielten bestenfalls provinziellen Charakter. An der technisch-theoretischen Weiterentwicklung waren sie so gut wie unbeteiligt."

chien, in denen später die in Vereinen und Verbänden profilierten Fachleute ein Unterkommen finden konnten, wurden die alten Verbandsgliederungen noch aufrechterhalten, aber letztlich bis zur Funktionsuntüchtigkeit ausgehöhlt.

Am erschreckendsten muß allerdings die Tatsache wirken, daß viele Verbandsfunktionäre die staatliche Reglementierung keineswegs als bedrohlich empfanden, sondern im Gegenteil noch selbst herbeiwünschten. Auch die schon bald von den Nationalsozialisten verkündete Prämisse, die Feuerwehren als Instrument des zivilen Luftschutzes aufzubauen und in einem kommenden Krieg einzusetzen, fand keinen Widerspruch. Als wenn es einigen Feuerwehrführern schon lange zuwider gewesen war, sich weiterhin nach den liberalen Statuten aus der Vormärzzeit als demokratische Bürgerinitiative organisieren zu müssen, während andernorts schon längst dem „Führerprinzip" und dem „Soldatischen" gehuldigt wurde, drängten sie förmlich die neuen Machthaber, die Feuerwehren zu einer straff organisierten behördlichen Einrichtung zu machen. Angesichts der oben dargestellten prekären Personalsituation und der Notwendigkeit zur Selbstbehauptung gegenüber den NS-Organisationen war dieses Drängen aber auch eine ‚Flucht nach vorn'.

Ausgerechnet die erst 1928 nach etlichen vergeblichen Anläufen von den Feuerwehrverbänden, Brandversicherern und anderen Stellen ins Leben gerufene A.- u. I.G.d.Fog. trat im Mai 1933 an den Preußischen Innenminister und Reichsluftfahrtminister Hermann Göring mit der Bitte heran, eine reichsgesetzliche Regelung für das deutsche Feuerlöschwesen herbeizuführen; auch der Hinweis auf die künftige Bedeutung des Luftschutzes für die Feuerwehren wurde dabei nicht vergessen.[3] Auf der letzten nachweisbaren Sitzung der A.- u. I.G.d.Fog. am 5. Februar 1934 in Berlin wurde beschlossen, die bisher von ihr unterstützte Feuerwehrtechnische Normenstelle unter dem Vorsitz des Regierungsbaurats Dr.-Ing. Paul Kalaß in das Reichsluftfahrtministerium zu verlegen, „da eine enge Zusammenarbeit zwischen Feuerwehr und Luftschutz erforderlich ist".[4] Somit wurde diese vom RDF zehn Jahre zuvor ins Leben gerufene Institution zu einer staatlichen Behörde. Die Mitglieder der A.- u. I.G.d.Fog. hielten nun ihren eigenen Zusammenschluß für überflüssig und lösten ihn offenbar noch 1934 selbst auf.[5]

---

3 Vgl. Engelsing 1990, S. 131.

4 Jahressitzung der Arbeits- und Interessengemeinschaft Deutscher Feuerwehrorgane. In: FVZ 1934, S. 179.

5 Vgl. Strumpf 1983, S. 18; nach Herterich/Hornung 1970, S. 51, habe die A.- u. I.G.d.Fog. erst 1936 nach Auflösung von DFV und P.F.B. „zu bestehen aufgehört".

3.2.1 Der Braunschweigische Landesfeuerwehrverband als Beispiel eines regionalen Feuerwehrverbands

Im Land Braunschweig hatten die Nationalsozialisten so sehr an Boden gewinnen können, daß sie bereits 1930 in der Landesregierung vertreten waren. Am 9. Mai 1933 wurde Dietrich Klagges einer der ersten nationalsozialistischen Ministerpräsidenten im Reich. Noch im Jahr der „Machtergreifung" wurde mit umfangreichen Kriegsvorbereitungen begonnen, und auch der Luftschutz wurde zu einem Gegenstand öffentlichen Interesses gemacht. Branddirektor Fritz Lehmann hatte nun keinen Anlaß mehr, sich über mangelndes Interesse seiner Feuerwehrführer zu beklagen: Auf dem 27. Feuerwehrtag in Bad Harzburg 1934 sprachen von 13 Referenten bereits fünf über Luftschutzvorbereitungen. Auf diesem Feuerwehrtag stand aber vor allem ein politisches Thema auf der Tagesordnung: Am 15. Dezember 1933 war in Preußen das neue Feuerlöschgesetz verabschiedet worden. Der Auffassung der preußischen Regierung, die Freiwilligen Feuerwehren seien als Vereine anzusehen,[1] widersprach Lehmann heftig in seinem Referat „Das preußische Feuerhilfsgesetz von 1934 im Lichte des Braunschweigischen Feuerhilfsgesetzes von 1874". Tatsächlich waren die Freiwilligen Feuerwehren im Land Braunschweig bis dahin keine Vereine gewesen.

Der Landesfeuerwehrverband setzte zunächst unbehelligt seine Arbeit fort, bemühte sich um eine fortschreitende Umwandlung der noch bestehenden Pflichtfeuerwehren in Freiwillige Feuerwehren, sorgte sich um eine Verbesserung von Ausstattung und Unterbringung der Ortswehren und nicht zuletzt um die Vorbereitungen für den Einsatz im Luftschutz. Zu diesem Zweck erging im Januar 1934 an alle braunschweigischen Wehren ein Rundschreiben „Die Feuerwehr im Luftschutz", in dem wesentliche organisatorische Grundzüge vorgestellt wurden. Im gesamten Land Braunschweig wurde im September 1935 eine Verdunkelungsübung durchgeführt.[2]

Im Juli 1936 setzte sich schließlich doch das preußische Modell durch: Die braunschweigische Staatsregierung veranlaßte die zwangsweise Eintragung der Freiwilligen Feuerwehren in das Vereinsregister.[3] Möglich wurde diese Maßnahme der Braunschweigischen Staatsregierung durch einen Erlaß „Angliederung an das zu erwartende Reichsfeuerlöschgesetz", der den Vorstellungen des Reichs- und Preußischen Ministers des Innern über eine „Angleichung der

1 Vgl. § 5 Abs. 1 im genannten Gesetz (siehe Dokument I).

2 Vgl. Fösterling/Mahn/Trabert 1993, S. 98-102; zur Rechtsgrundlage der Verdunkelungsübung vgl. 3.3.1.

3 Vgl. Günther 1970, S. 12.

außerpreußischen Feuerwehren" Rechnung trug.[4]

Vorläufig blieb der Verband selbst noch unangetastet; allerdings kam der turnusgemäß für 1936 anstehende Landesfeuerwehrtag nicht mehr zustande. Man machte sich aber schon mit dem Gedanken einer möglicherweise in nicht allzu ferner Zukunft anstehenden Auflösung des Verbands vertraut, denn eine Flut von RMdI und des RLM beschnitt mehr und mehr die ursprünglichen Aufgabenbereiche der regionalen Feuerwehrverbände.[5]

Nach Lehmanns plötzlichem Tod am 8. November 1937 wurde sein Nachfolger vom braunschweigischen Staat ernannt, nicht, wie bisher üblich, von den Verbandsmitgliedern gewählt. Man folgte auch hier dem preußischen Vorbild, die Feuerwehrverbände als Exekutivorgane des Innenressorts zu behandeln und dementsprechend Personalentscheidungen auf dem Berufungswege zu fällen. Da Lehmanns kommissarisch eingesetzter Amtsnachfolger, der bisherige Kreisbranddirektor des Kreises Braunschweig und SA-Scharführer Hans Helmke, einer Freiwilligen Feuerwehr angehörte, liegt die Vermutung nahe, daß man auch in Braunschweig eine Loslösung der Berufsfeuerwehr vom Verband anstrebte, da diese ohnehin mittelfristig nach preußischem Vorbild in die Polizei integriert werden sollte. Ein Indiz hierfür ist auch die Helmke 1938 vom Braunschweigischen Ministerium des Innern zugewiesene Amtsbezeichnung „Kommissarischer Landesfeuerwehrführer der Freiwilligen Feuerwehren des Landes Braunschweig", die er anstelle des Titels „Landesbranddirektor" zu verwenden hatte.[6]

Am 23. November 1938 erschien schließlich das lang erwartete Reichsfeuerlöschgesetz (vgl. 4.1). Dort fand sich unter § 6 Abs. 1: „Die von den Freiwilligen Feuerwehren gebildeten Vereine und Verbände werden aufgelöst. Der Reichsminister des Innern bestimmt den Zeitpunkt der Auflösung und regelt die Rechtsnachfolge."[7]

Die diesem Gesetz angefügte Dritte Durchführungsverordnung vom 24. Oktober 1939 ebnete endgültig den Weg zur Auflösung des BRAUNSCHWEIGISCHEN LANDESFEUERWEHRVERBANDS, die am 27. November 1939 durch das Braunschweigische Staatsministerium erfolgte. Zu einer Rechtsnachfolgeregelung ist es im „Dritten Reich" nicht gekommen. Helmke setzte seine Tätigkeit unter der Bezeichnung „Der Bezirksführer der Freiwilligen Feuerwehren als Feuerwehrtechnischer Aufsichtsbeamter des Braunschweigischen Ministers des Innern in Braunschweig"[8] entsprechend den Regelungen des Reichsfeuerlöschgesetzes fort.

---

4 Vgl. Dokument II; Günther 1990, S. 84-87.
5 Vgl. Günther 1990, S. 87 u. 89.
6 Vgl. Günther 1990, S. 90.
7 Vgl. Dokument III.
8 Zur Auflösung vgl. Günther 1990, S. 98 ff.

3.2.2
Der Deutsche Feuerwehrverband

Am 24. und 25. April 1933 fand in Cottbus eine gemeinsame Ausschußtagung des DFV und des Preussischen Landes-Feuerwehrverbands statt. Drei Monate nach der Machtübernahme durch die Nationalsozialisten veröffentlichte die Preussische Feuerwehr-Zeitung unter der Überschrift „Die deutschen Feuerwehren und das neue Deutschland" [1] eine Erklärung des DFV, aus der die ganze Enttäuschung über die bisherige Gleichgültigkeit der Reichsregierungen („Die Stellung der verflossenen Reichsregierungen zum Feuerwehrwesen war weder kalt noch warm") sprach. Dementsprechend klang in der Begrüßung der neuen Regierung eine deutliche Erwartungshaltung mit:

> „Wenn heute durch die nationale Einigung ein hoffnungsvoller Frühling in alle deutschen Gaue eingezogen ist, so begrüßen wir Feuerwehrführer dies ganz besonders schon deshalb, weil wir von der nationalen Regierung Unterstützung und Förderung in einem Maße erwarten, wie sie für eine so selbstlose, auf dem Gemeinsinn der Bürgerschaft aufgebaute und darin bis jetzt erhaltene Organisation würdig und notwendig ist."

Der Referent des Reichs- und Preußischen Ministers des Innern für das Feuerlöschwesen und für Polizeirecht, Dr. Christian Kerstiens, ließ im Anschluß daran verlauten, daß das neue Feuerlöschgesetz für Preußen binnen Jahresfrist geschaffen werde und als Modell für ein entsprechendes Reichsgesetz vorgesehen sei. Die Zeitung berichtet, daß die Ankündigung, der Führer werde zum 1. Mai die Inangriffnahme des Preußischen Feuerlöschgesetzes für das kommende Jahr verkünden, mit Bravo-Rufen aufgenommen worden sei. Die nachfolgende Ansprache des Vorsitzenden des Brandenburgischen Feuerwehr-Verbandes, Branddirektor Bergmann, verrät, daß man sich offenbar noch nicht vorstellen konnte, wie tiefgreifend und radikal die Nationalsozialisten das Feuerlöschwesen umgestalten wollten („Einschneidenden Veränderungen wird unser freiwilliges Feuerwehrwesen wohl kaum unterworfen werden"). Andererseits schien der Redner zu erwarten oder sogar zu fürchten, daß die Nationalsozialisten rücksichtslos alle Mitglieder von Linksparteien aus den Feuerwehren zu entfernen gedachten: Bergmann betonte immer wieder die nationale und im Grunde unpolitische Einstellung der Feuerwehren, brachte dann aber eine Art Bauernopfer, indem er die Entlassung der kommunistischen Feuerwehrleute „im Interesse unseres lieben Vaterlandes" forderte. Hingegen sollten Feuerwehrführer, die der SPD angehörten und

1 Die deutschen Feuerwehren und das neue Deutschland. Ausschußsitzung des Deutschen Feuerwehr-Verbandes und des Preußischen Landes-Feuerwehr-Verbandes am 24. und 25. April in Cottbus. In: PFZ 1933, S. 165-169.

keine Parteiämter bekleideten, im Dienst belassen werden („Es liegt nicht im Sinne der Staatsregierung, diese Kameraden, die ja doch auch nur Zweifler waren, jetzt vor den Kopf zu stoßen.").

Wie sehr dieses Taktieren an den Realitäten nationalsozialistischer Politik vorbeiging, zeigt die Notiz vom 28. Juni 1933 in der PREUSSISCHEN FEUERWEHR-ZEITUNG aus der Feder desselben Branddirektors Bergmann:

> „Keine Sozialdemokraten als Feuerwehrführer!
> Auf Grund des Betätigungsverbotes gegen die SPD sind Mitglieder dieser Partei aus den Kommandostellen bzw. Vorstandsämtern der freiwilligen Feuerwehren auszuscheiden."[2]

Am 1. Januar 1934 war das neue preußische Feuerlöschgesetz in Kraft getreten. Auf der Vorstandssitzung des DFV vom 12. Mai 1934 - inzwischen „Führertagung" benannt - referierte der Vorsitzende des PREUSSISCHEN LANDESAMTES DER FREIWILLIGEN FEUERWEHREN IM FEUERWEHRBEIRAT, Dr. Rudolf Müller, im Beisein von Dr. Kerstiens über dieses Gesetz.[3] Trotz der erheblichen Eingriffe in die bisherigen Strukturen der preußischen Feuerwehren und ihrer Verbände wähnte man den DFV aber weiterhin in unanfechtbarer Stellung. Geradezu als Symbol des vollzogenen Schulterschlusses mit den neuen Machthabern muß der Ort der Herbsttagung 1934, das „Haus der Nationalsozialisten" in München, auf die DFV-Führung gewirkt haben; Ecker hatte sich mittlerweile sogar in Anlehnung an den nationalsozialistischen Sprachgestus den Titel „Reichsführer der Freiwilligen Feuerwehren" zugelegt. Hauptprogrammpunkt der Tagung war der Vortrag zum geplanten Reichsfeuerlöschgesetz, den Dr. Kerstiens hielt. Er habe dabei aber nur seine eigenen Ansichten wiedergegeben, „da die Frage ja abhängig sei von der künftigen Gestaltung des Verhältnisses zwischen Reich und Ländern". Zur Sprache kam aber auch der Konflikt zwischen Freiwilligen Feuerwehren und NS-Organisationen wegen des dramatischen, die Wirksamkeit des öffentlichen Brandschutzes beeinträchtigenden Mitgliederverlusts.[4]

Allen Liebenswürdigkeiten staatlicher Vertreter und Ergebenheitsbezeugungen der Feuerwehrfunktionäre zum Trotz wurde der DFV aber immer mehr in die Passivität gedrängt. 1935 kam es zu keiner „Führertagung" mehr; jedenfalls enthält die FEUERWEHR-VERBANDS-ZEITUNG keinen entsprechenden Bericht. Erwähnt wird lediglich, daß Ecker in München eine Stiftung für in Not geratene Feuerwehrleute und zum Ersatz verschlis-

---

2 Bergmann: Keine Sozialdemokraten als Feuerwehrführer! In: PFZ 1933, S. 245.

3 Vgl. Dr. Müller: Die Freiwilligen Feuerwehren im neuen Staate. Vortrag, gehalten von Dr. Müller, Vorsitzender des Landesamtes der Freiwilligen Feuerwehren im Feuerwehrbeirat in Preußen, auf der Führertagung des Deutschen Feuerwehrverbandes am 12. Mai 1934 in Berlin. In: FVZ 1934, S. 264 ff.; Führertagung des Deutschen Feuerwehrverbandes. In: FVZ 1934, S. 279.

4 Deutscher Feuerwehr-Verband. In: FVZ 1934, S. 483.

sener persönlicher Ausstattung ins Leben gerufen [5] und am 1. Oktober einen Erweiterungsbau des Deutschen Feuerwehrheims in Bayrisch-Gmain bei Bad Reichenhall eröffnet habe.[6] Dabei wurde Ecker lediglich als Landesbranddirektor tituliert, und selbst sein Amt als Vorsitzender des DFV verschwieg man. Durch Erlaß des Reichs- und Preußischen Ministers des Innern vom 8. März 1935 wurde es den preußischen Provinzialfeuerwehrführern untersagt, Ecker weiterhin als „Reichsfeuerwehrführer" zu bezeichnen, weil die „Führung dieser Bezeichnung durch den Vorsitzenden eines privaten Vereins (...) nicht gebilligt werden" könne.[7]

Das Ende für den DFV wurde auf einer Führertagung am 10. Juli im Vorfeld des 17. Bayerischen Landesfeuerwehrtages (11.-13. Juli 1936) herbeigeführt: Bei den Beratungen anwesend waren der Vorsitzende des Reichsvereins Deutscher Feuerwehringenieure, Oberbranddirektor Wagner (Berlin), Dr. Müller vom Preussischen Landesamt für Freiwillige Feuerwehren, Ministerialdirigent Franz Bracht als Vertreter des Reichsministeriums des Innern und der Vorsitzende des Österreichischen Feuerwehrverbands, Dr. Rudolf Lampl aus Linz. Letzterer war deswegen anwesend, weil nun auch sein Verband „infolge der politischen Umstände" aus dem DFV ausscheiden mußte; schon 1934 waren die deutschen Feuerwehren in der Tschechoslowakei von der Mitgliedschaft im DFV entbunden worden. Der Reichs- und Preußische Innenminister Dr. Wilhelm Frick hatte in einem Schreiben an die Verbandsführung „nahegelegt", den DFV aufzulösen, da der neu geschaffene Deutsche Feuerwehr-Beirat die Aufgaben des DFV übernommen habe und dieser daher überflüssig geworden sei.[8] Und obwohl auch Bracht auf der Tagung den Feuerwehr-Beirat als vollgültigen Ersatz für den DFV pries („Als eine Körperschaft des öffentlichen Rechts (...) ist ihm (dem Feuerwehr-Beirat, A. L.) ein Einfluß auf die Neugestaltung des Feuerlöschwesens gesichert worden, wie er bisher noch keiner Organisation der Feuerwehren beschieden war"[9]), entgegnete Ecker, daß ein durch hinzuberufene außerpreußische Feuerwehrführer erweiterter Preussischer Feuerwehr-Beirat „wohl keinen vollen Ersatz für die bisherige Zusammensetzung des DFV bilden könne und es sich erst herausstellen wird, ob eine solche Eingliederung auch den Zweck ganz zu erfüllen vermag".[10]

---

5 Eine Adolf-Ecker-Stiftung. In: FVZ 1935, S. 329.
6 Deutsches Feuerwehrheim Reichenhall. In: FVZ 1935, S. 526.
7 Vgl. Erlaß des Reichs- und Preußischen Ministers des Innern vom 8. März 1935 - III D 6082 (Sammlung Rinck).
8 Vgl. Auflösung des Deutschen Feuerwehr-Verbands. In: FVZ 1936, S. 401.
9 O.V.: Auflösung des Deutschen Feuerwehr-Verbandes e.V. In: Oldenburger Feuerschutz. Zeitschrift für das Feuerlösch- und Rettungswesen vorbeugender und bekämpfender Art. Organ des Landes-Feuerwehr-Verbandes Oldenburg, 13. Jg. 1936, Nr. 8, S. 88-91, hier S. 89.
10 Wie Anm. 9, S. 90.

Seit 1933 war der DFV immer mehr zur Passivität gezwungen worden.[11] Zu diesem Punkt äußerte Ecker,

> „daß durch die Maßnahmen der Reichsregierung über die Vereinheitlichungen der deutschen Feuerwehren auf dem Verordnungswege dem DFV die Grundlagen für eigene Maßnahmen entzogen worden sind und daher eine ersprießliche Arbeit durch den DFV nicht mehr geleistet werden könne, zumal das preuß. Feuerlöschgesetz mit den fest umrissenen Bestimmungen bei den preußischen Verbänden keine besonderen Maßnahmen mehr duldete. Den DFV jedoch aus den außerpreußischen Verbänden zusammenzusetzen, wäre ebenfalls nicht richtig."[12]

In seiner Schlußansprache gab Ecker zu bedenken,

> „daß die Liquidation deswegen notwendig geworden war, weil an Stelle des Verbandes ein Zustand eingetreten war, der nicht mehr länger trag- und haltbar gewesen wäre. Die Einberufung der Feuerwehrführer in den Feuerwehrbeirat, den man schon heute nicht mehr den ‚preußischen' nennt, ermöglicht nicht, daß die Kameraden der Freiwilligen Feuerwehren Angelegenheiten wie bisher unter sich beraten können. Was die außerpreußischen Führer vom Feuerwehrbeirat wissen wollten, haben sie nie erfahren. Es fehlt demnach der innige kameradschaftliche und ethische Zusammenhang, und das alte Vertrauensverhältnis wäre unter den einzelnen Verbänden wiederherzustellen. (...) Die Reichsregierung müsse daher Sorge tragen, daß an Stelle des DFV eine Sachlage geschaffen wird, welche es ermöglicht, daß die Führer der Einzelverbände die Nöte des Feuerwehrwesens wieder unter sich beraten können. Es ist dies um so mehr notwendig und vorteilhaft, weil in manchen der bisher erlassenen Verordnungen keine besonders guten Berater am Werke waren."[13]

Eckers Mahnungen an die Regierung verhallten ohne Antwort; zwar war auch er in den Deutschen Feuerwehr-Beirat berufen worden, letztlich war er aber seines Einflusses gänzlich beraubt.

Zeitgleich fand ebenfalls in München eine Sitzung des Preussischen Landesamts für Freiwillige Feuerwehren (!) statt; zur Frage der Auflösung des DFV heißt es im Jahresbericht 1936 dieses Amtes:

> „Zu der vom Herrn Reichs- und Preußischen Minister des Innern geforderten Liquidation des Deutschen Feuerwehrverbandes wurde dahingehend Stellung genommen, daß das vorhandene Vermögen des Deutschen Feuerwehrverbandes in Form einer Stiftung für das Deutsche

11 Vgl. Bürger 1953, S. 41.
12 Wie Anm. 9, a.a.O.
13 AfFF-Jahresbericht 1936, S. 7 f.

Feuerwehrheim in Bayrisch-Gmain zur Verfügung gestellt wird."[14]

Auf der DFV-Tagung wurde dieser Vorschlag angenommen; das Heim sollte künftig „Adolf-Ecker-Haus" heißen. Ob der Reichsinnenminister diesem ‚letzten Willen' des DFV stattgab, ist ungeklärt.

Der für 1937 geplante Deutsche Feuerwehrtag in Danzig kam nicht mehr zustande.

Abschließend stellt sich die Frage, warum einem Verband, der ein so hohes Maß an Wohlverhalten und vorauseilendem Gehorsam gegenüber den nationalsozialistischen Machthabern an den Tag gelegt hat, nur drei Jahre lang ein Kümmerdasein beschieden war, um schließlich ganz aufgelöst zu werden. Der Grund hierfür war nicht allein die Feststellung des Reichsinnenministers, der DFV sei nun dank des öffentlich-rechtlich konstituierten Deutschen Feuerwehr-Beirats überflüssig geworden, sondern die Auffassung, mit einer vereinsmäßig organisierten Dachorganisation sei die Umstrukturierung der Feuerwehren zu Instrumenten des Luftschutzes undurchführbar. Ministerialdirigent Bracht formulierte es anläßlich der letzten DFV-Tagung in aller Offenheit:

„An gemeinsamer Arbeit wird es im Feuerlöschwesen in Zukunft nicht fehlen, zu welcher Freiwillige und Berufs-Feuerwehren Seite an Seite stehen müssen. Gilt es doch (...) im Kriegsfalle die Wunden zu heilen, die durch Luftangriffe geschlagen werden könnten. Gerade diese neue Aufgabe des Luftschutzes, dessen Kerntruppe die Feuerwehr sein wird, verlangt eine straffere Zusammenfassung aller Kräfte und engste Zusammenarbeit mit der Polizei als Trägerin des Volksabwehrkampfes. Wenn der Reichsinnenminister seinerzeit den Wunsch auf Auflösung des Deutschen Feuerwehrverbandes geäußert hat, (...) so geschah dies nicht etwa in Verkennung der Leistungen und Verdienste, auf die der Deutsche Feuerwehrverband mit Recht stolz ist, sondern lediglich aus der Notwendigkeit heraus, eine straffere einheitliche Führung des gesamten deutschen Feuerwehrwesens sicherzustellen."[15]

14 Wie Anm. 9, S. 90.
15 Wie Anm. 9, S. 89.

3.2.3
Der Reichsverein Deutscher Feuerwehringenieure

Der RDF übte sich in der Zeit der nationalsozialistischen Machtübernahme in zurückhaltendem Auftreten: Fand sich zunächst kein Nachfolger für den weiteramtierenden Vorsitzenden Georg Floeter, so fürchtete man nach dem 30. Januar 1933, ein Führungswechsel könnte den neuen Machthabern einen Anlaß bieten, den RDF - wie andere Verbände auch - kurzerhand aufzulösen. Die zahlreichen personellen Umbesetzungen in den Berufsfeuerwehren, die das Gesetz über die Wiederherstellung des Berufsbeamtentums vom 7. April 1933 nach sich zog, sowie die ersten Ansätze der einsetzenden Gleichschaltungspolitik verstärkten noch das Gefühl der Unsicherheit, so daß es 1933 auch nicht zur üblichen Jahrestagung kam.[1]

Da die freigewordenen Stellen wieder mit neu herangebildeten Diplomingenieuren besetzt und die Gehaltskürzungen rückgängig gemacht wurden, zudem auch Hoffnungen aufkamen, die neue Regierung werde sich der teilweise desolaten Ausrüstung der Feuerwehren engagierter als ihre Vorgängerinnen annehmen, wich die anfangs noch bestehende Zurückhaltung gegenüber den Nationalsozialisten einer deutlichen Parteinahme. Im April 1933 erschien im Feuerschutz der folgende Aufruf:

> „An unsere Mitglieder!
> Die im R.D.F. zusammengeschlossenen deutschen Feuerwehringenieure begrüßen einmütig und aus vollem Herzen die nationale Erhebung. Disziplin und Pflichttreue, Opfermut und Hingabe an das Vaterland sind die Grundsätze, nach denen wir bisher unser Amt wahrnahmen und unsere Berufspflichten erfüllten. So wollen wir weiter arbeiten. Wir versichern dem Herrn Reichskanzler und der Reichsregierung treueste Gefolgschaft und aufbauwillige Mitarbeit zum Wohle des Ganzen. Heil unserem deutschen Vaterlande und seinem Führer!“[2]

Die technisch-wissenschaftliche Ausrichtung des Vereins und die in ihm gebündelte Sachkompetenz seiner Mitglieder, auf welche die Regierungsstellen auch künftig nicht verzichten wollten, ersparten dem RDF letztlich die Auflösung. Allerdings setzte Floeter auf der nach Berlin einberufenen Jahressitzung 1934 eine nach dem Führerprinzip ausgerichtete Satzung durch; die damals üblichen Regelungen hinsichtlich der arischen Abstammung und politischen Zuverlässigkeit von neuen und bisherigen Mitgliedern wurden in die Satzung aufgenommen. Neuer Vorsitzender - jetzt „RDF-Füh-

1 Vgl. Herterich/Hornung 1970, S. 49; Strumpf 1983, S. 18.
2 Zit. nach Strumpf 1983, S. 17.

RDF-Tagung in Dresden, 1935.

rer" genannt - wurde am 16. März 1934 der Oberbranddirektor von Berlin und Vorsitzende des P.F.B., Gustav Wagner.[3] Man blieb der Tradition treu, den jeweiligen Feuerwehrchef der Reichshauptstadt zum Vorsitzenden des RDF zu berufen; dies ist als Indiz dafür zu werten, daß diese größte und älteste Berufsfeuerwehr Deutschlands noch immer als inoffizielle ,Feuerwehrhochschule' in hohem Ansehen stand. So wurden noch im gleichen Jahr die ersten Erprobungen von neuen, nach Normen des RLM gebauten Löschfahrzeugen dort begonnen.[4]

Die technische und fachwissenschaftliche Arbeit des RDF nahm in der Folgezeit rapide zu, und die ins RLM verlegte Feuerwehrtechnische Normenstelle erhielt für ihre Normen durch eine staatliche Verbindlichkeitserklärung eine hohe Gewichtung. Besondere Aufmerksamkeit schenkte man dem Luftschaum-Verfahren, das bei Bränden in großen Tanklagern angewendet werden sollte, und der Erprobung von Dieselfahrzeugen im Feuerlöschdienst; beide Neuerungen besaßen kriegswirtschaftliche Bedeutung. Seit 1932 wurde auch auf den jährlichen Mitgliederversammlungen zu diesen beiden Themen und zum Luftschutz an sich referiert. Auf der Jahrestagung 1937 in Darmstadt befaßten sich von sieben gehaltenen Vorträgen drei direkt mit Themen des Luftschutzes, wobei der Inspekteur des zivilen Luft-

3 Vgl. Herterich/Hornung 1970, S. 50.
4 Vgl. Oswald/Gihl 1986, S. 68.

schutzes im RLM, Dr. Kurt Knipfer, ein weiterer Referent aus dem RLM sowie ein Major der Schutzpolizei sprachen.[5]

Schon 1936 wurde ein weiteres Mal die Satzung geändert; nunmehr war der RDF dem Reichsbund technisch-wissenschaftlicher Arbeit angegliedert. Als dieser im April 1937 im NS-Bund Deutsche Technik (NSBDT) aufging, unterstand der RDF mittelbar dem Hauptamt für Technik in der Reichsleitung der NSDAP, das Dr. Fritz Todt führte. Jetzt hatte die Partei das letzte Wort bei der Besetzung jedes Vorstandspostens. Aber die Gefahr der Auflösung war endgültig gebannt: Das Reichsfeuerlöschgesetz vom 23. November 1938 verfügte lediglich, daß die Verbände und Vereine der Freiwilligen Feuerwehren liquidiert werden sollten (§ 6 Abs. 1). Somit war der RDF die einzige privatrechtlich verfaßte Organisation von Feuerwehrangehörigen, die bis 1945 Bestand hatte.

Mit Runderlaß des Reichsministers des Innern vom 7. Dezember 1939 wurden dem RDF diejenigen Aufgaben - zunächst kommissarisch - übertragen, die bis dahin der (Preußische) Feuerwehrbeirat (vgl. Dokument I, §§ 11 und 12) wahrgenommen hatte.[6] Innerhalb dieser neu gegründeten Technischen Abteilung wurden für verschiedene technische oder taktische Sachgebiete insgesamt sieben Ausschüsse gebildet, die neben dem Erstellen von Gutachten vor allem Typ- und gegebenenfalls Einzelprüfungen durchzuführen hatten. Allerdings standen der RDF und seine Technische Abteilung bereits im Schatten der entsprechenden Stellen in der Reichsanstalt der Luftwaffe für Luftschutz und des Amtes Feuerschutzpolizei im Kommando-Amt der Ordnungspolizei. Ihre Nische fand die Technische Abteilung in der Erforschung sehr anspruchsvoller, bisweilen aber auch angesichts des Krieges sekundär wirkender Problemstellungen.[7]

Nach Kriegsbeginn fanden keine Mitgliederversammlungen mehr statt. Allerdings erschien die Verbandszeitschrift Feuerschutz noch als Notausgabe bis zum März 1943. Außerdem gab der RDF noch 1943 eine überarbeitete Bibliographie „Feuerwehrtechnisches Schrifttum" [8] und 1944 die letzte Ausgabe des „Taschenbuchs für Deutsche Feuerwehringenieure" heraus. Zu einer Neugründung nach Kriegsende kam es nicht.

---

5 Themenaufstellung der anläßlich der RDF-Tagungen gehaltenen Vorträge in Strumpf 1983, S. 30-31.

6 Runderlaß des Reichs- und Preußischen Ministers des Innern vom 7. Dezember 1939, PolO-VuR II 222/39. In: RMBliV. 1939, Nr. 50, S. 2460.

7 Man befaßte sich u.a. mit
- Typenbeschränkungen und Bedienungsanweisungen für Bildwerfer,
- Lüftungsanlagen für Ställe,
- Richtlinien für den Frostschutz und für das Auftauen von Wasserleitungen,
- Reibungsverlusten in gummierten und ungummierten Schläuchen.

8 Vgl. Hampe 1963, S. 367.

3.2.4 Der Preußische Feuerwehr-Beirat

Das Preussische Gesetz über das Feuerlöschwesen vom 15. Dezember 1933 brachte einen ersten großen Eingriff des Staates in Struktur und Aufgabenstellung der Feuerwehrverbände mit sich: In Abschnitt II des Gesetzes (vgl. Dokument I) wurden die preußischen Feuerwehren in Kreisfeuerwehrverbänden, Provinzialfeuerwehrverbänden und einen Feuerwehrbeirat organisiert. Für jeden dieser zu Körperschaften öffentlichen Rechts erklärten Zusammenschlüsse wurden die jeweiligen Aufgaben gesetzlich festgeschrieben; so sollten die Provinzialfeuerwehrverbände vornehmlich für „die Einrichtung und Unterhaltung einer Provinzialfeuerwehrschule" aufkommen (§ 10). An die Stelle des bisherigen Dachverbands, des 1934 aufgelösten Preussischen Feuerwehrverbands, trat nunmehr der Preussische Feuerwehrbeirat (P.F.B.).[1]

Die seit seiner Gründung angestrebte behördliche Stellung erlangte der P.F.B. durch die §§ 11 und 12 des Preußischen Feuerlöschgesetzes sowie durch die ihm folgende „Mustersatzung für den Feuerwehrbeirat", die der Reichs- und Preußische Innenminister am 15. März 1934 erließ.[2] Allerdings war der Beirat kaum noch wiederzuerkennen: Der Vereinsstatus entfiel; nunmehr war der P.F.B. eine Körperschaft des öffentlichen Rechts. Der Präsident und der als Vorstand fungierende „engere Beirat" wurden vom Preußischen Innenminister ernannt und abberufen, ebenso die übrigen Mitglieder mit Ausnahme der Provinzial-Feuerwehrverbände, die Vertreter nach eigenem Ermessen entsenden konnten. Des weiteren forderte das Gesetz die Berufung von Vertretern der Brandversicherungsanstalten und der Kommunen; allerdings schweigt sich die Mustersatzung zu diesem Punkt aus.

Der Zweck des P.F.B. wurde in § 12 wie folgt festgeschrieben:

> „1. die Förderung des Feuerlöschwesens durch Pflege des einschlägigen Schrifttums und der Sammlung von Erfahrungen der außerpreußischen Feuerwehren;
> 2. die Prüfung und Begutachtung von Feuerlöschgeräten;
> 3. die Beratung des Ministers des Innern in allen Angelegenheiten des Feuerlöschwesens und der Feuerverhütung;
> 4. die Unterstützung der Provinzialfeuerwehrverbände bei den diesen obliegenden Aufgaben."

Durch den P.F.B. gegebene Richtlinien durften nicht zu Anordnungen der Aufsichtsbehörden im Widerspruch stehen.

1 Vgl. Reppert/Goldbach 1940, S. 3 ff.

2 Runderlaß „Mustersatzung für den Feuerwehrbeirat" des Preußischen Ministeriums des Innern vom 15.03.1934 - II D 2044, Ministerialblatt innere Verwaltung, S. 475. In: FVZ 1934, S. 153-154.

Insofern waren auch dem halbamtlichen Beirat enge Grenzen bei der Einflußnahme gesetzt worden.

Gegliedert wurde der P.F.B. in je einen ständigen Ausschuß für die Belange der Freiwilligen Feuerwehren und der Berufsfeuerwehren; aus ersterem ging später das Preussische Landesamt für Freiwillige Feuerwehren hervor, aus letzterem das Preussische Landesamt für Berufsfeuerwehren. Ab 1934 bestand auch ein „Angleichungsamt", das die Vorstellungen des Reichs- und Preußischen Ministeriums des Innern hinsichtlich der Vereinheitlichung der außerpreußischen Feuerwehren vor Erscheinen des Reichsfeuerlöschgesetzes (vgl. 3.1.2) den Vorständen der „dem Amt für Freiwillige Feuerwehren angeschlossenen" außerpreußischen Feuerwehrverbände darlegen sollte.[3]

Ähnlich dem RDF betätigte sich der Feuerwehrbeirat auch auf technisch-wissenschaftlichem Gebiet (Prüfung und Begutachtung von Löschgeräten); den Vorsitz des dafür gebildeten Technischen Ausschusses übernahm der Oberbranddirektor von Berlin und RDF-Vorsitzende Gustav Wagner.

Anläßlich einer Tagung im Rheingau (4. und 5. August 1934) kam es zu einer Zusammenkunft der seinerzeit wichtigsten Männer im Feuerlöschwesen; darunter waren der „Reichsführer F.F." und Vorsitzende des DFV, Landesbranddirektor Adolf Ecker, der Leiter des Landesamtes für Freiwillige Feuerwehren und gleichzeitige „Führer" des Preußischen Landesfeuerwehrverbandes, Dr. Müller, sowie Dr. Kerstiens, der geistige Vater des preußischen Feuerlöschgesetzes. Sehr wahrscheinlich wurde der Bayer Ecker hier eingehend mit den Plänen des Reichs- und Preußischen Ministeriums des Innern konfrontiert, das deutsche Feuerlöschwesen in naher Zukunft nach preußischem Vorbild umzugestalten.[4]

Inzwischen hatte sich das preußische Innenministerium Handhabe verschafft, den amtlichen Verkehr und das Finanzgebaren der Feuerwehren, insbesondere ihrer Verbände, zu kontrollieren: So mußten sämtliche Schriftwechsel mit Reichs- und Landesressorts über das Innenministerium abgewickelt werden,[5] und der Innenminister übte ab Mai 1935 die direkte Finanzaufsicht über die Provinzial-Feuerwehrverbände und den P.F.B. aus.[6]

Als der Reichs- und Preußische Minister des Innern in seinem Schreiben vom 8. Mai 1936 dem Deutschen Feuerwehr-Verband die Auflösung nahelegte (vgl. 3.2.2), bestimmten die Nationalsozialisten den P.F.B. zu einer Sammelstelle für die nunmehr funktionslosen Feuerwehrführer des Reiches. Der P.F.B. wurde zum

3 Formulierung nach: AfFF-Jahresbericht 1936, S. 20; vgl. ferner Reppert/Goldbach 1940, S. 12 f.

4 Vgl. FVZ 1934, S. 406 und 425.

5 Verfügung des Preußischen Ministeriums des Innern vom 16.03.1934 an alle Polizeibehörden und die Feuerwehrverbände - II D 2155, MBliV., S. 477. In: FVZ 1934, S. 154.

6 Vgl Runderlaß des Reichs- und Preußischen Ministers des Innern vom 20.05.1935 - III D 6194, MBliV., S. 696. In: FVZ 1935, S. 308.

Deutschen Feuerwehrbeirat erweitert und traf sich am 15. und 16. Mai 1936 in folgender Zusammensetzung in Breslau und Waldenburg:[7] Neben den Vertretern der Provinzial-Feuerwehrverbände traten nun ein Vertreter des Ministeriums des Innern (Dr. Kerstiens) sowie neue Mitglieder, deren Benennung sich der Reichs- und Preußische Minister des Innern vorbehielt, hinzu. Unter diesen außerordentlichen Mitgliedern befanden sich auch mehrere nichtpreußische Feuerwehrführer, darunter der bisherige Vorsitzende des liquidierten DFV, Ecker. Die öffentlichen und privaten Feuerversicherungsanstalten sowie die Gewerkschaften waren dagegen nicht mehr im Feuerwehrbeirat vertreten. Den Vorsitz behielt vermutlich weiterhin Oberbranddirektor Wagner.[8]

Der Wert des Feuerwehrbeirats als vermeintlicher Ersatz für den DFV war tatsächlich so fragwürdig, wie Ecker ihn anläßlich der Auflösung seines Verbands vorausgesagt hatte (vgl. 3.2.2). Überlegungen zur künftigen Ausgestaltung des Feuerlöschwesens stellte man längst anderenorts an. Hans Rumpf, seinerzeit Mitglied, urteilt rückblickend: „Der Feuerwehrbeirat, immer mehr wasserkopfartig ausgeweitet, erwies sich zunehmend als unproduktiv und arbeitsunfähig. Aus diesem Gremium, bestehend aus lauter Ratgebern ohne Verantwortung, ist kein entscheidender Gedanke entsprungen."[9]

Nach der Zentralisierung der deutschen Polizei unter Heinrich Himmler nahm um die Jahreswende 1936/37 auch die Politik des Innenressorts gegenüber den Feuerwehren eine andere Richtung. Hiervon blieb der Feuerwehrbeirat nicht unberührt: Da die bisherigen Versuche, eine Vereinheitlichung des deutschen Feuerlöschwesens herbeizuführen, nicht den gewünschten Erfolg gezeigt hatten, wurde das Angleichungsamt wieder aufgelöst.[10] Als schließlich auch die beiden Ämter für Freiwillige Feuerwehren und Berufsfeuerwehren vom Feuerwehrbeirat abgetrennt und 1937 dem neugeschaffenen Hauptamt Ordnungspolizei unterstellt bzw. angegliedert wurden, war der Feuerwehrbeirat bald nur noch ein Schatten seiner selbst.

Das Ende für den Feuerwehrbeirat kam nach Erscheinen des Reichsfeuerlöschgesetzes durch Runderlaß des Reichsministers des Innern vom 7. Dezember 1939.[11] Der Technische Ausschuss wurde unter Vorsitz Wagners in die Technische Abteilung des RDF überführt.[12]

---

7 Vgl. Feuerwehrbeirat 1936, passim; nach Herterich/Hornung 1970, S. 50, sei der P.F.B. am 03.04.1934 aufgelöst worden und am 11.05.1934 als „Feuerwehrbeirat in Preußen" im Sinne des Preußischen Feuerlöschgesetzes wiedererstanden.

8 Der neue Vorsitzende geht aus der in Feuerwehrbeirat 1936 enthaltenen Mitglieder- bzw. Teilnehmerliste nicht hervor.

9 Rumpf 1952, S. 17.

10 Vgl. Reppert/Goldbach 1940, S. 13.

11 Herterich/Hornung 1970, S. 50, nehmen als Zeitpunkt der Auflösung Oktober 1939 an.

12 Nach Reppert/Goldbach 1940, S. 19, habe der Plan bestanden, den Technischen Ausschuß in eine geplante Technische Polizeiakademie zu überführen.

3.3 Der zivile Luftschutz als Teil der Kriegsvorbereitungen des „Dritten Reiches“

Die Fahrzeuge der BF Dresden auf der Ausstellung „Der Rote Hahn“, 1935.

Eine erste Bestandsaufnahme der Veränderungen im öffentlichen Brandschutz konnte anläßlich der großangelegten Ausstellung „Der Rote Hahn“ 1935 in Dresden erfolgen. Zeitgleiche Tagungen von RDF und CTIF in der sächsischen Metropole unterstrichen den Rang der Veranstaltung.[1] In diesem prächtigen Rahmen präsentierte der Gastgeber, der Dresdner Branddirektor August Ortloph, stolz seine neuesten, auf einheitlichen Mercedes-Benz-Fahrgestellen aufgebauten neun Löschfahrzeuge, sechs Drehleitern und drei Schlauchwagen. Angetrieben von für ihre Zeit mit 150 PS unerhört leistungsstarken Maybach-12-Zylinder-Vergasermotoren, beeindruckten die Dresdner Fahrzeuge hinsichtlich ihrer modernen, formschönen Konzeption und ihrer technischen Raffinesse die Ausstellungsbesucher. Gleichzeitig ging mit ihnen aber auch das Zeitalter der maßgeschneiderten Fahrzeuge langsam seinem Ende entgegen.[2]

1 Vgl. Herterich/Hornung 1970, S. 49 f.

2 Vgl. Ewald, S. 226; Oswald/Gihl 1986, S. 39; Strumpf 1987, S. 112 f., behauptet irrtümlich, die Dresdner Fahrzeuge hätten Dieselmotoren gehabt, und schließt daran die schon mindestens fünf Jahre früher geführte Diskussion um den Wert geschlossener Mannschaftsabteile an.

Die neue Zeit und das, was von ihr in nächster Zukunft zu erwarten war, repräsentierte ein weitaus weniger spektakuläres Ereignis am Rande der Ausstellung: Ausgerüstet mit einfachstem, auf einem einachsigen Handkarren verladenen Löschgerät führte ein mit Overalls, Helmen und Gasmasken angetaner Trupp die Bekämpfung von Entstehungsbränden vor. Die Besonderheit dabei: Der Trupp bestand ausnahmslos aus Frauen, und die Aufgabe, für die sie mit ihrem Auftritt warben, war der Einsatz in Luftschutz-Blockfeuerwehren.[3]

Seit der nationalsozialistischen Machtübernahme erfuhr der Luftschutzgedanke einen enormen Auftrieb. Obgleich die Nationalsozialisten dem Luftschutz vor 1933 praktisch keine Aufmerksamkeit gewidmet hatten,[4] änderte sich dies schlagartig, als deren Minister die Amtsgeschäfte aufnahmen und die ersten Kriegsvorbereitungen anliefen.

Am 2. Februar 1933, nur vier Tage nach Hitlers Ernennung zum Reichskanzler, wurde das Reichskommissariat für Luftfahrt gegründet, aus dem noch im gleichen Jahr das Reichsluftfahrtministerium (RLM) hervorging. Unter dem ehemaligen Jagdflieger und preußischen Innenminister (später Ministerpräsidenten) Hermann Göring wurde nun die Zuständigkeit für alle Bereiche der Luftfahrt in diesem neuen Ministerium vereinigt: Neben dem anfangs noch insgeheim vorangetriebenen Aufbau einer Luftwaffe wurde dem RLM auch die Verantwortlichkeit für den zivilen Luftschutz übertragen.[5] Die Gründe dieser abermaligen Umressortierung können in einer aus rüstungswirtschaftlich-logistischen Erwägungen gewünschten Nähe zum Wehrmachtsapparat gesehen werden.[6] Sehr wahrscheinlich mißtrauten die neuen Machthaber aber auch der konservativen Beamtenschaft des RMdI, die in den zurückliegenden Jahren so wenig Interesse am Luftschutz gezeigt hatte (vgl. 2.3 u. 2.3.1), daß man ihr nicht länger die Federführung überlassen mochte. Da man aber auf die dem Innenressort zugehörigen Polizeikräfte und die Hilfsdienste für den SHD nicht verzichten konnte, nahm hier der zentralistische Dualismus beider Ministerien in Luftschutzangelegenheiten seinen Anfang.

---

3 Vgl. Weibliche Blockfeuerwehr. In: FVZ 1935, S. 523.

4 Vgl. Rumpf 1952, S. 16.

5 Nach Hampe 1963, S. 17, durch Verordnung des Reichskommissars für die Luftfahrt vom 02.02.1933 (Reichsgesetzblatt Teil I, Jg. 1933, S. 35).

6 Vgl. Hampe 1963, S. 49.

3.3.1 Organisation des zivilen Luftschutzes durch das Reichsluftfahrtministerium

Der Inspekteur des zivilen Luftschutzes, Dr. Kurt Knipfer, (Mitte) im Gespräch mit dem RLB-Präsidenten v. Schröder (links) und dem RLB-Vizepräsidenten Waldschmidt (rechts), 1939.

Im REICHSKOMMISSARIAT FÜR LUFTFAHRT wurden fünf Abteilungen geschaffen, wovon eine für den zivilen Luftschutz vorgesehen war und unter der Leitung von Ministerialrat Dr.-Ing. e.h. Kurt Knipfer stand.[1] Nach der Überleitung in das RLM wurde der bodengebundene zivile und militärische Luftschutz in einer INSPEKTION DER FLAKARTILLERIE UND DES LUFTSCHUTZES zusammengefaßt. Daraus ergab sich, daß zunächst ein größerer Teil der leitenden Stellen im Luftschutz mit Offizieren der Flakartillerie besetzt wurde. Bald erwies sich diese Zusammenlegung als unzweckmäßig, woraufhin für die Angelegenheiten des zivilen Luftschutzes die LUFTWAFFENINSPEKTION 13 (L IN 13) eingerichtet wurde. Mit der Leitung betraute man abermals Knipfer, wodurch die L IN 13 zur einzigen von einem Zivilisten geführten Luftwaffeninspektion wurde. Bildlich gesprochen wurde die L IN 13 zu Gehirn und Herz des

1 Vgl. Heinz Orlovius: Das neue Reichskommissariat für die Luftfahrt und seine Aufgaben. In: DR 1933, S. 125-126.

im Aufbau befindlichen zivilen Luftschutzes: Organisation, Verwaltung, Rechtsangelegenheiten, Richtlinien- und Vorschriftenwesen, technisches Normen- und Erprobungswesen sowie die Beschaffung von Geldmitteln und kontingentierten (weil rüstungswichtigen) Rohstoffen gehörten in ihren Aufgabenbereich.[2]

Für die Regelung des weiteren Aufbaus und der regionalen Organisation des zivilen Luftschutzes wurde die 1931 geschaffene Vorläufige Ortsanweisung (vgl. 2.3.1) in ständig aktualisierter Form weitergeführt.[3] Beauftragt mit der Ausarbeitung war zunächst das dem preußischen Innenministerium unterstellte Polizeiinstitut für Technik und Verkehr, das daraufhin kurzzeitig als Luftschutz- und Luftpolizeischule firmierte. Nach der Umressortierung des Luftschutz-Richt-linienwesens bestand das Institut im RLM als Reichsanstalt der Luftwaffe für Luftschutz fort. Die Reichsanstalt entwickelte sich zu einer zentralen Forschungs-, Prüf- und Lehreinrichtung mit Akademiecharakter und unterstützte die Arbeit der L IN 13.[4]

Da die Mittel für den zivilen Luftschutz auch im „Dritten Reich" begrenzt blieben, mußten Prioritäten gesetzt werden. Hierfür wurden die Gemeinden im Reichsgebiet in drei Kategorien eingeteilt. Während überall Kräfte für den Selbstschutz, Erweiterten Selbstschutz und Werkluftschutz aufgestellt werden mußten, lagen die Unterschiede zwischen den Kategorien bei den Führungsstrukturen und der materiellen und personellen Stärke der SHD-Einheiten:

94 Großstädte mit vorwiegend kriegswichtigen Industrien wurden zu Luftschutzorten I. Ordnung erklärt. Geführt von einem örtlichen Luftschutzleiter (z.B. dem Polizeipräsidenten) wurden die SHD-Kräfte zusätzlich mit vom RLM gestellten Material (Einsatzfahrzeuge, Fachdienstausstattungen, Bekleidung usw.) versehen und im Kriegsfall durch notdienstverpflichtetes Personal verstärkt.

Im Unterschied zu den Luftschutzorten I. Ordnung sollten in den 201 Luftschutzorten II. Ordnung lediglich die friedensmäßigen Hilfspotentiale unter einem Luftschutzleiter zusammengefaßt werden; eine Zusatzausstattung war nicht vorgesehen. Den Mittelinstanzen der Inneren Verwaltung (z.B. Regierungspräsidien) überließ man in diesen Gemeinden die Entscheidung, ob Ergänzungskräfte für den SHD herangezogen werden sollten.

Alle übrigen Gemeinden - vorwiegend ländliche Gebiete, deren Gefährdung durch Bombenangriffe als gering eingestuft wurde - wurden zu Luftschutzorten III. Ordnung erklärt. Hier verzichtete man auch auf eine spezielle Führungsstruktur für den Luftschutz und beließ es bei den Gliederungen des friedensmäßigen Katastrophenschutzes.[5]

---

2 Vgl. Hampe 1963, S. 50 ff.
3 Vgl. Hampe 1963, S. 57 f.
4 Vgl. Hampe 1963, S. 52 ff.
5 Vgl. Hampe 1963, S. 52; Jarausch/Haase 1991, S. 113 f.; ferner Paul Kalaß: Die Feuerwehr im Luftschutz. In: FVZ 1935, S. 405-407, hier S. 405.

Ausgehend von den Vorarbeiten aus der Zeit der Weimarer Republik ging man im RLM daran, das für den Luftschutz entwickelte dreistufige Gefahrenabwehrkonzept für Luftschutzorte I. Ordnung in die Tat umzusetzen: Zunächst sollte der für jede Hausgemeinschaft aufzustellende Selbstschutz - Hausluftschutzwarte, Hausfeuerwehr und Laienhelfer - zum Einsatz kommen; ihm wurde die Bekämpfung von Entstehungsbränden, die Evakuierung der Hausbewohner und die Erstversorgung von Verletzten übertragen. Sinngemäß sollten die Kräfte des Erweiterten Selbstschutzes (z.B. in Geschäften und Kaufhäusern, bestimmten Behörden und kleineren Betrieben) tätig werden. Waren die Selbstschutzkräfte nicht imstande, die Gefahrensituation aus eigener Kraft in den Griff zu bekommen, sollten zu ihrer Verstärkung FEUERWEHR- UND BERGUNGSTRUPPS (kurz: F.- u. B.-Trupps) anrücken. Einer dieser F.- u. B.-Trupps sollte bei jedem Polizeirevier (= Luftschutzrevier) stationiert werden. Erst wenn Selbstschutz und F.- u. B.-Trupps gemeinsam nicht ausreichten, sollten SHD-Einheiten (z.B. ein Löschzug) hinzugezogen werden, die dezentralisiert über das Gebiet des Luftschutzortes verteilt vorgehalten werden sollten.[6]

Während der SHD schon von mehreren Hilfsdiensten getragen wurde und der Werkluftschutz in der Verantwortung der REICHSGRUPPE INDUSTRIE (vormals REICHSVERBAND DER DEUTSCHEN INDUSTRIE) lag, mußte für Aufbau und Schulung des Selbstschutzes eine völlig neue und flächendeckende Organisation geschaffen werden, zumal hierfür die bisherigen privaten Luftschutzvereine aufgrund ihrer begrenzten Größe und Ausdehnung nicht in Betracht kommen konnten. So wurde am 29. April 1933 unter der Präsidentschaft des bisherigen Vorsitzenden des FLAKVEREINS, General der Flakartillerie a.D. Hugo Grimme, der REICHSLUFTSCHUTZBUND (RLB) gegründet, der zwar zunächst ebenfalls als Verein verfaßt, aber streng hierarchisch nach dem Führerprinzip aufgebaut war. Anders als seine Vorläufer stand der RLB von Anfang an unter strikter Kontrolle des RLM. Nach der Gründung wurden vordringlich Ortsgruppen in Luftschutzorten I. Ordnung gebildet. Anschließend war man bemüht, den RLB so rasch wie möglich in vergleichbar flächendeckender und verästelter Form wie die NSDAP auszubauen.[7] Hierbei lehnte man sich an die Gebietseinteilungen von Polizei (Revier, Ort, Kreis) und Militär (Wehrkreis) an. In relativ kurzer Zeit verfügte der RLB über eine beachtliche Menge an Amtsträgern, Dienststellen und Ausbildungsstätten (Luftschutzschulen).[8] Bereits bestehende, von Feuerwehren und Hilfsorganisationen aufgebaute Luftschutzschulen wurden alsbald den jeweiligen RLB-Gliederungen vor Ort unterstellt.[9]

---

6 Zur taktischen Abfolge der Löscheinsätze Kalaß (wie Anm. 5), S. 405 f.
7 Kattner: Was der Reichsluftschutzbund will. Ein Gespräch mit seinem Vizepräsidenten. In: DR 1933, S. 247-248.
8 Nähere Angaben zum organisatorischen Aufbau des RLB nach Hampe 1963, S. 439 ff.
9 Wie Anm. 7, S. 247.

Mit einer Flut von Druckschriften und Plakaten warb der RLB für ein Engagement im zivilen Luftschutz. Hier ein (unfreiwillig komisches) Beispiel mit einem gestrengen Hermann Göring, um 1935.

Da sich sein scheinbar unpolitisch-sachbezogenes Auftreten von der vereinnahmenden Aufdringlichkeit vieler NS-Organisationen absetzte, sammelten sich im RLB nicht allein überzeugte Luftschutzbefürworter, sondern auch solche Bürger, die sich von einer Mitgliedschaft Ruhe vor weiteren Werbungsversuchen der Partei und ihrer Gliederungen versprachen. Hierfür mag auch der günstige jährliche Mitgliedsbeitrag von RM 1,- einen Anreiz geboten haben. So wuchs der RLB - wie es seine Initiatoren geplant hatten - zu einer der größten Massenorganisationen des Dritten Reiches heran: Wurden 1934 2,5 Millionen Mitglieder gezählt, so waren es 1938 bereits 12,6 Millionen und schließlich während des Krieges über 20 Millionen.[10] Das breitenwirksam im Stil einer Illustrierten aufgemachte RLB-Organ Die Sirene erschien alle zwei Wochen zum Preis von RM -,20 und wurde in mehreren hunderttausend Exemplaren vertrieben. Darüber hinaus bediente sich der RLB auch anderer Propagandamittel (Plakate, Filme, Rundfunksendungen, Zeitungsartikel, Ausstellungen, Schauvorführungen, Vorträge), um für den Luftschutzgedanken zu werben.

Ein weiterer wesentlicher Teil der Arbeit war die praktische Selbstschutzausbildung: Nach Angaben des RLB-Präsidenten Grimme seien bis 1935 bereits 2,5 Millionen Hausluftschutzwarte ausgebildet worden, wobei er den überaus hohen Frauenanteil - 90 % - hervorhob; hinzu kämen noch 1 Million Hausfeuerwehrhelferinnen.[11] Zur Bedeutung von Frauen im Selbstschutz erklärte der RLB-Vizepräsident Major a.D. Waldschmidt in einem Interview:

> „Gerade die Frau hat im Luftschutz ihre besonderen Aufgaben, weniger deshalb, weil ein großer Teil der Männer beim Aufruf des Luftschutzes an anderen Stellen tätig sein wird, sondern vielmehr deshalb, weil das Haus und der Haushalt ihren ureigensten Wirkungsbereich bilden. Die Frau (...) muß der Gefahr mit Umsicht und Überlegung begegnen können. Das

10 Zahlen nach Hampe 1963, S. 442.
11 Vgl. 2 1/2 Millionen Luftschutzwarte. In: FVZ 1936, S. 100.

ist nur möglich, wenn sie gelernt hat, sich bei und nach Luftangriffen richtig zu verhalten."[12]

Für die Durchführung solcher Schulungsprogramme bedurfte der RLB aber dringend der Mitwirkung von Fachleuten aus Feuerwehren und Hilfsorganisationen,[13] denn nicht überall lagen die Verhältnisse so einfach wie in Braunschweig, wo der stellvertretende Branddirektor der Berufsfeuerwehr gleichzeitig RLB-Bezirksgruppenführer war.[14] Flankiert wurde die Suche des RLB nach geeigneten Ausbildern und Vortragenden durch einen am 25. Mai 1935 erschienenen Runderlaß des Reichs- und Preußischen Ministers des Innern, der die Feuerwehrleute zur Kooperation mahnte.[15] Eilfertig begrüßte der DFV-Vorsitzende Ecker die den Feuerwehren zugedachten Schulungs- und Beratungsaufgaben für den Selbstschutz:

> „Der Feuerwehrmann könnte ein dauernder Berater jedes Hauses sein. Ich kann mir vorstellen, daß die 30.000 F.(reiwilligen) F.(euerwehren) mit nahezu zwei Millionen Feuerwehrmännern sehr gute Berater auf dem Weg der Feuerverhütung sein können, ja sein müssen."[16]

Nachdem die einzelnen Bereiche des zivilen Luftschutzes auf dem Papier geordnet und die Zuständigkeiten verteilt waren, ging das RLM an die Überprüfung seiner Regelungen in der Praxis. Zu diesem Zweck wurden 1933/34 in verschiedenen Regionen des Reiches - Westfalen, Nordseeküste, Schlesien, Mittel- und

---

12 Wie Anm. 7, S. 248.

13 Vgl. Engelsing 1990, S. 137; hierzu Kalaß (wie Anm. 5), S. 407: „Hier gilt es für die öffentlichen Feuerwehren, bei dem Aufbau dieses Abwehrgebäudes (des Selbstschutzes, A. L.) mitzuhelfen dadurch, daß sie im Einvernehmen mit den örtlichen Stellen des Reichsluftschutzbundes ihre Erfahrungen in der Brandbekämpfung den Hausfeuerwehren in Lehrgängen und in ständigen praktischen Übungen vermitteln."

14 Nach einer Lehrgangsbescheinigung der zur „Bezirksgruppen-Luftschutzschule" umbenannten Gas- und Luftschutzschule an der Hamburger Straße 273 vom 16.10.1935 war der Bezirksgruppenleiter des RLB Brandinspektor Kundler (Archiv des Braunschweigischen Landesfeuerwehrverbands).

15 Vgl. Runderlaß „Zusammenarbeit zwischen Feuerwehr und Reichsluftschutzbund" des Reichs- und Preußischen Ministers des Innern vom 24.05.1935 - III D 6261. In: FVZ 1935, S. 308. Tatsächlich beteiligten sich ab Dezember 1933 z.B. Berliner Feuerwehrleute in ihrer Freizeit an den vom RLB propagierten Bodenentrümpelungsaktionen, deren Zweck es war, die Feuergefährdung durch die Dachhaut durchschlagende Brandbomben herabzusetzen (vgl. Strumpf 1987, S. 110).

16 Aufgaben der deutschen Feuerwehren. Aus einer Rede des Branddirektors Adolf Ecker-München, Führer der deutschen Feuerwehren, gehalten auf der Maitagung der Deutschen Gesellschaft für Schadenverhütung zu München. In: FVZ 1934, S. 271-272; schon 1931 hatte Brandingenieur Rumpf die Freiwilligen Feuerwehren in der Rolle eines Multiplikators des Luftschutzgedankens in der Bevölkerung gesehen, vgl. P.F.B.-Bericht 1931, S. 50: „Die freiwilligen Wehren rekrutieren sich aus allen Ständen und Schichten, sie sind unpolitischen Charakters. Ist die Kenntnis vom Wesen der Luftgefahr und des Luftschutzes erst in diese wertvollen Kreise getragen, dann breitet sie sich zwangsläufig in der gesamten Bevölkerung weiter aus."

Süddeutschland - großangelegte Luftschutzübungen abgehalten.[17] Beobachter des RLM begleiteten aufmerksam die Arbeit der örtlichen Stäbe und Einsatzkräfte, um Schwachpunkte bei Ausbildung und Ausrüstung, aber auch bei den bestehenden behördlichen Regelungen und Dienstvorschriften aufzudecken. Zusammenfassend wurde in der Zeitschrift Gasschutz und Luftschutz festgestellt, daß sich zwar die allgemeinen Organisationsgrundsätze für den zivilen Luftschutz „nach jeder Richtung hin bewährt" hätten, allerdings „noch keineswegs Allgemeingut des Luftschutzpersonals geworden" seien.[18] Zu den bei den Übungen eingesetzten Brandschutzkräften wurde angemerkt:

> „Fast bei allen Übungen und Planspielen zeigte es sich, daß der Bedarf an Feuerlöscheinrichtungen außerordentlich groß ist. Die vorgesehene Organisation mit ihrer bereits vorgenommenen Verstärkung reicht oft nicht aus, um auch nur den dringendsten Bedürfnissen gerecht zu werden. Die Aufstellung von Feuerlöschhilfszügen ist wegen des meist fehlenden Materials schwierig. Hier wird mehr als bisher davon Gebrauch gemacht werden müssen, aus ländlichen Bezirken brauchbare Feuerlöschgeräte planmäßig beim Aufruf des Luftschutzes in bedrohtere Stadtgebiete hineinzuziehen und die weniger bedrohten Gegenden sich mit Behelfsmaterial abfinden zu lassen."[19]

Die Anforderung „brauchbarer Feuerlöschgeräte" aus dem städtischen Umland mußte allerdings angesichts der zumeist überalterten und wenig mobilen Ausstattung der hierfür in Frage kommenden Feuerwehren auf enge Grenzen stoßen. Letztlich konnten die Fehlbestände in den Fuhrparks, Materiallagern und Kammern der großstädtischen SHD-Kräfte nur durch zusätzliche staatliche Zuweisungen ausgeglichen werden. Dies erkannte man auch im RLM und ließ es in die Überlegungen für den weiteren Aufbau des Luftschutzes einfließen.

Obgleich das preußische Gesetz über das Feuerlöschwesen den Luftschutz in mehreren Abschnitten ausdrücklich herausstellte (vgl. 3.1.1), zeigten sich die Luftschutzlobbyisten von den betreffenden Regelungen noch keineswegs befriedigt. So kommentierte 1934 die Schriftleitung der Zeitschrift Gasschutz und Luftschutz einen Artikel „Die Neuregelung des Feuerlöschwesens in Preußen und der Luftschutz" aus der Feder von Oberregierungsrat Dr.

---

17 Zu den Übungen vgl. Die Luftschutzübungen an der Nordsee. In: DR 1933, S. 221-223; Die nordwestdeutschen Luftschutzübungen im April 1934. Kritische Betrachtung und Auswertung ihrer Ergebnisse. In: GuL 1934, S. 141-147; Heinrich Paetsch: Kritische Betrachtung der Luftschutzübungen an der deutschen Küste im Juni 1934. In: GuL 1934, S. 197-201; Ders.: Die mittel- und süddeutschen Luftschutzübungen im Oktober 1934. Kritische Betrachtung und Auswertung ihrer Ergebnisse. In: GuL 1934, S. 281-289; ferner Strumpf 1987, S. 110.

18 Vgl. Die nordwestdeutschen Luftschutzübungen im April 1934. Kritische Betrachtung und Auswertung ihrer Ergebnisse. In: GuL 1934, S. 141.

19 Wie Anm. 18, S. 143 f.

Kerstiens in einem äußerst kritischen Nachwort:

> „Es scheint zweifelhaft, ob (bei der preußischen Gesetzgebung, A. L.) die Belange des Luftschutzes in jeder Weise berücksichtigt worden sind. (...) Bei der Bedeutung des Feuerlöschwesens für den Luftschutz wäre es somit wohl erwünscht gewesen, daß die Organisation des Luftschutzes auch die Grundlage für die Organisation des Feuerlöschwesens gebildet hätte."[20]

Auch der ehemalige Vorsitzende der DEUTSCHEN LUFTSCHUTZ-LIGA, Heinrich Paetsch, gelangte zu der Feststellung:

> „Ganz allgemein kann gesagt werden, daß die Belange der Feuerwehr erst dann zu einer endgültigen, befriedigenden Regelung im Sinne des Luftschutzes gelangen werden, wenn durch ein Reichs-Feuerlöschgesetz Organisation, Ausbildung und Ausrüstung nach einheitlichen Grundsätzen für das ganze Reichsgebiet geregelt sein werden."[21]

Da man im RLM angesichts der großen rechtlichen Probleme, denen sich das Innenressort bei seinen bisherigen Bestrebungen, das Feuerlöschwesen zu vereinheitlichen, gegenübersah, ging man im RLM an die Vorbereitung eines reichsweit gültigen LUFTSCHUTZGESETZES, das Möglichkeiten für bestimmte Standardisierungsmaßnahmen schon vor Erscheinen des Reichsfeuerlöschgesetzes zuließ. Schritt für Schritt wandelten das am 26. Juni 1935 erschienene Gesetz und die ihm nachfolgenden Durchführungsverordnungen die bisherigen provisorischen Regelungen nach ihrer Überprüfung in verbindliche Verwaltungsnormen um. Mit dem Gesetz war gleichzeitig ein völlig neues, vom Polizei- und Wehrrecht losgelöstes Rechtsgebiet entstanden. In aller Form wurde nun die umfassende Weisungsbefugnis des Reichsministers der Luftfahrt in Angelegenheiten des Luftschutzes für das gesamte Reichsgebiet bestätigt, der sich für die Weiterleitung seiner Anordnungen an die örtlichen Luftschutzleiter der territorialen Dienststellen der Luftwaffe (LUFTGAUKOMMANDOS) und darüberhinaus der Mittelinstanzen der für die Polizei zuständigen Verwaltungen der Länder bedienen konnte. Gleichzeitig wurde das RLM zum Kostenträger für alle zusätzlichen Maßnahmen und Beschaffungen zu Zwecken des öffentlichen („hoheitlichen") Luftschutzes bestimmt.[22] Auf dieser Basis nahm ein bis dahin beispielloser Modernisierungsprozeß bei den Feuerwehren seinen Anfang.

---

20 (Christian) Kerstiens: Die Neuregelung des Feuerlöschwesens in Preußen und der Luftschutz. In: GuL 1934, S. 87-89 (Nachwort der Schriftleitung S. 89).

21 Heinrich Paetsch: Die mittel- und süddeutschen Luftschutzübungen im Oktober 1934. Kritische Betrachtung und Auswertung ihrer Ergebnisse. In: GuL 1934, S. 281-289, hier S. 289 .

22 Zur Rechtslage vor und nach Erscheinen des Luftschutzgesetzes ausführlich Hampe 1963, S. 15-45; ferner Lindner 1988, S. 107-111; Schramm 1983, S. 21-23.

3.3.2
Technische Standardisierung des Feuerlöschwesens unter Luftschutzgesichtspunkten

Da die großen Luftschutzübungen deutliche Schwächen insbesondere im brandschutztechnischen Bereich erkennen ließen, das Erscheinen des Vereinheitlichung verheißenden Reichsfeuerlöschgesetzes aber 1933/34 überhaupt noch nicht absehbar war, mußte man sich im RLM selbst darüber Gedanken machen, wie die Feuerwehren möglichst rasch zu einer tragenden Säule des zivilen Luftschutzes ausgebaut werden konnten. Ein probates Mittel hierfür boten das Luftschutzgesetz vom 26. Juni 1935 und die ihm folgenden Durchführungsverordnungen. Dies hatte zur Folge, daß praktisch nach und nach fast die gesamte Feuerlöschtechnik reichseinheitlich standardisiert wurde, auch wenn die Feuerwehren nominell bis zum Inkrafttreten des Reichsfeuerlöschgesetzes im Frühjahr 1939 eine Angelegenheit der Länder und Kommunen blieben. Unter dem Gesichtspunkt der Kriegstauglichkeit wurden viele technische Probleme, mit denen die Feuerwehren während der Weimarer Republik zu kämpfen hatten, nach Erscheinen des Luftschutzgesetzes auf dem Verordnungswege angegangen:

Durch die Vierte Durchführungsverordnung vom 31. Januar 1938 und die Sechste Durchführungsverordnung vom 13. Februar 1939 zum Luftschutzgesetz wurde die Normung von Luftschutz- bzw. Feuerlöschgeräten verbindlich festgelegt. Sinn dieser Maßnahmen war es,

- durch eine Begrenzung der Typenzahl Ausfälle von Gerät einfacher beheben oder ausgleichen zu können,
- durch Großserienfertigung die Anschaffungspreise und den Verbrauch kriegswichtiger Rohstoffe für Feuerlöschgeräte deutlich zu senken,
- eine auf einheitlichen Richtlinien beruhende brandschutztechnische Ausbildung durchführen zu können,
- den Einsatz von Feuerwehren in großen Verbänden und im Rahmen der auswärtigen Löschhilfe durch genormtes Material effektiver zu gestalten bzw. überhaupt erst zu ermöglichen.[1]

Schon vor Erscheinen dieser Durchführungsverordnungen wurden auf Betreiben des RLM und nach Vorgaben der in dieses Ministerium verlegten Feuerwehrtechnischen Normenstelle (vgl. 3.2) Prototy-

1 Zu den Motiven der Normung Paul Kalaß: Die Feuerwehr im Luftschutz. In: FVZ 1935, S. 405-407, hier S. 406: „Damit die fremden Kräfte im fremden Ort unverzüglich eingesetzt werden können, ist es notwendig, daß die Geräteausrüstung aller Feuerwehren bis in das Kleinste einheitlich gestaltet ist. Eine weitgehende Normung der Kraftspritzen, der Leitern, der Hydranten und Standrohre, der Schläuche, Kupplungen und Strahlrohre und der persönlichen Ausrüstung sowie aller übrigen Geräte ist die Voraussetzung für einen derartigen formationsweisen Einsatz der Feuerwehr."

Frühe Version einer Kraftfahrspritze KS 25, um 1935. In der späteren Großserie wurden die störanfälligen Rolläden am Fahrzeugheck wieder weggelassen.

pen verschiedener Kraftfahrspritzen (KS) und Sonderfahrzeuge gebaut und ab 1934 bei der Berliner Feuerwehr erprobt.[2] Den Anfang machte ein zunächst als KS 1, dann - unter Zugrundelegung seiner Pumpenförderleistung von 1.500 l/min - als KS 15 bezeichnetes Löschfahrzeug. Bei der Konstruktion der KS 15 waren wesentliche Neuerungen der Feuerlöschgerätetechnik einbezogen worden, die noch heute für Löschgruppenfahrzeuge charakteristisch sind:

- Dieselmotor
- rundum geschlossene Kabine für eine Löschgruppe (1 Gruppenführer + 8 Mann)
- geschlossener, separater Geräteaufbau
- geschützt eingebaute Heckpumpe mit leicht zugänglichen Kupplungen für Saug- und Druckschläuche
- Verlastung sperriger Ausrüstung (Schieb-, Steck- und Hakenleitern, Einreißhaken) auf dem Dach
- Schnellangriffseinrichtungen (fertig gekuppelte Schläuche auf Haspeln) auf der rechten und linken Fahrzeugseite
- aufgeprotzte fahrbare Schlauchhaspel am Fahrzeugheck
- eingebauter Wassertank für den Ersteinsatz auf Brandstellen[3]

In dieser Grundkonfiguration folgten der KS 15 weitere Löschfahrzeuge nach. Hervorzuheben ist die größere KS 25 (Pumpenförderleistung 2.500 l/min), die später das Gros der vom RLM für den SHD beschafften Löschfahrzeuge bildete. Ähnlich richtungweisende Konstruktionen wurden für Drehleitern und Schlauchwagen zur Normung vorgesehen.[4]

2 Vgl. Hartung 1987, S. 41; Hampe 1963, S. 64; Oswald/Gihl 1986, S. 68.

3 Vgl. Hans Brunswig: Dieselmotor und Einheitslöschzug. Entwicklung und Einführung genormter Feuerwehr-Fahrzeuge. In: FVZ 1936, S. 596-600 u. S. 623-626.

4 Zu den im RLM-Auftrag entwickelten Fahrzeugtypen vgl. Foedrowitz 1994, S. 20-54, mit zahlreichen Bildbeispielen; Hartung 1987, S. 41 und 52-53 (Übersicht); Oswald/Gihl 1986, S. 68-72.

Für universelle Einsatzzwecke verlangte das RLM nach einer verhältnismäßig leichten, mit einer Förderleistung von 800 l/min aber dennoch leistungsfähigen Tragkraftspritze („Kleinmotorspritze") mit Benzinmotor. Acht Firmen beteiligten sich mit je fünf Konstruktionen an einem Dauerbelastungstest in Travemünde, dessen Siegermodell als Einheitsbauart für den Luftschutz vorgesehen wurde.[5] Diese Tragkraftspritzen bildeten die Hauptausstattung der F.- u. B.-Trupps, aber auch zahlreicher Freiwilliger Feuerwehren.

Eine Tragkraftspritze im Einsatz bei einer ländlichen Feuerwehr, vor 1939.

Ab 1937 wurden Tragkraftspritzenanhänger mit leichten, den damals gebräuchlichen Überfallkommandowagen der Polizei nicht unähnlichen Zugfahrzeugen auf Opel-Fahrgestellen zu Kraftzugspritzen (KzS 8) zusammengestellt. Obgleich diese einfachen Vehikel mit ihren längs zur Fahrtrichtung angeordneten, anfangs völlig ungeschützten Mannschaftssitzbänken und dem Fehlen einer eingebauten Pumpe in keiner Weise dem mittlerweile erreichten Stand der Technik entsprachen, begann für manche Freiwillige Feuerwehr in Luftschutzorten I. Ordnung mit der KzS 8 erst das Zeitalter des Automobils.[6]

Wie sehr man aber trotz der deutlich intensivierten Normenarbeit noch in den ersten Anfängen der technischen Standardisierung steckte, zeigte ein Großbrand in der Gemeinde Öschelbronn bei Pforzheim am 10. September 1933: Obgleich aus Baden und dem benachbarten Württemberg Löschmannschaften in ausreichender Zahl anrückten, brannte das einhundert Gehöfte umfassende Dorf fast restlos ab. Der Grund für diese Katastrophe war die mangelhafte Löschwasserversorgung. Es gelang nicht, rasch eine längere Förderstrecke aufzubauen, da die in Baden und Württemberg gebräuchlichen Schlauchkupplungen nicht kompatibel waren.[7] Dieser Brand veranlaßte den Reichsführer SS und Chef der Deutschen Polizei sowie das RLM, in einem gemeinsamen Erlaß vom 11. September 1936 einheitliche Wasserversorgungsarmaturen und Schlauchkupplungen verbindlich für das gesamte Reich vorzuschreiben. Die Umstellung auf die nach DIN-FEN zu beschaffenden Armaturen und Schläu-

---

5 Vgl. Ewald, S. 258 u. 262; Hornung 1985, S. 90.
6 Zur KzS 8 vgl. Oswald/Gihl 1986, S. 70; Hartung 1987, S. 41; Foedrowitz 1994, S. 21.
7 Zum Brand von Öschelbronn vgl. Jarausch/Haase 1991, S. 100; Hornung 1985, S. 90.

Kraftzugspritze KzS 8 mit Tragkraftspritzenanhänger, 1939.

che sollte bis zum 1. Januar 1938 erfolgt sein.[8]

Um die neuen genormten Geräte in großer Stückzahl ökonomisch herzustellen, hatten sich am 4. Oktober 1933 auf Druck des RLM die bedeutendsten Hersteller von Feuerlöschfahrzeugen und -geräten unter dem „Führer" Alfred Bachert zur ARBEITSGEMEINSCHAFT DER DEUTSCHEN FEUERWEHRGERÄTEFABRIKEN zusammenschließen müssen.[9] Dadurch sollte die Konkurrenzsituation zwischen den Betrieben aufgehoben werden, die in der Vergangenheit zur Ausprägung einer wahrhaft unüberschaubaren Typenvielfalt, Preistreibereien und einem harten Verdrängungswettbewerb geführt hatte.[10] Das übergeordnete Motiv für diesen dirigistischen Eingriff in den Feuerlöschgerätemarkt stellte die FEUERWEHR-VERBANDS-ZEITUNG klar heraus: „Der Zusammenschluß war aber auch notwendig, um eine gemeinsame Arbeit bei der Weiterentwicklung der deutschen Feuerwehrgeräte sowie bei der Entwicklung der Luftschutzgeräte zu ermöglichen."[11]

Die Maßnahmen der Normung und Produktionskoordination zielten darauf ab, das Löschwesen unabhängig von der Finanzsituation der einzelnen Gemeinden auf einen möglichst einheitlich hohen Stand zu bringen. Die rechtliche

8 Vgl. Runderlaß „Normen für das Feuerlöschwesen" des RFSSuChdDtPol. im RMdI u. d. RLMuObdL vom11.09.1936 - O-VuR R II 6382 IV/36 u. Z L 4a 7898/36. In: Feuerschutz 1936, H. 9, S. 164.

9 Vgl. Der Reichsverband der deutschen Feuerwehrgerätefabriken. In: FVZ 1934, S. 217. Dem Reichsverband gehörten folgende Firmen an: AMAG-HILPERT-PEGNITZHÜTTE (Nürnberg), BALCKE MASCHINENBAU AG (Frankenthal/Pfalz), FISCHER (Görlitz), FLADER (Jöhstadt/Sachsen), HÖNIG GMBH (Köln-Nippes), KOEBE (Luckenwalde), LUDWIG (Bayreuth), MAGIRUS AG (Ulm), METZ (Karlsruhe), MEYER-HAGEN GMBH (Hagen/Westfalen), MÜLLER (Döbeln/Sachsen), ROBEL & CO. (München), BAYERISCHE MOTORSPRITZENFABRIK SCHMELCHER (Simbach am Inn), ZIEGLER (Giengen/Brenz); vgl. ferner Oswald/Gihl 1986, S. 69.

10 Zur damaligen Situation der deutschen Lastwagen- und Feuerlöschgerätehersteller vgl. auch Foedrowitz 1994, S. 9, 17 u. 19.

11 Wie Anm. 9, a.a.O.

Grundlage hierzu war noch durch § 1 Abs. 3 des Luftschutzgesetzes zusätzlich untermauert worden.[12] Allerdings mußte man sich darauf beschränken, nur die SHD-Einheiten in Luftschutzorten I. Ordnung auf Kosten des RLM in bescheidenem Rahmen zu verstärken.[13] So mag es nicht verwundern, daß selbst bei großstädtischen Feuerwehren eine durchgängige Ausstattung mit normgerechten Fahrzeugen bis weit in den Krieg hinein nicht zustande kam.[14]

Bei Neu- oder Ersatzbeschaffungen wurden auch Verwaltungen und Wehrführungen kleinerer Gemeinden angehalten, „unter Hintansetzung persönlicher Wünsche ausschließlich genormte Geräte" zu beschaffen.[15] Vorangebracht werden sollte die Modernisierung ländlicher Feuerwehren durch ein ehrgeiziges Programm des Reichsinnenministeriums aus dem Jahre 1936, nach dem bis 1940 alle 15 km eine Motorspritze stationiert sein sollte, um im Kriegsfall nach Luftangriffen aus dem Umland betroffener Orte ausreichend Verstärkung heranziehen zu können. Zu diesem Zweck wurden die Gemeinden aufgefordert, rechtzeitig ausreichende Rücklagen zu bilden.[16] In den meisten Fällen wirkte sich aber die rigorose Reglementierung der kommunalen Haushalte, die inzwischen vom Staat praktiziert wurde, aber überaus negativ auf das Feuerlöschwesen aus und konterkarierte nicht selten ministerielle Verbesserungsbestrebungen. Der Ausrüstungsstand und die Unterbringungsverhältnisse mußten in vielen Gemeinden desolat genannt werden, wobei ausgerechnet Preußen, das sich stets in der Führungsrolle auf dem Gebiet des Feuerlöschwesens sah, weit hinter anderen deutschen Ländern zurücklag: So konnte 1938 eine Gemeinde im Gau Osthannover trotz gesunder Finanzsituation die teilweise über hundert Jahre alte Geräteausstattung ihrer Feuerwehr nicht ersetzen, weil zu dieser Zeit für die Kommunen eine allgemeine Kreditsperre wegen des hohen Kapital-

---

12 Wortlaut des Luftschutzgesetzes vom 26.06.1935, § 1 Abs. 3: „Falls den Ländern, Gemeinden, Gemeindeverbänden und sonstigen Körperschaften des öffentlichen Rechts durch die Inanspruchnahme für Zwecke des Luftschutzes besondere Kosten entstehen, trägt sie der Reichsminister der Luftfahrt."

13 Vgl. Hampe 1963, S. 52.

14 Hierzu Prescher 1955, S. 42: „Besonders erschwerend kam hinzu, daß sehr viele Fahrzeugtypen vorhanden waren. Die Typisierung der Feuerlöschfahrzeuge steckte in den ersten Anfängen und wirkte sich bei den Heimatluftschutzdiensten noch nicht wesentlich aus." Hampe 1963, S. 362 f.: „Und hinter der neuen ‚reichseigenen Kraftfahrspritze KS 25' mit 100-PS-Dieselmotor zockelte eine vollgummibereifte Spritze der Inflationsjahre." Foedrowitz 1994, S. 70, zitiert aus einem Schreiben des Chefs der Ordnungspolizei vom 31.08.1936, in dem bemängelt wird, „daß die Berliner Feuerwehr die am wenigsten gut ausgerüstete Feuerwehr der Berufsfeuerwehren in Deutschland ist. Das Alter der Fahrzeuge kann als sagenhaft bezeichnet werden, die Geschwindigkeit der Wagen für eine Großstadt als völlig unzureichend."

15 Wie Anm. 1, S. 406.

16 Vgl. Kerstiens 1936, S. 47; Engelsing 1990, S. 138; zur Rechtsgrundlage dieses Erlasses vgl. 3.1.2.

bedarfs der Rüstung verfügt worden war.[17] Vom Kreditverbot betroffen war auch die im preußischen Landkreis Goslar liegende Gemeinde Ringelheim; erst nachdem dem Kreisfeuerwehrführer bei einer unangekündigten Inspektion die mangelhaften Alarmierungseinrichtungen, der völlig verfallene Spritzenschuppen und die wenig zweckmäßige Unterbringung der Kraftspritze im hintersten Winkel einer Autoreparaturwerkstatt aufgefallen waren, wurde der Gemeinde vom Landkreis die Aufnahme eines Kredits für den Neubau eines Feuerwehrgerätehauses gewährt.[18] Von den 22 Freiwilligen Feuerwehren des Landkreises Gifhorn - eine für preußische Verhältnisse stattliche Anzahl - verfügten 1939 lediglich 6 über Tragkraftspritzen, während sich alle anderen mit altertümlichen Handdruckspritzen begnügen mußten. Demgegenüber besaßen z.B. im ähnlich strukturierten braunschweigischen Kreis Wolfenbüttel von 37 Wehren nur 7 noch keine motorbetriebene Spritze.[19] Da allerdings selbst die neubeschafften Tragkraftspritzen auf Anhänger verladen waren und eines Zugfahrzeugs bedurften, im Mobilmachungsfall aber mit der Beschlagnahme der meisten in Frage kommenden Kraftfahrzeuge zu rechnen war, blieb der Einsatzwert der ländlichen Wehren als mögliche Reserve für den Luftschutz gering.[20]

Wie knapp zunächst die Finanzmittel für Luftschutz-Ausstattungen und -Fahrzeuge sogar in den Luftschutzorten I. Ordnung bemessen waren, läßt sich aus der Tatsache ablesen, daß die neu aufgestellten, von ihren taktischen Anforderungen her als schnellbewegliche Vorauseinheiten konzipierten F.- u. B.-Trupps nicht mit Kraftfahrzeugen, sondern bestenfalls (wie z.B. in Berlin) mit einfachen „Luftschutzkarren" ausgestattet wurden.[21] In der Provinz war der Ausrüstungsstand der F.- u. B.-Trupps noch primitiver.[22] Vielfach wurden auch ältere Fahrzeuge, die zum Teil schon zur Aussonderung anstanden, für den SHD wieder in Dienst gestellt.[23] Erst ab 1936/37 entspannte sich die Situation etwas: An die Luftschutzorte I. Ordnung wurden die ersten normgerechten Einsatzfahrzeuge (vgl.

17 Vgl. Matzerath 1970, S. 363.

18 Vgl. Försterling/Mahn/Trabert 1993, S. 100.

19 Der Braunschweiger (Landes-)Branddirektor Lehmann trieb ein ehrgeiziges Programm mit dem Ziel der Motorisierung aller ländlichen Feuerwehren im Land Braunschweig voran. In einem Rundschreiben des Braunschweigischen Landesfeuerwehrverbands, B.Nr.L.424/X, 01.11.1935 (Archiv Günther) stellte er heraus: „Es gilt, da noch viel (zu) schaffen (ist),bis ein jeder Ort seine Ortsmotorspritze besitzt. Dieses Ziel muß schon in Rücksicht auf den Luftschutz erreicht werden."

20 Vgl. Günther 1994, S. 46.

21 Nach heutiger Definition waren diese Luftschutzkarren Tragkraftspritzenanhänger mit einer Zusatzbeladung aus Sanitäts-, Entgiftungs- und Bergungsmaterial; zur Beladung dieser Karren vgl. Der Luftschutzwagen. In: FVZ 1934, S. 206; ferner Strumpf 1987, S. 110.

22 Vgl. Günther 1994, S. 41: „Böse sieht es (1939, A. L.) bei den F.- u. B.-Trupps aus: vier besitzen nur ein behelfsmäßiges Fahrzeug älteren Datums, drei nur eine Anhängespritze, zwei nur eine fahrbare Schlauchhaspel."

23 Vgl. Giller/Mierke/Petig 1991, S. 52; Günther 1994, S. 32 u. 44; Jarausch/Haase 1991, S. 107.

Reichseigene KS 25 in mattgrauer Lackierung, 1937.

oben) übergeben. Hauptunterschiede zu den bei den Feuerwehren zumeist vorhandenen Fahrzeugen waren ihre beachtliche Größe, ein mattgrauer Anstrich und „WL"-Kennzeichen (WL = Wehrmacht/Luftwaffe), die auf ihren Halter hinwiesen. Teils wurden die reichseigenen Kraftfahrspritzen, Drehleitern und Schlauchwagen in Züge aus bereits vorhandenen Fahrzeugen eingereiht,[24] teils aber auch unbenutzt in großen Lagern für erst im Kriegsfall einzuberufene SHD-Einheiten vorgehalten.[25]

Sicher nicht überall zeigte sich das RLM so generös wie im Falle Berlins, wo zur Unterhaltung und Instandhaltung der Luftschutzfahrzeuge eigens vierzig Feuerwehrmänner auf Kosten des Reiches neu eingestellt wurden.[26] Ein einsatzbereiter SHD konnte flächendeckend letztlich nur mit ehrenamtlichen Kräften aufgebaut werden. Dafür zu sorgen, daß diese neuen Helfer einberufen und ausgebildet wurden, war die zweite große Aufgabe, der sich das RLM gegenübersah.

24 Nach Günther 1994, S. 36, gingen in Braunschweig die RLM-Fahrzeuge direkt an die Berufsfeuerwehr bzw. an die Freiwilligen Feuerwehren. Auch in Stuttgart wurden die zugewiesenen Fahrzeuge auf die Züge der Freiwilligen Feuerwehr aufgeteilt, vgl. Jarausch/Haase 1991, S. 107 u. 113 f.

25 Nach Strumpf 1987, S. 115, wurden in Berlin ab 1936 mehrere hundert RLM-Fahrzeuge in großen Hallen eingelagert; auch in Hamburg standen die Luftschutz-Fahrzeuge vor Kriegsbeginn in großen Depots (vgl. Brunswig 1987, S. 15).

26 Vgl. Strumpf 1987, S. 115.

3.3.3
Auswirkungen des Luftschutzes auf Dienstbetrieb und Personalstand

Ein Trupp des SHD-Feuerlöschdienstes übt die Wasserförderung mit einer Tragkraftspritze.

Wie bereits dargelegt wurde, veränderte sich nach der nationalsozialistischen Machtübernahme auch der Dienstbetrieb. Teils aufgrund von Erlassen, teils auf dem Wege der Selbstanpassung fügten sich die Feuerwehren in das neue System ein. Sie demonstrierten Wohlverhalten durch verbale Bekenntnisse zum Nationalsozialismus, innere Militarisierung, Ausschluß von Juden und politisch Andersdenkenden sowie mannigfaltige ‚Hilfeleistungen' für das Regime außerhalb ihres eigentlichen Aufgabenbereichs; letztere konnten von Sammlungen für das Winterhilfswerk bis hin zur aktiven Synagogenbrandstiftung reichen. Solche Beweise von Systemkonformität erbrachten aber in gleicher oder ähnlicher Form auch andere Organisationen und Einrichtungen, so daß sich nun die Frage stellt, welche neuen fachspezifischen Aufgaben das Regime den Feuerwehren übertrug. Wie oben ausführlich dargelegt, lag der Schwerpunkt dieser Aufgaben klar im Bereich des zivilen Luftschutzes.

Es war aber nicht damit getan, auf dem Papier Einsatztaktiken zu ersinnen und den Feuerwehren zusätzliche moderne Fahrzeuge in die Gerätehäuser zu stellen. Von entscheidender Bedeutung war vor allem die Ausbildung der für den SHD vorgesehenen Führer und Mannschaften bei routinemäßigen Dienstveranstaltungen, Übungen und auf Lehrgängen an den Feuerwehrschulen. Angesichts der in den ersten Jahren des „Dritten Reiches" noch bestehenden Uneinheitlichkeit des deutschen Feuerlöschwesens war in diesem Bereich der Regelungsbedarf mindestens ebenso groß wie auf dem technischen Sektor. Parallel mit der Ausbildungsreform mußte zudem das Problem des Personalmangels in Angriff genommen werden, um einen funktionsfähigen SHD-Feuerlöschdienst aufbauen zu können.

Schon bei den großen, vom RLM initiierten Übungen der Jahre 1933 und 1934 sollte die Ernsthaftigkeit der staatlichen Luftschutzmaßnahmen deutlich hervortreten. In Gasschutz und Luftschutz wurde in einer Übungsauswertung festgestellt:

> „Die Zeiten zum Abhalten reiner Schauübungen unter Beteiligung der Zivilbevölkerung, Ansagen des Verlaufs der Übung durch Lautsprecher,

Hinzuziehung der Presse und Veröffentlichung der Ergebnisse in der Tagespresse zwecks propagandistischer Ausnutzung sollten eigentlich vorüber sein. (...) Es ist daher zweckmäßig, reine Schulungs- und Erprobungsübungen zur Darstellung zu bringen, bei denen nur ein enger Kreis von Mitarbeitern und dienstlich interessierten Zuschauern hinzuzuziehen ist."[1]

Zum Ausbildungsstand der Luftschutzeinheiten wurde im gleichen Artikel heftige Kritik geübt:

„Selbst wenn als Entschuldigung für einen mangelhaften Ausbildungsstand der in letzter Zeit in Erscheinung getretene starke Personalwechsel geltend gemacht werden kann, muß doch nunmehr mit um so größerem Eifer eine systematische Ausbildung einsetzen, wobei darauf Bedacht zu nehmen ist, daß wirklich nur solche Personen geschult werden, die bei Aufruf des Luftschutzes zur Verfügung stehen. Die Dienstvorgesetzten müssen die erforderliche Zeit für die gründliche Schulung gewähren. Die Erkenntnis bei den Vorgesetzten, daß es sich bei der Ausbildung für den Luftschutz um eine dringende Frage der Lebenserhaltung der gesamten Nation handelt, die wichtiger ist als die Betätigung in irgendeinem sonstigen Dienstzweige, muß noch wachsen."[2]

Zu dieser Zeit wurden in den Luftschutzorten erste Ergänzungskräfte rekrutiert und von den Feuerwehren zu Hilfsfeuerwehrmännern ausgebildet. Diese Kräfte entstammten den bisherigen Luftschutzvereinen und traten auf eigenen Wunsch in den SHD ein.[3] Allerdings reichten die so gewonnenen Helfer bei weitem nicht, um Luftschutzeinheiten in der geplanten Stärke aufzubauen. Dies führte zu Überlegungen, bei der Personalbeschaffung das Prinzip der Freiwilligkeit zugunsten staatlicher Zwangsmaßnahmen zu suspendieren, wie sie im Luftschutzgesetz von 1935 durch die Einführung einer umfassenden Luftschutzdienstpflicht (§§ 2-6) umgesetzt wurden.[4]

So entstand eine besondere Art von öffentlichem Dienstverhältnis, zu dem jeder durch polizeiliche Verfügung herangezogen werden konnte, der nicht wehrpflichtig oder aus anderen Gründen unabkömmlich gestellt war und seinen Wohnsitz im Reichsgebiet hatte.[5]

---

1 Die nordwestdeutschen Luftschutzübungen im April 1934. Kritische Betrachtung und Auswertung ihrer Ergebnisse. In: GuL 1934, S. 141-147, hier: S. 141 f.

2 Wie Anm. 1, S. 145 f.

3 Vgl. Strumpf 1987, S. 110; Giller/Mierke/Petig 1991, S. 52.

4 Präzisiert wurde die Luftschutzdienstpflicht noch durch die §§ 9 bis 11 und 13 der Ersten Durchführungsverordnung zum Luftschutzgesetz von 1935 (vgl. Hampe 1963, S. 24); zum Fortfall des Freiwilligkeitsprinzips vgl. auch Prescher 1981, S. 15.

5 Vgl. Hampe 1963, S. 24 f.

Mit der Verkündung der Luftschutzdienstpflicht kam auf die Feuerwehren als weitere Aufgabe die Ausbildung einberufener SHD-Ergänzungskräfte zu. Im Frieden sollte sich die Luftschutzschulung auf 104 Stunden jährlich (zuzüglich etwaiger mehrtägiger Lehrgänge oberhalb der Standortebene und größerer Übungen) beschränken, die in den Abendstunden oder an Sonntagen abgehalten wurden.[6] Kaum aber hatten die ersten dienstverpflichteten Helfer ihren Dienst angetreten, sah sich das RLM beim Feuerlöschdienst zu Korrekturen im Rekrutierungssystem veranlaßt: Es wurde darauf gedrungen, vor der Einberufung und Ausbildung außenstehender Personen oder gar von Angehörigen anderer im SHD mitwirkender Hilfsdiensten (z.B. aus der TN) zu prüfen, ob bereits alle verfügbaren und ausgebildeten Mitglieder der Freiwilligen Feuerwehren für den Luftschutz erfaßt worden waren. Auf der anderen Seite sollten Feuerwehrangehörige mit luftschutzrelevanten Berufsqualifikationen (z.B. für Instandsetzungsarbeiten) nicht dem Feuerlöschdienst angehören, sondern zu entsprechenden SHD-Fachdiensten (z.B. in Fachtrupps der Versorgungsunternehmen oder zum Instandsetzungsdienst) versetzt werden.[7]

Entsprechend ihrer Stellung als Kern des SHD-Feuerlöschdienstes sollten die benötigten Führungskräfte aus den Reihen der Berufsfeuerwehren, die Unterführer aus Freiwilligen Feuerwehren herangezogen werden.[8] Eine luftschutztaktische Zusatzausbildung erhielten höhere Führer direkt an der Reichsanstalt der Luftwaffe für Luftschutz, während andere Führer und Unterführer an den Provinzial- bzw. Landesfeuerwehrschulen entsprechend ihrer Funktion im SHD weiterqualifiziert wurden. Auch routinemäßig durchgeführte Einsatztaktik-Kurse für Feuerwehrführer wurden nun „länger als sonst, um auch den Luftschutz genügend berücksichtigen zu können".[9] Für alle Dienstgrade der Freiwilligen Feuerwehren wirkte sich die Luftschutzdienstpflicht dahingehend aus, daß sie nun sowohl für den friedensmäßigen Feuerlöschdienst als auch für den SHD ausgebildet wurden, was sich wegen der zusätzlich zu absolvierenden Luftschutzschulungen in einer spürbaren Zunahme an Dienststunden äußerte.[10]

Aufgrund der allgemeinen Luftschutzdienstpflicht konnten ab 1935

---

6 Vgl. Hampe 1963, S. 25 f.; Prescher 1981, S. 15.

7 Vgl. Paul Kalaß: Die Feuerwehr im Luftschutz. In: FVZ 1935, S. 405-407, hier S. 406.

8 Vgl. Hampe 1963, S. 327 und 362 f.

9 So (Landes-)Branddirektor Lehmann in einem Rundschreiben des Braunschweigischen Landesfeuerwehrverbands, B.Nr.L.424/X, 01.11.1935 (Archiv Günther). Der Musterdienstplan fußte auf einem durch den Reichs- und Preußischen Minister des Innern am 31.05.1935 herausgegebenen „Dienstplan für die Ausbildung der Freiwilligen Feuerwehren" (vgl. Günther 1994, S. 31).

10 Vgl. Engelsing 1990, S. 137 f.; zum Ausbildungsprogramm vgl. z.B. den Musterdienstplan für die Freiwilligen Feuerwehren für 1936, verbreitet durch Rundschreiben des Braunschweigischen Landesfeuerwehrverbands, B.Nr.L.460/XII, 31.12.1935 (Archiv Günther).

großangelegte Vollübungen unter Beteiligung der Bevölkerung durchgeführt werden. Geprobt wurden Evakuierungsmaßnahmen, Brandbekämpfung, Rettung Verschütteter aus Luftschutzkellern, Verhalten bei Gasgefahr und Verdunkelung. Durch diese Übungen sollten sich die beteiligten Fachsparten des Luftschutzes - Selbstschutz, Erweiterter Selbstschutz, Werkluftschutz und SHD - an eine Zusammenarbeit unter extremen Bedingungen gewöhnen und Schwachpunkte in Organisation und Ausbildung aufgedeckt werden.[11]

Ein Problem grundsätzlicher Natur war die taktische Einteilung von Feuerlöschtrupps. In den deutschen Ländern hatte sich in der Vergangenheit eine Vielzahl von Meinungen darüber herausgebildet, welche Mindestgröße eine selbständig operierende Einheit haben müsse und welche Aufgaben der einzelne Feuerwehrmann auszuführen habe. Konzepte, jeden Helfer so auszubilden, daß er praktisch jede der grundlegenden Funktionen in seiner Einheit übernehmen könnte („Einheitsfeuerwehrmann"), waren vor 1933 am Widerstand der Feuerwehrverbände gescheitert (vgl. 2.2.2). Auch das Vorgehen bei Löschangriffen war noch keinen einheitlichen Regelungen unterworfen. Angesichts dieser sowohl für den friedensmäßigen Feuerlöschdienst als auch für den Luftschutz unbefriedigenden Situation wurden ab Ende 1938 mehrere taktische Dienst- und Ausbildungsvorschriften herausgegeben, die für das gesamte Reich verbindlich werden sollten.

Den Anfang machte die POLIZEIDIENSTVORSCHRIFT 23 - „AUSBILDUNGSVORSCHRIFT FÜR DEN FEUERWEHRDIENST", I. TEIL: DER LÖSCHANGRIFF. ABSCHNITT B: DIE GRUPPE. Hinter diesem etwas spröden Titel und einem Oktavheftchen mit nur 16 Seiten verbarg sich eine grundlegende Revolutionierung der Löschtaktik: Als kleinste selbständig einsetzbare Einheit wurde eine Löschgruppe mit einem Führer und acht Mann festgelegt, wobei je zwei Mann nach Funktionen unterschiedene Teileinheiten (Angriffstrupp, Wassertrupp und Schlauchtrupp) bildeten und von einem Maschinisten (gleichzeitig Fahrer) und einem Melder unterstützt wurden. Nach Sicherstellen der Wasserversorgung (Herrichten der Wasserentnahmestelle, Auslegen der Schlauchleitung) sollten alle drei Teileinheiten als Angriffstrupps tätig werden.[12] Entwickelt wurde diese unter der Bezeichnung „Dreiteiliger Löschangriff" bekannt gewordene Taktik vom langjährigen Kommandanten der Freiwilligen Feuerwehr Celle und Leiter der PROVINZIALFEUERWEHRSCHULE HANNOVER, Walter Schnell. Vorarbeiten hatte Schnell bereits seit 1929 geleistet, und die Celler Feuerwehr hatte den Dreiteiligen Löschangriff seit 1931 in ihrem Übungsreglement.[13] Wie lange die neue Löschtaktik mit ihrer

11 Vgl. Engelsing 1990, S. 138; Jarausch/Haase 1991, S. 105 u. 107 f.; für Braunschweig vgl. z.B. auch die Zeitungsartikel: Schulkinder mit Gasmasken und Feuerpatschen. Eine wohlgelungene Luftschutzübung in der Schule Hinter der Masch. In: BTZ, 18.05.1936, u. „Bombeneinschläge" am Petritor. In: BTZ, 19.10.1936.

12 Vgl. Hampe 1963, S. 365 f.; Strumpf 1987, S. 118.

13 Vgl. Celle 1989, S. 46 f.

Personaleinteilung 1:8 schon im Entwurfstadium vorgelegen haben muß, läßt sich daran ermessen, daß die genormten Kraftfahrspritzen KzS 8, KS 15 und KS 25 hinsichtlich ihrer Mannschaftsabteile und feuerwehrtechnischen Beladung bereits vollkommen hierauf abgestellt waren. In kurzen Intervallen ergänzt durch weitere, auf das Prinzip der Gruppe aufbauende Abschnitte („Der Zug", „Führungszeichen") und einen zweiten Teil zum Gasschutzdienst, half die PDV 23 die Ausbildung sowohl der berufsmäßigen als auch der freiwilligen Brandschutzkräfte zu optimieren.[14]

Daß diese einschneidende Ausbildungsreform nicht vom RLM erlassen, sondern als Polizeidienstvorschrift ihren Weg zu den Feuerwehren des Reichs fand, war ein Indiz dafür, daß das RMdI nunmehr gewillt war, seinen Führungsanspruch im öffentlichen Feuerlöschwesen anzumelden und Kompetenzen vom RLM zurückzugewinnen (zu diesem Zweck berief man Ende 1937 den ebenso begabten wie erfahrenen Schnell nach Berlin). Nachzuvollziehen ist das enorm verstärkte Interesse des Innenressorts an den Feuerwehren aber nur vor dem Hintergrund der umfassenden, auf eine Zentralisierung abzielenden Polizeireform der Jahre 1935/36.

Diese Entwicklung, aus der schließlich auch die reichseinheitliche Spitzengliederung für alle Sparten der Feuerwehr hervorging, soll im nachfolgenden Abschnitt eingehender betrachtet werden.

14 Vgl. Hampe 1963, S. 366.

3.4
Die Ordnungspolizei im Vorfeld des Reichsfeuerlöschgesetzes

Zu Zeiten der Weimarer Republik war die Polizei vornehmlich Angelegenheit der Länder, wobei dem Reich nur wenige grundlegende Befugnisse in Ausnahmefällen zustanden.[1] Jedes Land hatte dabei unterschiedliche Gewichtungen in der Zuständigkeit des Staates oder der Kommunen für die Polizei und ihre einzelnen Sparten vorgenommen. Diese pluralistische Struktur stand mit der nationalsozialistischen Machtübernahme sogleich zur Disposition. Nun sollte die Polizei so bald wie möglich zu einem zentral gelenkten Machtorgan des Reiches umgewandelt werden.[2] Durch das Gesetz über den Neuaufbau des Reiches vom 30. Januar 1933 ging neben anderen Hoheitsrechten der Länder auch die Polizeihoheit auf das Reich über. Da aber für die Polizei - ebenso wie für die Feuerwehren - ein Verwaltungsapparat auf Reichsebene erst aufgebaut werden mußte und zudem die Ergebnisse einer (schon während der Weimarer Republik angestrebten, aber nie durchgeführten) allgemeinen Reichsreform abgewartet werden sollten, mußte sich das Reichsministerium des Innern übergangsweise mit den vorhandenen Gliederungen abfinden. So wurden nach Erscheinen der Ersten Durchführungsverordnung zum genannten Gesetz vom 2. Februar 1934 die Polizeibehörden der Länder als Auftragsverwalter des Reiches tätig, sofern dieses „nicht allgemein oder im Einzelfall" selbst von seinen Weisungsbefugnissen Gebrauch machte. Genau dies tat Reichsinnenminister Dr. Wilhelm Frick intensiv, um durch Bindung der Landesinnenministerien an seine Zustimmung bei grundsätzlichen Fragen der Organi-station, des Beamtenrechts, der Ausbildung und der Personalverwaltung eine spätere Zusammenfassung zu einer einheitlichen Reichspolizei vorzubereiten.

Nach Vereinigung des Reichsministeriums des Innern mit dem Preußischen Innenministerium am 1. November 1934 stand bereits Deutschlands größte und schlagkräftigste Landespolizei direkt unter Reichskontrolle.[3] Diese Etappenschritte befriedigten die Planer im Reichsinnenministerium aber erst zum Teil. Man erkannte, daß eine wirkliche „Verreichlichung" letztlich nur auf gesetzlichem Wege herbeigeführt werden konnte, und es erschienen ab 1935 zahlreiche Entwürfe zu einem „Gesetz für die Überleitung der Polizei". In einer Denkschrift „Stärke und Aufgaben der staatlichen Polizei" vom 21. September 1935 wurde eine lange Liste von Begründungen für die Schaffung einer Reichspolizei zusammengetragen. Ausdrücklich wurden auch die Verpflichtungen der Polizei gegenüber dem Sicherheits- und Hilfsdienst und die Aufgaben im Personalerfassungs-

1 Vgl. Neufeldt 1957, S. 5 ff.
2 Vgl. Matzerath 1970, S. 421.
3 Vgl. Neufeldt 1957, S. 7 f.

und Rekrutierungswesen für die Hilfspolizeien (zu denen auch die Feuerwehren zählten) genannt.[4]

Da nach preußischem Muster die Feuerwehren reichseinheitlich der Polizeiorganisation einverleibt werden sollten, dehnte das Reichs- und Preußische Ministerium des Innern seine Weisungsbefugnisse auch auf das Feuerlöschwesen der außerpreußischen Länder aus (vgl. 3.1.2). Wie oben aufgezeigt, erwiesen sich diese Weisungen allerdings als weitaus weniger wirksam als bei den traditionellen Polizeisparten, zumal das RLM nach Erscheinen des Luftschutzgesetzes 1935 bereits einiges an Zuständigkeiten im Feuerlöschwesen an sich gezogen hatte. Mit eher bescheidenem Erfolg versuchte man in der ersten Jahreshälfte 1936, durch einzelne Erlasse (Fußdienstordnung; Motorisierung der Freiwilligen Feuerwehren) Richtlinienkompetenz zu demonstrieren. Um aber mit Görings mächtigem Ministerium in ernsthaften Wettbewerb um die Feuerwehren treten zu können, mußten erst ausgedehnte Vorarbeiten zum Aufbau einer eigenen Spitzengliederung durchgeführt werden. Höchste Priorität besaß dabei die Verpflichtung geeigneter Fachleute für die Ausarbeitung des von Feuerwehrfunktionären wie RLM-Vertretern gleichermaßen angemahnten Reichsfeuerlöschgesetzes.

Eine für manchen konservativen Ministerialbeamten überraschende Wendung nahm die weitere Zentralisierung der deutschen Polizei nach der gegen den Willen Fricks erfolgten Ernennung des Reichsführers SS, Heinrich Himmler, zum „Chef der Deutschen Polizei" am 17. Juni 1936. Dem Reichsinnenminister auf dem Papier „persönlich und unmittelbar" unterstellt, tatsächlich aber nur Hitler selbst verantwortlich, entfaltete Himmler eine außerordentliche Machtvollkommenheit und verstand es, die Polizei unter den beherrschenden Einfluß der SS zu bringen. Jenseits bisheriger Verwaltungsgepflogenheiten verfolgte der Reichsführer SS und Chef der Deutschen Polizei im Reichsministerium des Innern, wie Himmler sich fortan nennen ließ, das Ziel, die Polizei in ein der Führergewalt unmittelbar unterstehendes und somit ent-staatlichtes Machtinstrument umzuformen.[5] Im Mittelpunkt von Himmlers Interesse standen dabei die Politische Polizei und die Kriminalpolizei, die er in einem neugeschaffenen Hauptamt Sicherheitspolizei zusammenfaßte, das alsbald mit dem SD-Hauptamt der SS (SD=Sicherheitsdienst) vereinigt wurde. Die übrigen, uniformierten Polizeisparten Schutzpolizei, Gendarmerie und Gemeindepolizei wurden dem Hauptamt Ordnungspolizei unter Leitung des Generals der Polizei und SS-Obergruppenführers Kurt Daluege unterstellt.[6]

---

4 Vgl. Neufeldt 1957, S. 9.

5 Zu den Vorgängen und Himmlers Stellung als RFSSuChdDtPol. vgl. ausführlich Neufeldt 1957, S. 11-20, ferner Buchheim 1964, S. 47-58, u. Benz 1986, S. 79 f.; zur allgemeinen Aushöhlung der Zuständigkeiten des Reichsministeriums des Innern und der kommunalen Selbstverwaltungskörperschaften durch andere Fachministererien, Sonderbehörden, ständische Organisationen und Institutionen der Partei vgl. Matzerath 1970, S. 418 ff.

6 Vgl. Neufeldt 1957, S. 20 f.

Alle Angelegenheiten des „Polizeischutzes" im Rahmen der Reichsverteidigung - darunter Luftschutz, Feuerwehr und TN - fielen in die Zuständigkeit des Hauptamtes Ordnungspolizei.[7] Dementsprechend war auch der Sitz der künftigen Befehls- und Verwaltungsspitze der deutschen Feuerwehren in dieser Dienststelle vorgesehen. Nachfolgend soll deshalb die Gliederung des Hauptamtes Ordnungspolizei in ihren für Feuerwehren und Luftschutz relevanten Teilen einer eingehenderen Betrachtung unterzogen werden:

Kurt Daluege

In seinen Grundzügen war das Hauptamt Ordnungspolizei gegliedert in ein engeres Büro des Chefs der Ordnungspolizei, Ämter, Inspektionen und Generalinspektionen für die betreuten Polizeisparten sowie Sondergebiete (z.B. Polizeischulen). Dieser elementare Aufbau blieb bis 1945 konstant, seine Unterabteilungen erfuhren aber im Laufe der Zeit eine Vielzahl von Wandlungen hinsichtlich der Aufgaben- und Sachgebietszuweisungen. Von besonderer Bedeutung waren die einzelnen Ämter, durch die der Chef der Ordnungspolizei seine Befehls- und Verwaltungsbefugnisse gegenüber allen nachgeordneten Dienststellen ausübte.[8]

Als erste Einrichtung wurde bereits zum 1. Februar 1937 die Position eines Inspekteurs des Feuerlöschwesens geschaffen. Analog zu den anderen Polizeisparten sollte dieser Inspekteur den Chef der Ordnungspolizei, dem er unmittelbar unterstellt war, in den Angelegenheiten seines Fachgebiets beraten, Inspektionsreisen zu den örtlichen Einheiten unternehmen und dort vorgefundene Mißstände bei den zuständigen Stellen namhaft machen.[9] Zunächst aber fiel dem Amtsinhaber, dem bisherigen Landesbranddirektor von Thüringen, Dr.-Ing. Johannes Meyer, die Aufgabe zu, im Hauptamt Ordnungspolizei Einrichtungen für die zentrale Verwaltung des öffentlichen Feuerlöschwesens zu schaffen.[10]

Im Zusammenhang mit den Feuerwehren und dem SHD spielte das Kommando-Amt, das seinerseits mehrere spezialisierte Ämter umfaßte, eine herausragende Rolle: Am 30. Juni 1936 - knapp zwei Wochen nach Schaffung des Hauptamtes - wurde per Erlaß ein Amt „Reichsverteidigung" im Kommando-Amt eingerichtet. Bearbeitet werden sollten zunächst grundsätzliche Fragen wie z.B.

---

7 Vgl. Neufeldt 1957, S. 23.
8 Vgl. Neufeldt 1957, S. 32 f.
9 Vgl. Neufeldt 1957, S. 34 u. 89.
10 Vgl. Jarausch/Haase 1990, S. 17.
11 Vgl. Neufeldt 1957, S. 60.

die Befugnisse der regionalen Polizeiaufsichtsbehörden (Inspekteure der Ordnungspolizei) und das Abstecken von polizeilichen Aufgaben im Rahmen der Landesverteidigung. Im Dezember 1937 wurde das Aufgabengebiet des Amtes um alle der Polizei übertragenen Bereiche des zivilen Luftschutzes (einschließlich der Führung, Organisation und Ausbildung des SHD) erweitert, für die kurzzeitig das Amt „Organisation und Verwendung" zuständig war.[11] Fortan führte die Behörde die Bezeichnung Amt „Reichsverteidigung/Luftschutz" (Amt „RV/L").[12]

Praktisch zeitgleich wurde per Erlaß vom 25. November 1937 ein Amt „Feuerschutzpolizei" (Amt „F") im Kommando-Amt geschaffen. Diese kleine Dienststelle umfaßte zunächst vier Sachgebiete, in denen die Angelegenheiten der künftig reichsweit unter Polizeihoheit gestellten Berufsfeuerwehren bearbeitet werden sollten.[13] Unter der Leitung des von der Feuerlöschpolizei Hannover stammenden Oberbaurats (später Oberst der Feuerschutzpolizei) Dipl.-Ing. Walter Goldbach wurden in dieser Dienststelle das Reichsfeuerlöschgesetz und seine nachfolgenden Durchführungsbestimmungen erarbeitet (zum Gesetz vgl. 4.1).[14] Besondere Beachtung verdient die ungewöhnliche Vorgeschichte des Amtes „F", denn sie illustriert, wie sehr man nach der Vereinigung des Reichsministeriums des Innern mit dem Preußischen Innenministerium von bereits vorhandenen Institutionen profitierte: Hervorgegangen war das Amt „F" aus dem Amt für Berufsfeuerwehren des P.F.B., das aufgrund § 11 Abs. 2 des Preussischen Gesetzes über das Feuerlöschwesen gebildet worden war.[15]

Problematischer als die Einbeziehung der vergleichsweise wenigen berufsmäßigen Feuerlöschkräfte in die Polizeiorganisation gestalteten sich die Vorbereitungen für die Überführung der Freiwilligen Feuerwehren in eine zentralistisch-hierarchische Selbstverwaltung unter Polizeiaufsicht: Der Chef der Ordnungspolizei scheint zunächst nicht sehr angetan von dem Gedanken gewesen zu sein, sich künftig auch noch um die Millionenorganisation der Freiwilligen Feuerwehren kümmern zu müssen. Es sei hier noch einmal an das 1937 formulierte Angebot Dalueges an die SA-Führung erinnert, die ehrenamtlichen Löschkräfte als „SA-Feuerwehrstürme" zu übernehmen (vgl. 3.1). Erwogen wurde auch, die Freiwilligen Feuerwehren zu einer eigenständigen, dem Nationalsozialistischen

---

12 Vgl. Neufeldt 1957, S. 58 f.

13 Sachgebietsgliederung des Amtes „Feuerschutzpolizei" bis Dezember 1940:
F 1 Allgemeine Organisation, Normungsangelegenheiten
F 2 Einsatz und Verwendung, Fahrzeuge und Zubehör
F 3 Personalangelegenheiten, Ausbildungsangelegenheiten
F 4 Bauwesen, Wasserversorgung, Nachrichtenwesen, Presseangelegenheiten

14 Vgl. Rumpf 1952, S. 21; Strumpf 1987, S. 118; zur Person Goldbachs: Auskünfte von Herrn Dieter Heimberg, Berufsfeuerwehr Oldenburg i. Oldb., an den Autor, 16.07.1990.

15 Vgl. Schnell 1956, S. 276.

Kraftfahrkorps (NSKK) ähnlichen Parteiorganisation umzuwandeln.[16] Als schließlich alle Versuche, sich der Freiwilligen Feuerwehren auf die eine oder andere Weise zu entledigen, fehlgeschlagen waren, mußte Daluege auch für diese Feuerwehrsparte einen Platz im Organisationsplan der Ordnungspolizei vorsehen. Hierzu ging man im Hauptamt Ordnungspolizei einen ähnlichen Weg, wie man ihn schon im Falle der Berufsfeuerwehren beschritten hatte, und überführte einen Ausschuß des (ehedem Preußischen) Feuerwehr-Beirats in eine Polizeibehörde:

Ursprünglich war das Amt für Freiwillige Feuerwehren im P.F.B. für die Belange der Freiwilligen Feuerwehren geschaffen worden. Langjähriger Vorsitzender dieses Gremiums war Dr. Rudolf Müller, Provinzialfeuerwehrführer von Westfalen und Amtsbürgermeister von Ibbenbüren,[17] der gleichzeitig der Versammlung der preußischen Provinzialfeuerwehrführer vorstand. Die Gelegenheit zur Vereinnahmung des Amtes bot sich für die Ordnungspolizei, als Müller gegen Vorstellungen des RMdI hinsichtlich der künftigen Dienstaufsicht opponierte: Eine Denkschrift des Ministeriums zum geplanten Reichsfeuerlöschgesetz umriß die künftige Rolle der Freiwilligen Feuerwehren als die einer Hilfspolizeitruppe, die sich bis zur Ebene der Kreisfeuerwehrführer selbst verwalten sollte, aber ab der nächsthöheren Ebene - der „Feuerwehrtechnischen Aufsichtsbeamten" bei den Regierungspräsidenten - mit Offizieren der Feuerschutzpolizei besetzt werden sollte. Müller nahm dies zum Anlaß, im Jahresbericht des Amtes für Freiwillige Feuerwehren 1936 den Absichtsbekundungen des Ministeriums entgegenzutreten. Er führte aus, daß es für höhere Aufsichtsämter ausreichend kompetente und vorgebildete Kräfte aus den Reihen der Freiwilligen Feuerwehren gebe.[18] Diese selbstbewußte Haltung brachte den einflußreichen Berliner Oberbranddirektor und RDF-Vorsitzenden Wagner gegen Müller auf und führte, nachdem er auch bei Daluege in Ungnade gefallen war, im November 1937 zu Müllers Abberufung; sein Amtsnachfolger wurde der bisherige Provinzialfeuerwehrführer von Hannover, Walter Schnell. Unter Schnells Leitung wurde das Amt am 2. Januar 1938 in das RMdI verlegt und der Aufsicht des Hauptamtes Ordnungspolizei unterstellt.[19]

In den ersten Maßnahmen des Hauptamtes Ordnungspolizei spiegelte sich bereits der Geist des künftigen Reichsfeuerlöschgesetzes. Suchte man bei Regelungen grundsätzlicher Natur wie z.B. der Einführung einheitlicher Schlauchkupplungen die Kooperation mit dem RLM (vgl. 3.3.2), so beschritt man in allen anderen Bereichen eigene Wege. Viele Maßnahmen wurden schon im Jahr 1937 in Angriff genom-

16 Vgl. Schnell 1956, S. 277.
17 Vgl. Feuerwehrbeirat 1936, S. 3; Schnell 1956, S. 277.
18 Vgl. AfFF-Jahresbericht 1936, S. 11 u. 34 f.
19 Vgl. Reppert/Goldbach 1940, S. 19; Rumpf 1952, S. 21; Schnell 1956, S. 278.

men.[20] Hier einige Beispiele: Durch die Umsetzung eines Erlasses bezüglich der Farbgebung von Feuerwehrfahrzeugen wurde jedem aufmerksamen Betrachter die angestrebte Nähe zur Polizei deutlich: Neubeschaffte Fahrzeuge glänzten nicht länger in Rot, sondern in Dunkelgrün, und auf den Fahrerhaustüren prangte das Polizei-Hoheitszeichen, oft ergänzt durch die Umschrift „Feuerlöschpolizei" und den Standort.[21]

Vorschriftsmäßige Türbeschriftung an einer Tankspritze der - noch offiziell so bezeichneten - Berufsfeuerwehr Braunschweig, 1938.

Daluege suchte durch einen Befehl „Verjüngung des Führerkorps der Feuerwehren" nun auch diejenigen altgedienten Funktionsträger aus den Freiwilligen Feuerwehren zu treiben, die noch nicht der ersten Gleichschaltungswelle 1933/34 zum Opfer gefallen waren.[22] Für den künftigen Führernachwuchs wurde die Reichsfeuerwehrschule Eberswalde (nordöstlich von Berlin) eingerichtet; aus personellen und rechtlichen Gründen war der Lehrbetrieb allerdings zunächst nur eingeschränkt möglich und wurde zu Kriegsbeginn sogar ganz eingestellt. Erst während des Krieges setzte unter dem Eindruck der ersten Luftangriffe rege Betriebsamkeit an der Reichsfeuerwehrschule ein.[23]

Seit Oktober 1937 erschien die Zeitschrift Die Feuerlösch-Polizei als amtliches Organ „für das gesamte Feuerlöschwesen". Diese Zeitschrift, die ab Mitte 1939 unter dem Namen Deutscher Feuerschutz weitergeführt wurde und alle zwei Wochen neu herauskam, sollte die Funktion sämtlicher Verbandsorgane der Feuerwehren mit Ausnahme der RDF-Veröffentlichungen übernehmen. Dadurch, daß die Redaktion direkt „im Auftrage des Reichsführers SS und Chefs der Deutschen Polizei" tätig wurde, war absolute Kontrolle und Linientreue gewährleistet. Kaum ein höherer Polizeioffizier oder Ministerialbeamte nutzte nicht die Gelegenheit, über den Deutschen Feuerschutz das Wort an die Feuerwehren im Lande zu richten, die wegen der ebenfalls veröffentlichten offiziellen Verlautbarungen verpflichtet wurden, die Zeitschrift zu abonnieren. Selbstverständlich wurde ein solches Presseorgan nicht ausschließlich als Fachzeitschrift, sondern

20 Günther 1990, S. 89, spricht von über 40 Erlassen des RMdI im Jahre 1937.
21 Vgl. Hartung 1987, S. 43; Oswald/Gihl 1986, S. 68.
22 Vgl. Hampe 1963, S. 367.
23 Vgl. Hampe 1963, S. 366.

auch ausgiebig als Propagandamittel eingesetzt.[24] Hierbei wurde nicht allein für das Regime und seine Politik im allgemeinen geworben, sondern es wurden auch alle anstehenden Veränderungen im öffentlichen Feuerlöschwesen - pathetisch verbrämt - als unabdingbare Notwendigkeit an den (Feuerwehr-) Mann gebracht. Auch der Chef der Ordnungspolizei Kurt Daluege fand im Dezember 1937 große Worte, als er in einem ausführlichen Artikel „Der Weg zur Feuerlöschpolizei"[25] die mit Erscheinen des Reichsfeuerlöschgesetzes anstehende Umwandlung aller Freiwilligen Feuerwehren zu einem „Hilfskorps der Polizei" zu begründen versuchte. Zu diesem Zweck stimmte Daluege ein Loblied auf den selbstlosen und opferbereiten Dienst der Freiwilligen Feuerwehren an - freilich nicht, ohne letztlich die Notwendigkeit der laufenden Umstrukturierung zu betonen.[26] Dalueges ganze Verachtung gegenüber der bisherigen Organisationsform sprach aus Formulierungen wie diesen: „Wie kleinlich und nichtssagend ist es, diesem Opfer gegenüber nur die äußeren Dinge in den freiwilligen Feuerwehren zu sehen, das Vereinsmeiertum, die Aufmärsche und Stiftungsfeste mit mehr oder weniger geistreichen Reden und vieles mehr!" Denn trotz dieser „äußeren Dinge" seien die Freiwilligen Feuerwehren schon „damals" bereit gewesen, sich für andere „Volksgenossen" einzusetzen. Wie schon andere Nationalsozialisten vor ihm bediente sich Daluege der rhetorischen Phrase des „unbewußten Nationalsozialismus", den die Freiwilligen Feuerwehren schon in der „Systemzeit" durch ihre Selbstlosigkeit praktiziert hätten.[27] Angesichts der „staatspolitisch ungeheuer wichtigen Organisation der Feuerwehren" sei, so Daluege, eine „Erhebung zum Hilfskorps der Polizei" unerläßlich, zumal die volkswirtschaftlichen Schäden durch Feuer noch weiter begrenzt werden sollten und die „Abwehrbereitschaft" gegen die Auswirkungen eines künftigen Luftkrieges gestärkt wer-

---

24 Vgl. Engelsing 1990, S. 185-188, welcher der Zeitschrift Deutscher Feuerschutz einen Exkurs widmet (dabei aber übersehend, daß sie bereits ab 1937 unter anderem Namen erschienen war).

25 Vgl. Kurt Daluege: Der Weg zur Feuerlöschpolizei. Grundfragen zur Neuorganisation des Feuerlöschwesens. In: FLöschP 1937, S. 161-164.

26 Wie Anm. 25, S. 162: „Es war eine Schande, die schon System geworden war, daß Männer zu Witzblattfiguren gemacht wurden, die zu einer Zeit, als das eigene Ich in aller Hemmungslosigkeit allein Herrscher war, sich bereit fanden, freiwillig in den Feuerwehren Geist und Körper zu üben, um gegebenenfalls Leib und Leben anderer Volksgenossen zu schützen und zu retten, um das Eigentum anderer vor der Vernichtung zu bewahren."

27 Wie Anm. 25, a.a.O.: „Als Nationalsozialisten haben wir die Pflicht, einmal jenen Männern zu danken, die schon vor uns so große Aufgaben freiwillig übernommen hatten, die sich unbewußt durch die Tatsache des freiwilligen Einsatzes von Leib und Seele zu unserer Weltanschauung bekannten. Die äußeren Formen dieser Organisation entsprachen durchaus den damaligen Zeiten, sie sind lediglich ein schlechtes Zeugnis für das damalige System, und sie sind nicht zum Anlaß einer herabsetzenden Kritik an diesen Männern zu benutzen." Schon 1935 gebrauchte Gaedicke eine ähnliche Formulierung, vgl. FVZ 1935, S. 547.

den müsse. Dabei sei eine „einheitliche Befehlsgewalt unerläßlich", denn:

> „Jedem, der mit offenen Augen am Geschehen unserer Zeit Anteil nimmt, wird es klar, daß über diese Fragen nicht in ‚außerordentlichen Mitgliederversammlungen' abgestimmt werden kann, sondern daß diese Fragen, in denen es um das Sein oder Nichtsein eines Volkes geht, befehlsmäßig nach dem nationalsozialistischen Führerprinzip nur von der für den Schutz im Innern verantwortlichen Befehlsstelle erledigt werden können."[28]

Solcherart praktisch wie propagandistisch vorbereitet, konnte die Ära des Reichsfeuerlöschgesetzes schließlich beginnen.

28 Wie Anm. 25, S. 163.

4
Ausprägung und Verfestigung des zentralistischen Dualismus

4.1
Das Gesetz über das Feuerlöschwesen vom 23. November 1938

Betrachtet man die Entwicklung des Feuerlöschwesens in den Jahren zwischen 1933 und 1938, so läßt sich zusammenfassend feststellen: Das Reichs- und Preussische Ministerium des Innern und das Reichsluftfahrtministerium waren sich grundsätzlich einig in dem Bestreben, die Feuerwehren im Hinblick auf ihre Rolle im Luftschutz reichsweit in allen Punkten zu vereinheitlichen, ihren Einsatzwert zu heben und zentralistisch organisierten Aufsichts- und Führungsinstanzen zu unterstellen; deutliche Differenzen zwischen beiden Ressorts bestanden aber in der Art und Weise sowie in der Zeitplanung der dafür notwendigen Maßnahmen, so daß es schließlich zum Paradoxon zweier parallel verlaufender (und kaum miteinander koordinierter) Entwicklungen kam. Große Hoffnung setzten deshalb beide Ministerien in das angekündigte Reichsfeuerlöschgesetz, das für die nötige Klarheit in allen strittigen Fragen sorgen sollte.

Das Anfang 1939 [1] in Kraft getretene Gesetz über das Feuerlöschwesen (nachstehend weiterhin Reichsfeuerlöschgesetz genannt) sollte die vorstehend dargestellte Umgliederung der Feuerwehren zu Instrumenten des zivilen Luftschutzes vollenden. Da der Luftschutz als solcher in § 1 Abs. 1 des Luftschutzgesetzes bereits als Reichssache eingestuft worden war und die Polizei - ohnehin beauftragt mit der Durchführung des zivilen Luftschutzes - inzwischen aus der Verantwortung der Länder in die des Reiches übergegangen war, war der Schritt zur Ein- bzw. Angliederung der am SHD beteiligten Kräfte des Feuerlöschdienstes in die Ordnungspolizei nicht mehr groß. Der Vorspruch des Gesetzes ließ dementsprechend auch keinen Zweifel mehr an Zielrichtung und Absicht der nachfolgenden Regelungen:

> „Die wachsende Bedeutung des Feuerlöschwesens vor allem für den Luftschutz erfordert, daß schon seine friedensmäßige Organisation hierauf abgestellt wird. Hierzu ist nötig die Schaffung einer straff organisierten, vom Führerprinzip geleiteten, reichseinheitlich gestalteten, von geschulten Kräften geführten Polizeitruppe (Hilfspolizeitruppe) unter staatlicher Aufsicht."

---

1 Laut Schnell 1956, S. 279, sei die Verkündung des Reichsfeuerlöschgesetzes durch die Eingliederung Österreichs 1938 noch einmal „auf Monate zurückgeworfen" worden.

Gegliedert war das Gesetz in drei Abschnitte, wobei der erste die Aufstellung der Feuerschutzpolizei als Nachfolger der Berufsfeuerwehren regelte, während der zweite Abschnitt die übrigen Feuerwehren als Hilfspolizeitruppen definierte; der dritte Abschnitt enthielt gemeinsame Vorschriften zur Durchführung des Gesetzes. Insgesamt folgten dem Gesetz sieben Durchführungsverordnungen.

Verbunden mit der Vereinheitlichung des Feuerlöschwesens war auch dessen zentrale Finanzierung durch das am 1. Februar 1939 verkündete FEUERSCHUTZSTEUERGESETZ. Nun hatten alle öffentlichen und privaten Feuerversicherungsanstalten zwischen 4 und 12 % der Prämiensumme an das Reich abzuführen.[2] Dadurch standen für in der Folgezeit anliegende Investitionen (normgerechte Fahrzeuge und Geräte), aber auch zur Finanzierung der stark erweiterten Verwaltungs- und Führungsorgane, mehr Mittel zur Verfügung. Dies bedeutete allerdings keineswegs, daß die Kommunen, aus deren Entscheidungskompetenz die Feuerwehren endgültig ausgegliedert waren, von ihren Verpflichtungen als Kostenträger des örtlichen Brandschutzes entbunden worden wären.[3]

Da Ende 1938 der Aufbau einer zentralistischen Spitzengliederung im Hauptamt Ordnungspolizei im wesentlichen vollzogen war, wurden alsbald die verbliebenen Reste der traditionellen Selbstverwaltungsorgane und der ohnehin umstrittene Vereinsstatus der Freiwilligen Feuerwehren beseitigt: § 6 Abs. 1 des Reichsfeuerlöschgesetzes, konkretisiert durch die Dritte Durchführungsverordnung vom 27. November 1939, verfügte die bereits oben am Beispiel dargestellte endgültige Auflösung aller Verbände und Vereine. Von dieser Regelung blieb der RDF als einziger verschont, da sich in diesem Verein ausschließlich Angehörige von Berufsfeuerwehren (bzw. Feuerschutzpolizeien) organisierten (vgl. 3.2.3).[4]

In den folgenden Abschnitten sollen die wesentlichen Auswirkungen des Reichsfeuerlöschgesetzes und seiner Durchführungsverordnungen auf das öffentliche Feuerlöschwesen dargestellt werden.

2 Vgl. Reppert/Goldbach 1940, S. 20 ff.
3 Vgl. Rumpf 1952, S. 22.
4 Vgl. Reppert/Goldbach 1940, S. 196.

4.1.1 Die Feuerschutzpolizeien

Nach Vorbild Preußens wurden die deutschen Berufsfeuerwehren aus dem Kreis der anderen Feuerwehren gelöst und der Ordnungspolizei als vierte friedensmäßige Sparte (neben der Schutzpolizei des Reiches, der Gendarmerie und der Schutzpolizei der Gemeinden) zugeordnet.[1] In Preußen und in einigen anderen Ländern war der Begriff „Feuerlöschpolizei" in Gebrauch gekommen, ohne daß dieser durch das Gesetz vom 15. Dezember 1933 selbst eingeführt worden war.[2] Das Reichsfeuerlöschgesetz führte nun offiziell die Bezeichnung „Feuerschutzpolizei" ein. Formell wurde den größeren Gemeinden die Aufstellung einer Feuerschutzpolizei geboten oder freigestellt; tatsächlich aber waren die Kommunen in dieser Angelegenheit nur noch Auftragsverwalter des Staates [3] und von jedweder Mitsprache ausgeschlossen.[4]

Durch das Gesetz wurde die Führung der Brandschutzkräfte in Luftschutzorten I. Ordnung sowohl beim friedensmäßigen Löscheinsatz als auch im Luftangriffsfall in die Hände des staatlichen Polizeiverwalters (in der Regel der Polizeipräsident) gelegt. Hier erreichte die Neuregelung tatsächlich eine Vereinfachung. Allerdings traten in kleineren Luftschutzorten I. Ordnung ohne staatliche Polizeiverwaltung vor allem dann Spannungen zwischen Polizeibehörden und kommunalen Exekutivbehörden (z.B. dem Bürgermeister als Ortspolizeiverwalter) auf, wenn es zu Überschneidungen zwischen friedensmäßigem Feuerlöschdienst und Luftschutzdienst kam.[5] Unterstand nämlich in luftangriffsfreier Zeit dem Bürgermeister das Brandschutzwesen, so war während und unmittelbar nach Luftangriffen der örtliche Luftschutzleiter (im Regelfall der Kommandeur der Schutzpolizei) zuständig. In diesen Meinungsstreit griff schließlich der Reichsinnenminister durch einen Runderlaß „Feuerlöschwesen, Brandbekämpfungsmaßnahmen in luftangriffsfreier Zeit" vom 24. März 1941 ein, in dem er dem örtlichen Luftschutzleiter das Recht zusprach, von sich aus fest-

---

1 Den Erfordernissen des Krieges entsprechend traten später noch zwei weitere Sparten hinzu: Die Land- und Stadtwacht sowie die Luftschutzpolizei, die ab Juli 1942 an die Stelle des Sicherheits- und Hilfsdienstes trat (vgl. Neufeldt 1957, S. 28 ff.).

2 Der Begriff „Feuerlöschpolizei" wurde erstmalig verwendet im Runderlaß „Berufsfeuerwehr" des Preußischen Ministers des Innern vom 12.01.1934 an alle Polizeibehörden - II D 2007, Ministerialblatt innere Verwaltung, S. 77, abgedruckt in: FVZ 1934, S. 62. Eine scharfe Eingrenzung des Begriffs auf die Berufsfeuerwehren verblieb allerdings, so daß auch Freiwillige Feuerwehren gelegentlich als Feuerlöschpolizeien bezeichnet wurden.

3 Vgl. Prescher 1981, S. 20.

4 Vgl. Matzerath 1970, S. 421; Rumpf 1952, S. 22.

5 Vgl. Prescher 1981, S. 25.

zulegen, wann es sich um luftangriffsfreie Zeiten handele.[6]

Hinsichtlich des Feuerlöschdienstes des SHD kam den Feuerschutzpolizeien in den Luftschutzorten I. Ordnung wie bisher die Führungsrolle zu, da diese sich auch in der luftangriffsfreien Zeit in ständiger Einsatzbereitschaft befanden und von der Ausstattung und Ausbildung her allen anderen Feuerlöschkräften weit überlegen waren.[7] Hier übte - abweichend von den Regelungen für Kommunen ohne Feuerschutzpolizei - der Kommandeur der Feuerschutzpolizei auch das Inspektionsrecht über alle ehrenamtlichen Brandschutzeinheiten aus.[8] Außerdem hatten die Feuerschutzpolizeien für die Ausbildung der für den SHD erfaßten Ergänzungs- und Bereitschaftskräfte am Standort zu sorgen.[9] Darüberhinaus waren die Feuerschutzpolizeien verantwortlich für die Inspektion des vorbeugenden Brandschutzes (Brandschau), wobei natürlich der Gesichtspunkt des Luftschutzes eine zunehmende Rolle spielte.[10]

Die Beamten der Berufsfeuerwehren wurden zu Polizeivollzugsbeamten, wobei sie allerdings innerhalb der Polizei einen Sonderstatus dadurch behielten, daß nur bestimmte Vorschriften des Deutschen Polizeibeamtengesetzes vom 24. Juni 1937 auf sie Anwendung fanden; dies waren vor allem Regelungen bezüglich Verbeamtung, Beförderung, Entlassung, Versetzung und Versorgung.[11] Es wurde fortan wieder zwischen Mannschaften und Offizieren unterschieden, wobei die Rangbezeichnungen der Polizei mit dem Zusatz „der Feuerschutzpolizei" eingeführt wurden. Leiter von Berufsfeuerwehren führten nun die Bezeichnung „Kommandeur der Feuerschutzpolizei", und ihre Rangstufe orientierte sich an der jeweiligen Größe ihres Befehlsbereichs. Die Altersgrenze wurde auf 60 Jahre festgelegt; diese Regelung erlangte aber angesichts des Krieges noch keine praktische Bedeutung.[12] Auch hinsichtlich der Uniformierung und der Dienstgradabzeichen wurde im Verlauf des Jahres 1940 eine Angleichung an die anderen Sparten der Ordnungspolizei vollzogen.[13]

Bei den Einsatzfahrzeugen dokumentierte sich die Eingliederung dadurch, daß an den seit 1937 bereits durch dunkelgrüne Farbgebung und das Hoheitszeichen der Polizei optisch angepaßten

6 Feuerlöschwesen, Brandbekämpfungsmaßnahmen in luftangriffsfreier Zeit. Reichsministerialblatt innere Verwaltung (RMBliV.), Jg. 1941, Ausgabe B, S. 559.

7 Vgl. Hampe 1963, S. 12.

8 Vgl. Reppert/Goldbach 1940, S. 36 f.

9 Vgl. (Walter) Goldbach: Die Organisation der Feuerschutzpolizei. In: DtFSch 1939, S. 500.

10 Vgl. Prescher 1981, S. 47 f.

11 Vgl. Dokument III sowie das Deutsche Polizeibeamtengesetz vom 24.06.1937, Reichsgesetzblatt Teil I, Jg. 1937, S. 653.

12 Wie Anm. 9, a.a.O.

13 Vgl. W. Kalaß: Die Uniform der Feuerschutzpolizei. In: FLöschP 1939, S. 333-336; Die neue Uniform der Feuerschutzpolizei. In: FLöschP 1939, S. 322-326; Davis/Turner 1983, Tafel 171 und S. 164 ff.; Günther 1994, S. 54 f. (Uniformierung) u. S. 57 (Polizeidienstbezeichnungen); Jarausch/Haase 1991, S. 110 u. 112; Prescher 1981, S. 24 f.; Strumpf 1987, S. 121.

Feuerwehrfahrzeugen „Pol"-Kennzeichen und die dem Ortsnamen vorangestellte Türbeschriftung „Feuerschutzpolizei" ergänzt wurden.

4.1.2 Die Freiwilligen Feuerwehren als Hilfspolizeitruppen

Waren die Berufsfeuerwehren gänzlich in einer Sparte der Ordnungspolizei aufgegangen, so behielten die übrigen Feuerwehren einen eigenen organisatorischen Status. Das Gesetz subsumierte unter dem Sammelbegriff „Feuerwehren" alle Freiwilligen Feuerwehren, Pflichtfeuerwehren und Werkfeuerwehren. Bei genauerer Betrachtung fällt auch auf, daß die Bindungen der Feuerwehren zu den vormaligen Berufsfeuerwehren keineswegs aufgehoben worden waren; bedingt durch die Zusammenarbeit im Rahmen des SHD waren sie insbesondere in Preußen durch das Gesetz noch intensiviert worden. Allerdings ergab sich ein eindeutiges hierarchisches Gefälle zwischen Feuerschutzpolizei und Freiwilliger Feuerwehr aufgrund ihrer jeweiligen Stellung im Polizeiapparat: Die ehrenamtlichen Brandschutzkräfte wurden in größeren Städten dem Kommandeur der Feuerschutzpolizei (§ 4 Abs. 2), bei Luftkriegsereignissen dem Kommandeur des örtlichen Feuerlöschdienstes - in der Regel ebenfalls der Kommandeur der Feuerschutzpolizei - unterstellt. Wo keine Feuerschutzpolizei bestand, waren nach preußischem Muster KREISFÜHRER (in Landkreisen) und BEZIRKSFÜHRER (in Regierungsbezirken und kleineren Ländern) Vorgesetzte und zugleich Aufsichtsinstanzen der Freiwilligen Feuerwehren. In einigen Flächenländern und annektierten Gebieten (Preußen, Bayern, Sachsen, Reichsgau Sudetenland) traten als nächsthöhere Einrichtung die FEUERWEHRTECHNISCHEN ABSCHNITTSINSPEKTEURE auf Provinzebene hinzu.[1]

Die Dritte Durchführungsverordnung zum Reichsfeuerlöschgesetz vom 24. Oktober 1939 regelte die Organisation der Freiwilligen Feuerwehren: Weiterhin als „gemeindliche Angelegenheit" definiert, oblag die Aufstellung von Freiwilligen Feuerwehren oder Pflichtfeuerwehren dem Bürgermeister,[2] in dessen Auftrag (als örtlicher Polizeiverwalter) sie auch tätig werden sollten. Da die Freiwilligen Wehren aber ihren Vereinsstatus verloren hatten und zu Hilfspolizeitruppen erklärt worden waren (§ 6 Abs. 2), kamen den Gemeinden als Auftragsverwaltern des Reiches nur noch die materielle Ausstattung und der Unterhalt der Feuerwehren zu. Der organisatorischen Zwitterform aus Reichs- und Kommunaleinrichtung entsprach auch die sich nun etablierende zentralistische

1 Vgl. Reppert/Goldbach 1940, S.31 f. u. 36 f.
2 Vgl. Prescher 1981, S. 37.

Spitzengliederung der Freiwilligen Feuerwehren: zwei Ämter unter einem gemeinsamen Chef, dessen eines direkt in das Hauptamt Ordnungspolizei eingebunden war und dessen anderes Selbstverwaltungsaufgaben ähnlich denen der aufgelösten Feuerwehrverbände wahrzunehmen hatte.

In der Dritten und Vierten Durchführungsverordnung wurde unter Berufung auf das Reichsbürgergesetz vom 15. September 1935 festgelegt, daß endgültig keine Juden mehr Dienst in Freiwilligen Feuerwehren bzw. Pflichtfeuerwehren tun dürften; allerdings durften „Halbjuden" in den Wehren verbleiben, aber keine Führerstellen einnehmen.[3]

Als Ausgleich für die einschneidenden Änderungen, welche - wie im Zusammenhang mit den Feuerwehrverbänden aufgezeigt wurde - mindestens für Unruhe selbst unter konservativ-nationalistischen Feuerwehrleuten sorgten, suchten die Nationalsozialisten Sympathien zu gewinnen, indem sie in ihrer Propaganda unablässig das Ethos des freiwilligen Helfers herausstellten und sich um eine Hebung des allgemeinen Ansehens der Feuerwehren bemüht gaben (vgl. Dalueges Ausführungen unter 3.4). Sogar im Reichsfeuerlöschgesetz war unter § 6 Abs. 2 eine entsprechende Passage enthalten, in der nicht ohne Pathos verkündet wurde: „Der freiwillige Dienst in dieser Hilfspolizeitruppe ist ein ehrenvoller, opferbereiter Einsatz für die deutsche Volksgemeinschaft."

Mit der Freiwilligkeit war es aber längst nicht mehr zum Besten bestellt: Nach der Überführung der Freiwilligen Feuerwehren in eine Hilfspolizeitruppe wurden alle in den letzten sechs Monaten vor Erscheinen der Dritten Durchführungsverordnung am 29. November 1939 ausgesprochenen Austritte von Feuerwehrmännern für „wirkungslos" erklärt und die Betroffenen zum Verbleib in den Wehren gezwungen. Allen Mitgliedern Freiwilliger Feuerwehren, auch den als Reserve wieder in den aktiven Dienst zurückgekehrten Angehörigen der Altersabteilungen, wurde die Verpflichtung auferlegt, sich als Hilfspolizeibeamte neu vereidigen zu lassen.[4] Zur Mitwirkung im Luftschutz traten in deutlich vermehrtem Maße „weltanschauliche Schulungen", gemeinsame Aufmärsche mit NS-Organisationen und die Teilnahme an anderen Parteiveranstaltungen in Uniform.[5]

3 Vgl. Keine Juden in den Feuerwehren. Die endgültige Regelung durch die Dritte und Vierte Durchführungsverordnung. In: DtFSch 1939, S. 705-706.

4 Vgl. (Walter) Schnell: Was muß jetzt in den Freiwilligen Feuerwehren nach Auflösung der Vereine und Verbände geschehen? In: DtFSch 1939, S. 701-704, hier S. 701.

5 Vgl. Engelsing 1990, S. 140 f.; Günther 1994, S. 64.

In der Chronik einer Braunschweiger Ortsfeuerwehr werden die Auswirkungen der nationalsozialistischen Gesetzgebung auf die persönlichen und dienstlichen Beziehungen der Wehrmitglieder umrissen:

> „Unter dieser veränderten Organisationsform (der Umwandlung in eine Hilfspolizeitruppe, A. L.), deren Folge ein strafferer Führungsstil innerhalb der Feuerwehr war, litten die kameradschaftlichen Bindungen der einzelnen Mitglieder. Schon bald wurde auf die Freiwilligkeit der Beteiligten ein Druck ausgeübt, dem sich kaum einer entziehen konnte."[6]

Nicht zu vergessen ist in diesem Zusammenhang, daß sich der Staat zu Zwekken der Reichsverteidigung inzwischen mehrerer Instrumentarien bedienen konnte, um Dienst- und Sachleistungen beanspruchen zu können: Zum einen war es seit Inkrafttreten der Ersten Durchführungsverordnung zum Luftschutzgesetz vom 26. Juni 1935 möglich, im Rahmen der Luftschutzdienstpflicht Personen zur ständigen Mitwirkung in den Hilfsdiensten heranzuziehen,[7] zum anderen bot das am 30. September 1939 auf Polizei und Luftschutz ausgedehnte Gesetz über Leistungen für Wehrzwecke vom 13. Juli 1938 eine Handhabe zur Erzwingung längerfristiger Hilfsdienste.[8] So gesehen wurden alle Feuerwehren, besonders nach dem Aufruf des Luftschutzes zu Kriegsbeginn und dem dadurch bedingten Hinzutreten großer Kontingente aus Ergänzungskräften, gewissermaßen zu Pflichtfeuerwehren.

Was den Luftschutzdienst betrifft, änderten sich die Verhältnisse für die Feuerwehren in den Luftschutzorten II. und III. Ordnung keineswegs so radikal wie für ihre großstädtischen Pendants. Da in diesen Gemeinden ein aufwendig durchgeführter Luftschutz nicht vorgesehen war, wirkte sich die Unterstellung unter die Ordnungspolizei viel weniger einschneidend aus. In den ersten Kriegsjahren versahen die Feuerwehrleute weiterhin nur ihren regulären Löschdienst; den wenigen kriegsbedingten Einsätzen (z.B. Flugzeugabstürze oder Bombennotwürfe) zeigten sie sich ohne Heranziehung zusätzlicher Kräfte gewachsen. Allerdings kam es auch kaum zur Neuzuweisung von Fahrzeugen und Geräten, wie dies für den SHD in den Luftschutzorten I. Ordnung vorgesehen war. Erst später wurden auch Feuerwehren aus Dörfern und Kleinstädten, zusammengefaßt zu Feuerwehr-Bereitschaften, zum Luftkriegseinsatz in die Großstädte und Industriezentren beordert (vgl. 5.2.1).[9]

---

6 Zuch 1989, S. 47.
7 Vgl. Hampe 1963, S. 24 ff.
8 Vgl. Hüttenberger 1969, S. 157.
9 Vgl. Hampe 1963, S. 367 ff.; Engelsing 1990, S. 173 ff.

4.2
Die Führungsstrukturen von Feuerwehren und Luftschutz

In den ursprünglichen Planungen des Reichsministeriums des Innern für das Reichsfeuerlöschgesetz sollte die Vereinheitlichung der Feuerwehren im Gefolge einer umfassenden Reichsreform durchgeführt werden, um zuvor die von Land zu Land verschiedenen Rahmenbedingungen der Inneren Verwaltung zu egalisieren. Obgleich diese Reform angesichts der Rivalitäten zwischen Partei und traditionellen Staatsorganen um die führende Rolle in der Gesellschaft alsbald ins Stocken geriet, schien man innerhalb der Ministerialbürokratie die Hoffnung auf eine Verkopplung von Reichsreform und Reichsfeuerlöschgesetz auch 1936 noch nicht gänzlich aufgegeben zu haben. Jedenfalls begründete Ministerialrat Dr. Kerstiens die Verzögerungen bei der Herausgabe des Reichsfeuerlöschgesetzes gegenüber dem damals noch existenten Feuerwehrbeirat folgendermaßen: „Das Reichsfeuerlöschgesetz hängt mit dem Reichsverwaltungsgesetz zusammen, und der Gesetzgeber, der damit dem Willen des Führers Rechnung trägt, ist der Ansicht, daß nun nicht alle Gesetze auf einmal sich wie ein Regen auf die Bevölkerung ergießen sollen."[1]

Nach der Überführung der Zuständigkeiten für das Feuerlöschwesen in den Machtbereich des Reichsführers SS und Chefs der Deutschen Polizei wurden die Entwürfe für das Reichsfeuerlöschgesetz auf das Basiskonzept einer „verreichlichten" Ordnungspolizei gestellt. Maßgeblich für den Aufbau der zentralisierten Führungs- und Verwaltungsstrukturen wurden dementsprechend die territorialen Einteilungen der Polizeiorganisation, die sich oberhalb der Revierebene zumeist traditionell an den Gebietskörperschaften (Stadt- und Landkreise, Regierungsbezirke, Provinzen und Länder) orientierten. Bei Inkrafttreten des Reichsfeuerlöschgesetzes hatten die Führungs- und Aufsichtsorgane der Polizei und Hilfspolizeien (Freiwillige Feuerwehren, TN) ihren Sitz in den jeweiligen Hauptorten.

Gerade diese Einteilung hatte aber den Nachteil, daß die inhomogene Reichsstruktur mit einigen wenigen Flächenstaaten - allen voran Preußen - und vielen Klein- und Kleinststaaten mit einer Unzahl an En- und Exklaven eine effiziente zentralistische Verwaltung praktisch unmöglich machte. Die aufgrund des Gesetzes zur Gleichschaltung der Länder mit dem Reich vom 7. April 1933 verfügte Einsetzung von Reichsstatthaltern in den außerpreußischen Ländern machte ein Regieren von Berlin aus keineswegs einfacher: Dadurch, daß in den Ländern nun auch ein Konkurrenzkampf zwischen den zu Reichsstatthaltern ernannten Gauleitern und den ebenfalls nationalsozialistischen Landesregierungen um Kompetenzen und die Gunst

1 Vgl. Kerstiens 1936, S. 46.

Hitlers entbrannte, verkomplizierten sich die regionalen Machtverhältnisse sogar noch weiter.[2] Eine Alternative oberhalb der Stadt- bzw. Landkreisgrenzen bot daher zunächst nur die militärische Einteilung in Wehrkreise, an deren Grenzen sich auch die SS-Oberabschnitte orientierten.

Die Luftwaffe hatte das Reichsgebiet entsprechend ihren Anforderungen ebenfalls in länderübergreifende Gebiete - Luftflottenkommandos und Luftgaukommandos - aufgeteilt: Während die Luftflottenkommandos lediglich das Heimatgebiet ansonsten voll beweglicher, selbständig operierender und mehrere Waffenarten umfassender Luftstreitkräfte absteckten, waren die Luftgaukommandos die territorial gebundenen Untergliederungen der Luftflotten, in deren Zuständigkeit Verwaltungs-, Nachschub-, Unterbringungs- und technische Unterstützungsaufgaben fielen.[3] Im Zusammenhang mit dem Feuerlöschwesen waren die Luftgaukommandos insofern von besonderer Bedeutung, als diese auf regionaler Ebene für Nachschub, Verteilung und Inspektion der Einheiten des SHD zuständig waren.

Durch diese drei parallel bestehenden unterschiedlichen Gebietseinteilungen - Länder/Provinzen, Wehrkreise, Luftgaue - und den durch das Reichsfeuerlöschgesetz in keiner Weise in Frage gestellten Dualismus zwischen Ordnungspolizei und RLM wurde eine zentralistisch strukturierte Führung der Brandschutzkräfte bereits konterkariert, ehe die reichseinheitliche Umstrukturierung des Feuerlöschwesens überhaupt in allen Punkten umgesetzt war. Hinzu kam, daß sich die - an sich schon sehr zahlreichen und verwickelt aufgebauten - Spitzenbehörden von Ordnungspolizei und RLM auf regionaler Ebene in zunehmendem Maße mit Sondergewalten und anmaßenden Parteifunktionären konfrontiert sahen. Den örtlichen Luftschutz brachte die „Vielzahl der auf ihn einbefehlenden militärischen und zivilen Stellen ständig in Gefahr, unter einem Wust von Papier zu erliegen", wie Hans Rumpf es rückblickend formuliert.[4]

Nebenstehendes Schaubild ist als Versuch zu sehen, die Beziehungen zwischen allen Spitzenbehörden, Mittelinstanzen und Sondergewalten, die offiziell mit Fragen des öffentlichen Feuerlöschwesens und des Luftschutzes betraut waren, plausibel darzustellen. Gleichwohl ist es insofern unvollkommen, als weitere, inoffizielle Einflußnahmen und Zuständigkeitsusurpationen durch Parteifunktionäre nicht abgebildet werden können. Auch ist es nicht mehr als eine Momentaufnahme, denn die „Kriegsspitzengliederung" war in ständiger Umorganisation begriffen. In den folgenden Abschnitten werden die im Schaubild aufgeführten Instanzen eingehender vorgestellt. Auch auf die besondere Rolle der NSDAP und ihrer Gliederungen wird im Text eingegangen.

---

2 Zu den Reichsstatthaltern vgl. Diehl-Thiele 1969, S. 37 ff.
3 Vgl. Price 1979, S. 10-14.
4 Rumpf 1952, S. 23.

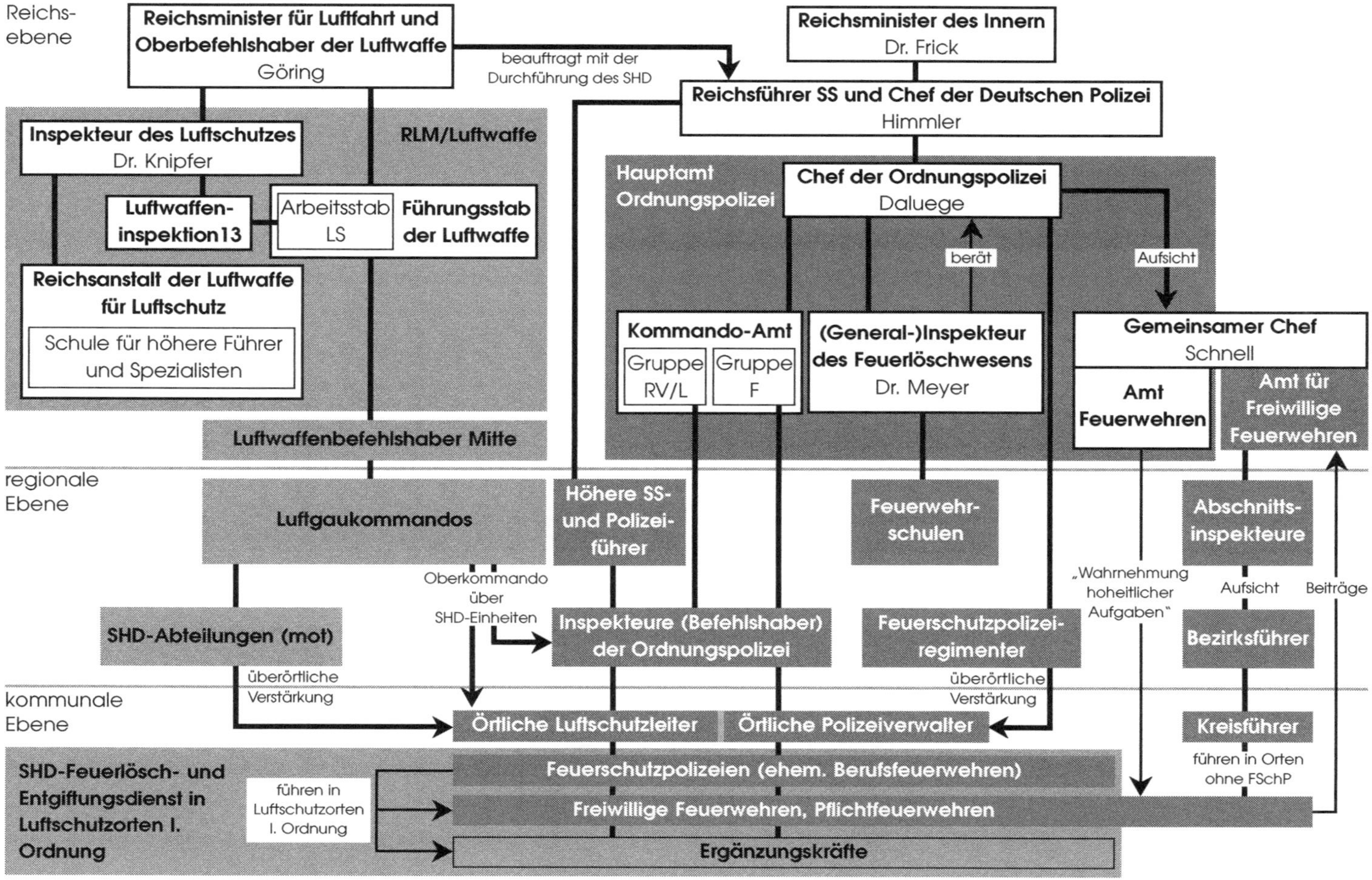

Die Organisation des öffentlichen deutschen Feuerlöschwesens (1941)

4.2.1
Dienststellen im Hauptamt Ordnungspolizei

4.2.1.1
Die Gruppen F und RV/L im Kommando-Amt

Die Kontrolle über die Feuerschutzpolizeien übte das Kommando-Amt im Hauptamt Ordnungspolizei durch das bereits 1937 geschaffene Amt „Feuerschutzpolizei" aus (vgl. 3.4). 1940 in Gruppe, 1943 in Inspektion „Feuerschutzpolizei" umbenannt, war diese Einrichtung neben den Personalangelegenheiten vor allem mit der Organisation, Normungsangelegenheiten, Beschaffungen und ab 1940 auch mit Fragen des vorbeugenden Luftschutzes betraut.[1]

Parallel zum Amt „Feuerschutzpolizei" arbeitete im Kommando-Amt das Amt (später Gruppe) „Reichsverteidigung und Luftschutz" (Gruppe „RV/L"), das mit Führungsangelegenheiten des Luftschutzes, also auch des Feuerlöschdienstes des SHD, betraut war.[2] Um vermutlich wenigstens Kompetenzüberschneidungen innerhalb einer Behörde zu vermeiden, wurde 1942 die der Gruppe „RV/L" zugehörige Untergruppe „Feuerlöschdienst und luftschutztechnische Sonderaufgaben" an die Gruppe „Feuerschutzpolizei" abgegeben.[3] Dies war naheliegend, da die Feuerschutzpolizeien in den Luftschutzorten I. Ordnung ohnehin mit der Führung der FE-Einheiten betraut worden waren. Andererseits waren mit Schaffung des Amtes „Feuerschutzpolizeien" bereits zwei Einrichtungen mit Normungs- und Beschaffungsfragen befaßt, und zwar je eine unter der Ägide des RLM und des RMdI. Dieser Umstand mag zunächst nicht verwundern, hatten doch Berufsfeuerwehren auch einen größeren Bedarf an Spezialfahrzeugen, die nicht in den Normen der L IN 13 vorgesehen waren. Allerdings führte die kriegswirtschaftlich bedingte Beschränkung der zugelassenen Fahrzeugtypen vom 2. März 1939 und der vom RMdI am 16. März 1940 herausgegebene Runderlaß „Typenbegrenzung im Feuerlöschfahrzeugbau" dazu, daß insgesamt nur zehn verschiedene Typen auf Fahrgestellen in drei Gewichtsklassen gebaut werden durften (vgl. 4.3.2).[4] Demzufolge kam es zu einer Angleichung der Fuhrparks von Feuerschutzpolizeien und Luftschutzeinheiten. Allerdings waren in den beiden Behörden noch bis 1943 unterschiedliche Typenbezeichnungen für annähernd baugleiche Fahrzeuge in Gebrauch.

1 Vgl. Neufeldt 1957, S. 71 f.
2 Vgl. Neufeldt 1957, S. 58 ff.
3 Vgl. Neufeldt 1957, S. 72.
4 Vgl. Oswald/Gihl 1986, S. 68 ff.; Hartung 1987, S. 42.

4.2.1.2
Die Spitzengliederung der Freiwilligen Feuerwehren

Anfangs scheint man im Hauptamt Ordnungspolizei ratlos gewesen zu sein, ob man den Feuerwehren weiterhin eine eingeschränkte Selbstverwaltung belassen sollte, oder ob eine ausschließlich von Beamten der Feuerschutzpolizei besetzte staatliche Zentralverwaltung eher den Vorstellungen von einer „straff organisierten Hilfspolizeitruppe" entsprach. Aus mehreren Gründen wählte man schließlich einen Mittelweg, wodurch sich zeitweise zwei Dienststellen - das oben (vgl. 3.4) bereits erwähnte AMT FÜR FREIWILLIGE FEUERWEHREN und das AMT FEUERWEHREN - die Verwaltung der Freiwilligen Feuerwehren nach Aufgabengebieten getrennt teilten. Trotz der Namensähnlichkeit handelte es sich in der Tat um zwei unterschiedlich konstituierte Ämter, die allerdings durch einen gemeinsamen Chef, Walter Schnell, verwaltet wurden.[1]

Nach Vorbild des im Oktober 1936 geschaffenen REICHSAMTES TECHNISCHE NOTHILFE wurde auf Grund der Sechsten Durchführungsverordnung vom 3. Januar 1940 zum Reichsfeuerlöschgesetz das seit 1937 dem HAUPTAMT ORDNUNGSPOLIZEI lose angegliederte AMT FÜR FREIWILLIGE FEUERWEHREN zu einer Körperschaft des öffentlichen Rechts.[2] Im März 1942 in REICHSAMT FREIWILLIGE FEUERWEHREN umbenannt, war diese Behörde rechtlich weiterhin eigenständig, unterstand aber der Aufsicht des HAUPTAMTES ORDNUNGSPOLIZEI. Das Reichsamt trat in seinen Funktionen in gewisser Weise die Nachfolge der aufgelösten Feuerwehrverbände an [3] und hatte sich um alle Fragen des technischen und allgemeinen Dienstbetriebs zu kümmern; hierzu zählten z.B. die Sorge um Instandhaltung von Ausrüstung oder die Organisation der Ausbildung. Über zugewiesene Mittel aus der Feuerschutzsteuer und die von den Feuerwehren eingezogenen Beitragszahlungen wurden die Kosten der als Außenstellen des Reichsamtes geführten regionalen Selbstverwaltungs- und Aufsichtsorgane (KREISFÜHRER, BEZIRKSFÜHRER, ABSCHNITTSINSPEKTEURE) bestritten.[4]

---

1 Vgl. Neufeldt 1957, S. 33 f.

2 Vgl. Schnell 1956, S. 279.

3 Sechste Durchführungsverordnung zum Gesetz über das Feuerlöschwesen (zit. nach Reppert/Goldbach 1940, S. 281 f.): „§ 1 Abs. 1: Zur einheitlichen selbständigen Regelung von Fragen, die den inneren technischen Dienst und den Geschäftsbetrieb der Freiwilligen Feuerwehren betreffen, wird das Amt für Freiwillige Feuerwehren gebildet. Den Umfang der Fragen, die der selbständigen Regelung unterliegen, bestimmt der Reichsminister des Innern." Engelsing 1990, S. 140, gibt sachlich nicht ganz korrekt an: „An ihre (gemeint sind die aufgelösten Feuerwehrverbände, A. L.) Stelle trat Anfang 1940 das Reichsamt für Freiwillige Feuerwehren."

4 Zur Finanzierung vgl. (Walter) Schnell: Was muß jetzt in den Freiwilligen Feuerwehren nach Auflösung der Vereine und Verbände geschehen? In: DtFSch 1939, S. 701-704, hier S. 702 f.; Schnell 1956, S. 280 f.

Da man offenbar nicht geneigt war, hoheitliche Aufgaben des Staates [5] durch das noch immer vergleichsweise selbständige Amt Freiwillige Feuerwehren wahrnehmen zu lassen, wurde zunächst Anfang 1939 die Errichtung eines sowohl für die Freiwilligen Feuerwehren als auch die TN zuständigen „Amtes Freiwillige Polizeien" erwogen, durch das der Chef der Ordnungspolizei die Dienstaufsicht über beide Hilfsdienste ausüben sollte.[6] Nach dem Scheitern dieser Planung wurde im Mai 1941 ein AMT FEUERWEHREN als integraler Bestandteil des Hauptamtes Ordnungspolizei eingerichtet. Offenbar bewährte sich die Einrichtung aber nicht; sie wurde am 15. September 1943 wieder aufgelöst. Nach Fortfall des Amtes Feuerwehren hatte das Reichsamt Freiwillige Feuerwehren zusätzlich auch dessen Aufgaben wahrzunehmen. Allerdings mußte der Bereich der hoheitlichen Aufgaben bereits im Juli 1944 wieder an das Kommando-Amt der Ordnungspolizei abgegeben werden,[7] wo sie - sehr zum Ärger Schnells - nun doch von Offizieren der Feuerschutzpolizei bearbeitet wurden.[8] Dafür wurde das Reichsamt Freiwillige Feuerwehren zur zentralen Materialbeschaffungsstelle ausgebaut, deren Zuständigkeit bis zum Kriegsende auf sämtliche Brandschutzkräfte, also auch für die Feuerschutzpolizeien und die erst zu Kriegsbeginn reichsweit aufgestellten HJ-FEUERWEHR (vgl. 4.3.1), ausgedehnt wurde.[9]

---

5 Hoheitliche Funktionen sind nach Neufeldt 1957 Gesetzgebung, allgemeine rechtliche Angelegenheiten, Feuerschutzsteuer, Organisation, Verwendung, Führung, Einsatz, Ausbildung, Technik, Personalien und die weltanschauliche Erziehung.

6 Vgl. Neufeldt 1957, S. 74.

7 Vgl. Neufeldt 1957, S. 75.

8 Vgl. Schnell 1956, S. 284.

9 Vgl. Schnell 1956, S. 281; Neufeldt 1957, S. 92 ff.

4.2.1.3
Der Inspekteur des Feuerlöschwesens

Der Inspekteur des Feuerlöschwesens (ab März 1940 Generalinspekteur) wurde bereits 1937 eingesetzt, wobei allerdings erst das Feuerlöschgesetz eine rechtlich solide Grundlage für seine Tätigkeit schuf.[1] Er hatte seinen Sitz im Hauptamt Ordnungspolizei und war dessen Chef unmittelbar unterstellt (vgl. 3.4). Bekleidet wurde die Position von ihrer Schaffung bis zum Kriegsende von Dr. Johannes Meyer, vormals Branddirektor in Karlsruhe und Landesbranddirektor in Thüringen.[2]

Neben der Dienstaufsicht über die höheren Feuerwehrbeamten und -führer hatte der Inspekteur das Aufsichtsrecht über praktisch alle Bereiche des Brandschutzwesens einschließlich des Luftschutzes. Sein Zuständigkeitsbereich erstreckte sich auf sämtliche Brandschutzkräfte und umfaßte die Begutachtung der personellen und materiellen Ausstattung der Feuerwehren. Ferner war mit dem Posten des Inspekteurs das Kommando über die ebenfalls 1937 gegründete Reichsfeuerwehrschule Eberswalde (ab Mitte 1943 Offiziersschule der Ordnungspolizei) verbunden, der ab 1939 alle Provinzial- und Landesfeuerwehrschulen nachgeordnet waren. Daneben sollte der Inspekteur den Chef der Ordnungspolizei in allen Fragen des Brandschutzes beraten.[3]

Die dem Inspekteur zugesprochene Rolle des kompetenten Beobachters war dadurch charakterisiert, daß ihm keine direkten Befehlsbefugnisse gegenüber den Brandschutzkräften eingeräumt wurden, wohl aber Beanstandungen seinerseits über den Dienstweg als bindende Weisungen an die betreffenden Stellen weitergeleitet wurden. Somit muß die Einsetzung von (General-)Inspekteuren des Feuerlöschwesens als Versuch gewertet werden, trotz der Dualität der beiden mit Brand- und Luftschutzaufgaben befaßten Ministerien und der sich daraus ergebenden neuerlichen Uneinheitlichkeit den Überblick und die Kontrolle über die Brandschutzkräfte nicht gänzlich zu verlieren.

1 Vgl. Hampe 1963, S. 378 f.; Neufeldt 1957, S. 34.
2 Vgl. Neufeldt 1957, S. 111.
3 Vgl. Hampe 1963, S. 378 ff.

4.2.2 Dienststellen des Reichsluftfahrtministeriums und der Luftwaffe

Die mit der Vorbereitung und Organisation des Luftschutzes befaßten Stellen im RLM (vgl. 3.3.1) behielten auch nach Aufruf des Luftschutzes ihre Zuständigkeitsbereiche, wurden allerdings gemäß den für den Kriegsfall ausgearbeiteten Plänen eng in die Operationsplanung der Luftwaffe eingebunden:

Unter der Bezeichnung Arbeitsstab LS wurden diejenigen Teile der L IN 13 dem Führungsstab der Luftwaffe (Deckname „Kurfürst") zugeordnet, die für Führung, Einsatz und Ausbildung des Luftschutzes zuständig waren. Im Arbeitsstab liefen ständig Informationen aus den Gebieten der Luftflotten und Luftgaue sowie Hinweise der Geheimdienste auf geplante gegnerische Angriffe ein. Ergänzt wurden diese Nachrichten durch Reisen des Inspekteurs des zivilen Luftschutzes, Dr. Kurt Knipfer, sowie von Offizieren und Beamten des Arbeitsstabs LS zu Orten oder Rüstungswerken, die von Luftangriffen betroffen waren. Aufbauend auf die gesammelten Informationen plante der Arbeitsstab LS die Bedarfslenkung und richtete Materialanforderungen sowohl an die für Entwicklung und Beschaffung zuständigen Abteilungen der L IN 13 als auch an andere Stellen, z.B. den Generalquartiermeister der Luftwaffe oder das Reichsministerium für Rüstung und Kriegsproduktion. Um die bisher praktizierte Mitzeichnung von den SHD betreffenden Erlassen durch den Reichsführer SS und Chef der deutschen Polizei über den regulären Instanzenweg abzukürzen, gehörte dem Arbeitsstab LS ein von Himmler entsprechend bevollmächtigter Verbindungsoffizier an. Erschwert wurde die Tätigkeit des Arbeitsstabs LS, als der Luftwaffenführungsstab nach dem Überfall auf die Sowjetunion in ein neues Quartier („Robinson") nach Ostpreußen verlegt wurde. Nach Einrichtung einer Anfang 1943 aus Mitgliedern des Arbeitsstabs LS gebildeten Gruppe Ia Flak op. 3 beim vorgeschobenen Luftwaffenführungsstab wurden die sich aus der räumlichen Entfernung ergebenden Kommunikationsprobleme teilweise behoben.[1]

Waren der Arbeitsstab LS und die entsprechenden Dienststellen im Führungsstab der Luftwaffe für die Gesamtbedarfsplanung sowie für Lenkung und Einsatz der überörtlichen SHD-Abteilungen (mot) (ab 1942 LS-Abteilungen (mot) der Luftwaffe) im besetzten Westeuropa (Frankreich, Belgien, Niederlande), an der Ostfront (Kaukasus) und auf den rumänischen Erdölfeldern bei Ploesti zuständig,[2] so lag die Verantwortung für diese Bereiche im Reichsgebiet anfangs bei den einzelnen Luftflotten.[3] Nachdem

1 Vgl. Hampe 1963, S. 246 f.

2 Vgl. ausführlich Kurt Lindner: Die motorisierten Luftschutzabteilungen der Luftwaffe. Typoskript. Seeheim-Jugenheim o.J. (1992). Archiv des Deutschen Feuerwehrmuseums e.V., Fulda, Nachlaß Kurt Lindner, 1 : 2 : 1; ferner Hampe 1963, S. 248.

3 Vgl. Hampe 1963, S. 256.

die den Luftflotten unterstellten Kampfverbände überwiegend auf Kriegsschauplätze außerhalb des Reichsgebietes verlegt worden waren,[4] gleichzeitig aber auch erste größere Angriffe der Royal Air Force das Reichsgebiet trafen, wurde eine Reorganisation der Heimatluftverteidigung notwendig. Zu diesem Zweck wurde am 21. März 1941 ein Luftwaffenbefehlshaber Mitte ernannt,[5] dessen Befehlsbereich das Reichsgebiet, Dänemark und die Niederlande umfaßte.[6] Ende Dezember 1943 wurden alle zur Heimatluftverteidigung eingesetzten Kräfte in einer eigenen Luftflotte Reich unter Generaloberst Hans-Jürgen Stumpff zusammengefaßt.[7]

Im wesentlichen glichen die Aufgaben der beim Stab der Heimatluftverteidigung sachbearbeitenden Stelle für den Luftschutz (Abteilung Ia op. 3) denen des Arbeitsstabes LS beim Führungsstab der Luftwaffe: Hinsichtlich der Luftschutzkräfte stand dem Abteilungsleiter Ia op. 3 das Inspektionsrecht über sämtliche Einheiten zu, das er aber in der Regel an die Luftgaukommandos übertrug. Ferner hatte er für die großräumige Verteilung mobiler Luftschutzeinheiten der Luftwaffe („Luftflottenreserven") und taktisch unterstellter Verbände des Chefs der Ordnungspolizei entsprechend der Luftlage Sorge zu tragen. Um den überörtlichen Einsatz unzureichend motorisierter SHD-Einheiten zu ermöglichen, konnte die Abteilung Ia op. 3 auch auf Transportkapazitäten (Lastwagenkolonnen) der Luftwaffe zurückgreifen.[8]

---

4 Zu den erweiterten Operationsgebieten der Luftflotten vgl. Price 1979, S. 11.
5 Vgl. Hillgruber/Hümmelchen 1978, S. 63.
6 Vgl. Wood/Gunston 1979, S. 59.
7 Vgl. Wood/Gunston 1979, S. 98. Zur Person Stumpffs vgl. Price 1979, S. 123 f.
8 Vgl. Hampe 1963, S. 256 f.

4.2.3 Regionale Mittelinstanzen und Sondergewalten

Nach Einrichtung des Hauptamtes Ordnungspolizei wurden als dessen regionale Organe zum 1. September 1936 Inspekteure der Ordnungspolizei (IdO) bei den preußischen Oberpräsidenten, den Innenministerien in Bayern und Sachsen sowie bei den Reichsstatthaltern in Württemberg eingesetzt. Offiziell als „Sachbearbeiter für die Angelegenheiten der Ordnungspolizei" definiert, standen den IdO Aufsichtsbefugnisse über alle Sparten der uniformierten Polizei und die Regelung von Aus- und Fortbildungsmaßnahmen zu; auch Vorbereitungen für den Mobilmachungsfall wurden in ihren Dienststellen erarbeitet. Mit Befehlsbefugnissen gegenüber den kommunalen Polizeiverwaltungen wurden die IdO hingegen nicht ausgestattet. Bis 1938 waren die Aufsichtsbereiche der IdO auf alle bislang nicht erfaßten Regionen des Reichsgebiets ausgedehnt worden.[1]

Eine erhebliche Veränderung erfuhren diese traditionell hierarchischen Unterstellungsverhältnisse der IdO bei Kriegsbeginn durch die Etablierung von Höheren SS- und Polizeiführern (HSSPF): Die HSSPF, deren Einsetzung durch einen Erlaß des Reichsministers des Innern vom 13. November 1937 für den Mobilmachungsfall vorgesehen wurde, sollten die Aufgabe erhalten, alle regionalen Kräfte der SS und Polizei unter einheitlichem Befehl zusammenzufassen. Dies entsprach den Bestrebungen Himmlers, mittelfristig SS und Polizei zu einem von den traditionellen Staatsorganen losgelösten „nationalsozialistischen Staatsschutzkorps" zu verschmelzen. Die Kompetenzen der HSSPF gegenüber der inneren Verwaltung und im Rahmen der Reichsverteidigung blieben bewußt offen; das Mittel ihrer Herrschaft waren Sondervollmachten und usurpierte Zuständigkeiten. Himmler dachte den HSSPF eine Art Statthalterfunktion für seine Interessen zu, denen die Befugnis gegeben wurde, selbst an den Hauptämtern von SS und Polizei vorbei in die regionalen Verhältnisse unmittelbar einzugreifen. Die zu Kriegsbeginn verfügte „persönliche und unmittelbare" Unterstellung der HSSPF unter die Reichsstatthalter und Oberpräsidenten war ebenso wirkungslos wie das wortgleich definierte Dienstverhältnis zwischen Himmler und Reichsinnenminister Frick. Da ihre Zuständigkeitsbereiche im Reichsgebiet nach Wehrkreisen eingeteilt wurden, standen dem einzelnen HSSPF in den meisten Fällen mehrere Provinz- und Landesregierungen gegenüber, wodurch die Kontrolle seitens der Inneren Verwaltung vollends vereitelt wurde.[2]

Nach Einsetzung von HSSPF wurden die IdO aus dem Unterstellungsverhältnis gegenüber der Inneren Verwaltung ge-

---

1 Vgl. Tessin 1957, S. 19 f.; Schramm 1983, S: 27-30.
2 Zur Konstituierung und Stellung der HSSPF im Reichsgebiet vgl. Birn 1986, S. 7-14, S. 79 ff.; Buchheim 1964, S. 114 ff.

löst und in deren Befehlsbereich als „Hauptmitarbeiter" für die Belange der Ordnungspolizei übernommen.[3] Um die Jahreswende 1939/40 wurden die Zuständigkeitsbereiche der IdO ebenfalls der Wehrkreiseinteilung angepaßt. Angesichts der besonderen Luftgefährdung der westlichen Reichsteile und der Küstengebiete wurden zur gleichen Zeit die IdO in Hamburg, Münster, Wiesbaden und Stuttgart mit Befehlsbefugnissen ausgestattet, um Luftkriegseinsätze in Ballungsgebieten ortsübergreifend koordinieren zu können. Entsprechend ihrer erweiterten Funktion wurden diese IdO zu Befehlshabern der Ordnungspolizei (BdO) ernannt.[4] Ihnen unterstanden für ihren Bereich die gesamte Ordnungspolizei mitsamt aller technischen Hilfspolizeien (Freiwillige Feuerwehren, TN) und sämtlicher weiteren Luftschutzkräfte.[5] Bei den Stäben der BdO wurden eigens Abteilungen für Feuerschutzpolizei (Abt. F) und Technische Nothilfe (Abt. TN) für die Sachbearbeitung eingerichtet.[6] In Verfügungen, die zur Regelung grundsätzlicher Angelegenheiten an alle unterstellten Brand- und Luftschutzeinheiten ergingen, drückte sich dies beispielsweise so aus: „Der Höhere SS- und Polizeiführer im Wehrkreis XI - Der Befehlshaber der Ordnungspolizei - BdO F (= Abteilung für Feuerschutzpolizei, A. L.)".[7]

Zum doppelten Unterstellungsverhältnis unter das Hauptamt Ordnungspolizei und die HSSPF [8] trat für die BdO im Luftangriffsfall ein weiteres hinzu: Mit dem für ihren Bereich zuständigen Luftgaukommando hatten die BdO in erster Linie den Einsatz überörtlicher Kräfte abzustimmen. Zu diesem Zweck standen den Luftgaukommandos vollbewegliche und gut ausgestattete SHD-Abteilungen (mot) zur Verfügung, während auch die BdO bestrebt waren, entsprechende Reserven zu bilden. Taktisch wurden diese Einsatzkräfte in der Regel dem örtlichen Luftschutzleiter für die Zeitdauer des Einsatzes unterstellt. In bestimmten Fällen zogen die BdO aber auch die Führung aller eingesetzten Luftschutzeinheiten an sich, wenn Angriffe mehreren dicht beieinanderliegen-den oder sehr großen Luftschutzorten gegolten und zu großen Schadenslagen geführt hatten.[9]

Über die Luftgaukommandos lief ferner die Zuteilung von ‚grauen' Fahrzeugen und Gerät an die örtlichen Luftschutzeinheiten. Zu diesem Zweck wur-

3 Vgl. Birn 1986, S. 83.
4 Vgl. Tessin 1957, S. 20 f.
5 Vgl. Birn 1986, S. 85.
6 Vgl. Birn 1986, S. 86.
7 Vgl z.B. Verfügung Nr. 116 betr. Dienst- und Freizeitregelung der FE-Abteilung des Kommandeurs der Feuerschutzpolizei Braunschweig, Dr. Dörmann, vom 22.07.1944 (Archiv der Berufsfeuerwehr Braunschweig), in der auf eine entsprechend bezeichnete Verfügung des BdO Bezug genommen wurde.
8 Hierzu Birn 1986, S. 96: „Die den HSSPF nachgeordneten Dienststellen unterstanden zugleich ihrem eigenen Hauptamt. Im einzelnen blieb diese doppelte Unterstellung ungeregelt."
9 Vgl. Hampe 1963, S. 257 ff.

den auf Veranlassung der L IN 13 besondere Luftschutz-Gerätelager in jedem Luftgau eingerichtet. Ab Mitte 1940 hatte sich dieses Nachschubsystem eingespielt und konnte die Einheiten mit dem nötigen Material versorgen.[10]

Auch die mit Wirkung zum 1. September 1939 aus dem Kreise der NSDAP-Gauleiter bestellten Reichsverteidigungskommissare (RVK) bekamen ihren Wirkungsbereich im Rahmen der Wehrkreise zugewiesen. In ihren Händen sollten im Falle des Kriegs-Notstands die Weisungsbefugnisse über sämtliche Bereiche der Zivilverwaltung mit Ausnahme von Reichspost, Reichsbahn und den Finanzbehörden vereinigt werden. Disziplinarisch unterstanden die RVK dem Reichsminister des Innern, und die Generalbevollmächtigten für die Reichsverwaltung und für die Wirtschaft konnten ihrerseits Weisungen an die RVK richten. Aufgrund der Wehrkreiseinteilung standen - ebenso wie bei den HSSPF - einem RVK in der Regel mehrere Provinzial- oder Landesregierungen, Reichsstatthalter und Gauleiter gegenüber, wodurch Kompetenzüberschneidungen und nicht zuletzt Rivalitäten vorprogrammiert waren. Vornehmlich aus parteipolitischer Rücksichtnahme wurden deshalb bereits am 22. September 1939 „Beauftragte des RVK" berufen, um auch diejenigen Gauleiter mit einem Amt zu bedenken, die bei der Ernennung der RVK leer ausgegangen waren. Gleichzeitig wurden für den Bereich jedes RVK sogenannte „Verteidigungsausschüsse" eingerichtet, denen die höchsten Repräsentanten aus Politik und Verwaltung sowie die HSSPF angehörten. Obwohl durchaus auch die Zivilverteidigung - da nicht ausdrücklich ausgenommen - in den Zuständigkeitsbereich der RVK fiel, blieb ihnen der Zugriff auf dieses Gebiet verwehrt: Da die RVK keine Weisungsbefugnis gegenüber den dem Reichsführer SS und Chef der Deutschen Polizei direkt unterstellten HSSPF zugebilligt bekamen, sondern sich ihrer nur einvernehmlich „bedienen" konnten, war eine Einmischung der RVK in die Katastrophenabwehr ausgeschlossen.[11] Mit Verschärfung des Luftkriegs versuchten die RVK allerdings trotzdem, Zuständigkeiten im Brand- und Luftschutz vor allem auf Kosten von RLM und Luftwaffe zu usurpieren (vgl. 5.1).

10 Vgl. Hampe 1963, S. 264.
11 Vgl. Hüttenberger 1969, S. 152 ff.

4.3
Die Feuerwehren in den ersten Kriegsjahren

Hätten die Alliierten Anfang September 1939 getreu den Lehren Giulio Douhets die Kampfhandlungen mit einer großangelegten Luftoffensive gegen das Reich begonnen, wären die Folgen vermutlich katastrophal gewesen.[1] Trotz jahrelanger Luftschutzvorbereitungen sahen sich die Feuerwehren nämlich vielerorts mit zahlreichen Problemen konfrontiert:

Der Beginn des Zweiten Weltkriegs überraschte die Feuerwehren inmitten ihrer laufenden Umstrukturierung. Das Reichsfeuerlöschgesetz war erst wenige Monate in Kraft, und bis zum Tage des deutschen Angriffs auf Polen war noch keine einzige der vorgesehenen Durchführungsverordnungen erschienen. Besonders im Verwaltungsapparat der Ordnungspolizei war das Bewußtsein, ab sofort auch zentrale Beschaffungsstelle für die Feuerschutzpolizeien und die Freiwilligen Feuerwehren zu sein, noch nicht weit durchgedrungen. So wurde zu Kriegsbeginn ein Nachschubantrag der Feuerschutzpolizei Hamburg von den Wirtschaftsdienststellen der Ordnungspolizei mit der Bemerkung zurückgewiesen, daß Beschaffungen für den Brandschutz Sache des Luftschutzes - und somit des RLM - seien. Die Luftwaffenbehörden erklärten demgegenüber zutreffend, daß Materialzuweisungen für die Feuerschutzpolizei Sache der Ordnungspolizei seien.[2] Teilweise nahm die Überführung der Berufsfeuerwehren in die Polizeiorganisation sonderbare Formen an. So wurde der Versuch unternommen, nach Kriegsbeginn die Direktalarmierung der Feuerwehren per Fernsprecher generell abzuschaffen und durch eine „indirekte" Alarmierung über die Polizei zu ersetzen. Diese Maßnahme wurde allerdings nach teilweise lebhaften Protesten aus der Bevölkerung bald dadurch abgeschwächt, daß die

Reichseigene KS 25 bei einem Einsatz nach Kriegsbeginn. Bis 1943 blieb die Lage für den FE-Dienst in der Regel beherrschbar.

1 Hierzu Rumpf 1952, S. 23: „Wären die Angriffe überfallartig zu diesem Zeitpunkt gekommen, so hätten sie die Städte im wesentlichen schutzlos getroffen."

2 Vgl. Brunswig 1987, S. 21, der allerdings fälschlicherweise als Begründung anführt: „Das Dilemma rührte daher, daß die bestehenden Feuerlöschorganisationen der Gemeinden (Berufs- und Freiwillige Feuerwehren) vor Erlaß des Reichsfeuerlöschgesetzes keine Vertretung in einem Reichsministerium besaßen". Vgl. demgegenüber 3.4.

Abschaltung auf die unmittelbare Zeitdauer der Fliegeralarme begrenzt wurde.[3] Selbst der Chef der Ordnungspolizei, SS-Oberstgruppenführer und Generaloberst der Polizei Kurt Daluege, sah sich schließlich genötigt, Bemühungen, das Feuerlöschwesen nach den ohnehin schon radikalen Änderungen fortwährend weiter umzugestalten, zu bremsen:

> „In dieser Zeit höchster Beanspruchung erscheint es nicht tragbar, daß einschneidende Veränderungen der Organisation des Feuerlöschdienstes, die sich auf Befehlsführung, die Kräfteverteilung, die Nachrichtenübermittlung usw. erstrecken, vorgenommen werden. In einem unverändert bleibenden Rahmen wird es auch leichter sein, die für den Luftschutz vorgesehene Verstärkung an Mannschaft und Gerät und die sonstigen Vorbereitungen (...) durchzuführen."[4]

Bei Kriegsbeginn war die Aufstellung des SHD-Feuerlöschdienstes - ab 25. Januar 1940 Feuerlösch- und Entgiftungsdienst (FE-Dienst)[5] - auf dem Papier sowohl materiell als auch personell abgeschlossen. Tatsächlich aber waren Ausbildungs- und Ausrüstungsstand noch längst nicht einheitlich.[6] Nach Aufruf des Luftschutzes am ersten Kriegstag wurden die Angehörigen der Feuerschutzpolizeien, der Freiwilligen Feuerwehren und der Pflichtfeuerwehren in den Luftschutzorten I. Ordnung einberufen und durch notdienstverpflichtete Ergänzungskräfte personell verstärkt. Die SHD-Einheiten wurden - abgestuft nach Funktionen - aus Beamten der Feuerschutzpolizei (zumeist als Führer), Angehörigen der Freiwilligen Feuerwehren (als Unterführer) und den Ergänzungskräften gemischt zusammengesetzt.[7]

Die Sicherstellung des Personalbedarfs war allerdings von zum Teil erheblichen Schwierigkeiten begleitet. Weil zunächst vorrangig die Wehrmacht ihren Bedarf deckte, wurde insbesondere den Freiwilligen Feuerwehren der überwiegende Teil ihrer Mitglieder im wehrpflichtigen Alter entzogen.[8] Selbst die Feuerschutzpolizeien mußten ungefähr 20 % ihres Personals an die Streitkräfte abgeben.[9] Da die Führerstellen durchweg mit Reserveoffizieren besetzt waren, kam es hier zu besonders empfindlichen Einbrüchen, was auch für auf die Einsatzbereitschaft der Luftschutz-Einheiten Auswirkungen haben mußte. Besonders grotesk und geradezu fahrlässig wirkte

---

3 Vgl. Hampe 1963, S. 364; Günther 1994, S. 42; Prescher 1986, S. 11.
4 Zitiert nach Hampe 1963, S. 364, der Daluege nicht namentlich erwähnt.
5 Mit Erlaß des RLM vom 25.01.1940 wurde der bislang den Straßenreinigungsbetrieben übertragene Entgiftungsdienst mit dem Feuerlöschdienst zum Feuerlösch- und Entgiftungsdienst vereinigt, vgl. Schramm 1983, S. 50-51, Günther 1994, S. 51.
6 Vgl. Hampe 1963, S. 362 f.
7 Vgl. Schramm 1983, S. 50-52; Strumpf 1987, S. 121; Günther 1994, S. 51-53; Stichternath 2000, S. 62-63.
8 Vgl. Günther 1990, S. 95 ff.
9 Vgl. Hampe 1963, S. 365.

sich die Einberufungspraxis der Wehrmacht aus, wenn - wie im Falle Braunschweigs - kurzfristig die gesamte Führungsspitze des örtlichen Brandschutzes ausgeschaltet wurde.[10] Als weiterer Hinderungsgrund für eine Mitwirkung im SHD kamen Unabkömmlichkeitsstellungen z.B. für Facharbeiter und Ingenieure in kriegswichtigen Betrieben, aber auch für bestimmte hauptamtlich tätige Parteigenossen hinzu.[11] Dadurch, daß der Personalbedarf des zivilen Luftschutzes als absolut nachrangig eingestuft wurde, kam es zwangsläufig zu einer Überalterung der Einsatzkräfte und chronischem Personalmangel in den Einheiten des FE-Dienstes.[12]

Im Laufe der Zeit verbesserten sich durch das Erscheinen entsprechender Richtlinien die Voraussetzungen für eine einigermaßen fundierte Brandschutzschulung aller notdienstverpflichteten Kräfte.[13] Da aber die meisten SHD-Männer nach Herabsetzung der Alarmbereitschaft beurlaubt wurden, um ihrem Zivilberuf weiterhin nachgehen zu können, war eine gleichmäßige Ausbildung nicht immer sichergestellt.[14] Im Falle des FE-Dienstes traten außerdem soziale Konflikte auf, da hier die notdienstverpflichteten Helfer auch im sogenannten „friedensmäßigen" Brandschutz eingesetzt wurden: Bei gleichen Aufgaben und gleicher Arbeitsleistung waren die Beamten der Feuerschutzpolizei pensionsberechtigt und tadellos ausgestattet, während die SHD-Männer schlecht besoldet, mangelhaft gekleidet und ungenügend sozial abgesichert waren. Erst im Frühjahr 1940 konnte diese Diskrepanz durch eine Neuregelung der „Versorgungsfragen" abgemildert werden.[15]

Trotz der an sich naheliegenden und unbestreitbaren Bedeutung der Feuerwehren für die Landesverteidigung, die sogar im Reichsfeuerlöschgesetz ausdrücklich hervorgehoben wurde, ließen die Parteiformationen keineswegs von ihrer unkooperativen und feindseligen Haltung ab, zumal auch sie durch die Einberufung oder Notdienstverpflichtung ihrer Mitglieder an personeller Substanz eingebüßt hatten. Selbst als erste schwere Angriffe der Alliierten den Einsatz großer Luftschutzeinheiten erforderlich machten, setzten SA, SS und andere NS-Organisationen den „Heldenklau" für ihre angeblich kriegswichtigen Ver-

10 In Braunschweig wurden Ende August 1939 z.B. sowohl der Kommandeur der Feuerschutzpolizei, Dr.-Ing. Otto Dörmann, als auch der Bezirksführer der Freiwilligen Feuerwehr, Hans Helmke, zum Wehrdienst eingezogen, während Dörmanns Stellvertreter Kundler gleichzeitig zum Luftkreiskommando Nürnberg wechselte. Erst auf Intervention des zuständigen Inspekteurs der Ordnungspolizei (IdO) in Hannover wurde Helmke freigestellt; die Leitung des FE-Dienstes bis zur nach einigen Tagen erwirkten Rückkehr Dörmanns übernahm ein vom IdO bestellter Vertreter, der Leiter der Feuerwehrschule in Celle Hermann Freiherr von dem Bussche-Haddenhausen (vgl. Günther 1990, S. 95, u. Günther 1994, S. 39 ff.).

11 Vgl. Hampe 1963, S. 370.

12 Vgl. Prescher 1955, S. 49 f.; Schramm 1983, S. 59-64.

13 Vgl. Hampe 1963, S. 372.

14 Vgl. Hampe 1963, S. 336 f.

15 Vgl. Hampe 1963, S. 370.

anstaltungen fort. Wie schon vor dem Krieg versuchten prompt einige Feuerwehrführer, durch eigene Wehrsportveranstaltungen und betont militärisches Auftreten der Feuerwehren den Nörgeleien der Parteiformationen die Basis zu entziehen. Daraufhin intervenierten der Chef der Ordnungspolizei Daluege und die HSSPF, um diese wenig zweckdienliche Dienstbeschäftigung bei den Feuerwehren umgehend wieder abzustellen.[16] Auch der braunschweigische Bezirksführer der Freiwilligen Feuerwehr, Hans Helmke, machte seinem Ärger in einem Vortrag an den Kreisleiter, den Landrat und die Bürgermeister eines Kreises Luft über die Quertreiberei der NS-Organisationen:

> „Ich frage mich so manchmal, wie ist es nur möglich, daß statt einer Zusammenarbeit dauernd gegeneinander gearbeitet wird, trotzdem (sic!) jede Organisation ihre bestimmten Aufgaben hat. Wenn es auch meistens lediglich Meckerei von einigen wenigen Volksgenossen und meistens von solchen ist, die es bisher verstanden haben, sich um den Dienst in der Feuerwehr zu drücken, weil in der Feuerwehr wenig Anerkennung zu erwarten ist, so macht diese Meckerei doch Schule und führt dazu, die Einsatzfreudigkeit zu mindern. (...) Die hinter uns liegenden Kriegsjahre haben bewiesen, daß für die Landesverteidigung der Kampf gegen die zerstörende Gewalt des Feuers nicht minder wichtig ist als die kriegerische Auseinandersetzung an der Front. Sollte da nicht die Einsicht vorherrschend sein, daß die Feuerwehr und deren Männer eine Existenzberechtigung haben? (...) Warum denn diese Anfeindungen von allen möglichen Stellen? Warum muß denn immer erst ein großer Schriftwechsel entstehen, in dem man, wie nach Kinderbrauch, den ‚Großen Bruder' einschaltet?"[17]

Ungeachtet aller Proteste, Interventionen und Kompromißversuche blieb aber der Gegensatz zwischen Feuerwehren und NS-Organisationen nicht nur bestehen, sondern verschärfte sich noch erheblich.

---

16 Vgl. Schnell 1956, S. 282; Engelsing 1990, S. 171 f.

17 Hans Helmke: Manuskript eines Vortrags vor dem Kreisleiter, dem Landrat und den Bürgermeistern eines unbekannten braunschweigischen Kreises. O.O., o.J. (ca. 1942/43) (Archiv des Braunschweigischen Landesfeuerwehrverbandes).

4.3.1
HJ-Feuerwehren

Als Ersatz für eingezogene Kräfte wurden schon bald Jugendliche in Freiwillige Feuerwehren und andere Luftschutzeinheiten eingereiht, die von der HITLER-JUGEND (HJ) zum Löschdienst abkommandiert wurden.[1]

Die Anfänge einer systematischen Betätigung der HJ im Brandschutz gehen auf das Jahr 1938 zurück. Nach wenig vielversprechenden Anläufen, aus den Reihen der HJ Nachwuchs für die Feuerwehren zu werben, gelang es dem Provinzialfeuerwehrführer für die Provinz Hannover, Walter Schnell, durch einen Zufall (eine falsche Telefonverbindung), einen Bannführer Arnold in der Reichsjugendführung vom Sinn und Wert von Jugendfeuerwehren zu überzeugen. Als erste erklärten sich die regionalen HJ-Führungen in Celle und Osnabrück bereit, aus entsprechend motivierten Jungen HJ-FEUERWEHRSCHAREN zu bilden. Im Sommer 1938 trafen sich beide Feuerwehrscharen in Sperenberg bei Berlin, um gemeinsam für die Aufstellung weiterer HJ-Feuerwehrscharen zu werben.[2] Besonders öffentlichkeitswirksam war die üppige Ausstattung der Celler Feuerwehrschar, die sogar über eine eigene Kraftspritze und eine Drehleiter verfügte. Unter fachlicher Beratung Schnells wurde kurze Zeit später sogar ein HJ-Propagandafilm mit dem Titel „Erstes Rohr vor!" mit der Celler Feuerwehrschar gedreht.[3]

Die feuerwehrtechnische Ausbildung der HJ-Feuerwehren erfolgte durch Beamte der örtlichen Feuerschutzpolizei.

Bei der HJ-Führung erlangte die Schaffung von HJ-Feuerwehrscharen tatsächlich bald Priorität, allerdings weniger als Investition in die Zukunft der Freiwilligen Feuerwehren, sondern als kurzfristige Streckung des Personalreservoirs für den Luftschutz.[4] Am 21. April 1939 kam es zu einer Vereinbarung zwischen Reichsjugendführer Baldur von Schirach und dem Reichsführer SS und Chef der Deutschen Polizei, wonach HJ-Feuerwehrscharen in den Luftschutzorten I. und II. Ordnung aufgestellt werden soll-

1 Zur HJ-Feuerwehr ausführlich und sehr quellenreich Ladwig 1985, S. 72-125.
2 Vgl. Schnell 1956, S. 280; Celle 1989, S. 48; Ladwig 1985, S. 84-86.
3 Vgl. Celle 1989, S. 45 u. 48.
4 Hierzu Schnell 1956, S. 280: „Der Einsatz dieser Scharen in einem sogenannten Ertüchtigungslager der HJ in Sperenberg bei Berlin lenkte dann auch immerhin das Interesse der HJ-Führung auf unsere Tätigkeit. Man dachte zwar nicht daran, damit für uns eine Nachwuchsorganisation zu schaffen. Das aber hatten wir im Sinn. Die Reichsjugendführung sah in den Scharen nur eine Betätigung im Luftschutz."

ten, um im Mobilmachungsfall über personelle Reserven für den Feuerlöschdienst zu verfügen.[5] Nachdem diese Vereinbarung durch Runderlaß des Reichsführers SS und Chefs der Deutschen Polizei vom 28. Juni 1939 [6] wirksam geworden war, wurden ab Juli/August 1939 vielerorts HJ-Feuerwehr-Gefolgschaften aus Freiwilligen aufgestellt (die Bezeichnung „Feuerwehrschar" wird im Erlaß übrigens nicht verwendet, sondern es ist von „feuerwehrtechnischen Einheiten der HJ" die Rede). Die Gefolgschaften sollten offenbar bewußt klein gehalten werden und „vorläufig 80 Jungen, in Ausnahmefällen 100 Jungen nicht übersteigen". Oft erreichten die Gefolgschaften nicht einmal diese Stärken. So umfaßte die Braunschweiger HJ-Feuerwehr nur 30, später 50 Mitglieder;[7] die Nürnberger HJ-Feuerwehr brachte es bei ohnehin nur 60 Stellen lediglich auf 45 Mitglieder.[8] Die Jungen im Alter zwischen 15 und 17 Jahren wurden in Löschgruppen der üblichen taktischen Stärke von 1:8 eingeteilt und durch Angehörige von Feuerschutzpolizei oder Freiwilligen Feuerwehren feuerwehrtechnisch ausgebildet; disziplinarisch blieben sie jedoch ihrem HJ-Gefolgschaftsführer unterstellt.[9]

Wenngleich die HJ-Feuerwehr auch zu keiner eigenständigen Sonderformation wie der Motor-HJ, Flieger-HJ oder Marine-HJ gemacht wurden, wollte die HJ-Führung den Kreis ihrer Mitglieder zunächst exklusiv halten. Entsprechend der grundlegenden Philosophie der HJ, in ihren Untergliederungen eine vormilitärische Erziehung gemäß den Anforderungen bestimmter Waffengattungen durchzuführen, sollten laut Anordnung des HJ-Stabsführers vom 17. November 1939 die Angehörigen der HJ-Feuerwehr in den Streifendienst der HJ überführt werden. Zur Begründung hieß es: „Die augenblickliche Bedeutung des Feuerlöschwesens, besonders für den Luftschutz, erfordert eine besondere Beachtung dieses Einsatzes des Streifendienstes."[10]

Künftig sollte der Nachwuchs nur noch aus den Gefolgschaften des Streifendienstes rekrutiert werden. Um in diese sich als Eliteformation verstehende Untergliederung übernommen zu werden, sollten sich alle bisher schon ausgebildeten HJ-Feuerwehrleute „nach-

5 Wortlauf der Vereinbarung in Ladwig 1985, S. 87-90; vgl. (Walter) Goldbach: Die Jugendfeuerwehren werden in den Streifendienst der Hitlerjugend überführt. In: DtFsch 1939, S. 706-707, hier S. 706; ferner Günther 1994, S. 49; Engelsing 1990, S. 176, nennt als Datum der Vereinbarung den 15.08.1939; Neumann 1977, S. 575.

6 Runderlaß des RFSSuChDtPol. Nr. 1/39 vom 28.06.1939, auszugsweise abgedruckt in Foedrowitz 1994, S. 143.

7 Auskünfte von Herrn Erich Meyer (ehemals HJ-Feuerwehr Braunschweig) an den Autor, 10.04.2000.

8 Vgl. Schramm 1983, S. 310-311.

9 Auskünfte von Herrn Erich Meyer an den Autor, 10.04.2000; vgl. auch Jarausch/Haase 1991, S. 113 u. 119; Günther 1994, S. 49.

10 Goldbach (wie Anm. 4), S. 707. Vgl. auch Ladwig 1985, S. 92-93.

mustern" lassen. Allerdings waren laut Anordnung als für den Streifendienst untauglich befundene, aber bereits im Feuerlöschdienst ausgebildete Hitlerjungen „erst nach dem Kriege auszuscheiden".[11] Da der Streifendienst eine organisationsinterne Polizeitruppe der HJ darstellte, ist die angestrebte Analogie zum Verhältnis Feuerwehren - Ordnungspolizei unübersehbar.

Besondere Wirksamkeit entfaltete diese Regelung nicht, da zum einen eine ‚Auslese aus der Auslese' nicht die benötigte Menge an Personal versprach, zum anderen die Feuerschutzpolizeien und Feuerwehren die Bildung ausschließlich aus Jugendlichen bestehender Einsatzeinheiten, wie sie die HJ-Führung favorisierte, als unsinnig ablehnten.[12] So wurde die HJ-Feuerwehr zu einer Möglichkeit für Angehörige der regulären HJ, dem Einerlei der Fahnenappelle, Geländespiele und politischen Schulungen wenigstens teilweise zu entrinnen. Besondere Attraktivität gewann der Dienst dadurch, daß die HJ-Feuerwehrleute nicht nur an Übungen teilnahmen, sondern auch tatsächlich eingesetzt wurden. Dadurch, daß der Ausbilder und Führer im Einsatz in der Regel ein erfahrener Feuerwehrmann war und auch die anderen erwachsenen Kameraden die Jungen als ihresgleichen behandelten, fühlten sich die Mitglieder der HJ-Feuerwehr ein wenig erwachsener als ihre Altersgenossen. Entsprechend groß war der Zulauf zu diesen Einheiten.[13]

Als die Personalnot in den FE-Einheiten noch gravierender wurde und die freiwillig in die HJ-Feuerwehr eintretenden Jugendlichen die Abgänge nicht mehr ausgleichen konnten, wurde ab

In der zweiten Kriegshälfte wurden verstärkt Angehörige der HJ-Feuerwehren direkt in die FE-Einheiten eingereiht und auch nach Luftangriffen eingesetzt.

11 Goldbach (wie Anm. 4), S. 707.

12 Vgl. Schnell 1956, S. 281; Rumpf 1952, S. 120 f., intervenierte im Winter 1941/42 diesbezüglich beim Gauleiter von Wien und Reichsleiter für Jugenderziehung, Baldur von Schirach, um die wenig zweckmäßige, aber trotzdem mancherorts weiterbetriebene Aufstellung und Verwendung von selbständigen HJ-Feuerwehrscharen zu unterbinden.

13 Vgl. Engelsing 1990, S. 177; Foedrowitz 1994, nennt die Gesamtzahl von 300.000 Mitgliedern in 300 örtlichen HJ-Feuerwehren während des Krieges.

14 Vgl. Engelsing 1990, a.a.O.

Mitte 1941 eine Zuweisung fester Kontingente von HJ-Mitgliedern durch die örtliche Bannführung eingeführt. Längst hatte der Dienst alles Spielerische verloren und verlangte den Jungen die gleichen physischen und psychischen Belastungen ab wie jedem erwachsenen Feuerwehrmann auch.[14] Gestuft nach Alter kamen die HJ-Feuerwehrleute als Lotsen, Melder, Erkunder und als Truppmänner in den Löschgruppen der Freiwilligen Feuerwehren zum Einsatz.[15] Auch wenn das selbst unter schwierigsten Bedingungen bewiesene Engagement und die Begeisterungsfähigkeit vieler Jungen die Offiziere der Feuerschutzpolizei in bewunderndes Erstaunen und Parteigrößen in Verzückung über das „Feuer der Jugend" versetzten,[16] so konnte dies nicht über einen allgemein zunehmenden Motivationsverlust unter den HJ-Feuerwehrleuten hinwegtäuschen. Abhilfe versprach sich die HJ-Führung von einem Reichswettkampf der HJ-Feuerwehren, der 1944 erst- und einmalig stattfand.[17]

Die Konzeption der HJ-Feuerwehren hatte einen grundlegenden Fehler: Es wurde keine Möglichkeit vorgesehen, HJ-Feuerwehrleute nach Erreichen des wehrpflichtigen Alters in das Stammpersonal der Luftschutzeinheiten zu übernehmen. Kaum im Feuerlöschdienst ausgebildet, wurden die Jungen zu Flakhelfern gemacht oder zu den Fronttruppen einberufen. Als Angehörige des HJ-Streifendienstes galten sie zudem als bevorzugtes Nachwuchsreservoir für die SS.[18] Mancher trotz seiner Jugend fertig ausgebildete und einsatzerfahrene Helfer ging dem Luftschutz auf dieser Weise allzubald wieder verloren.[19] Unabhängig von einer solchen systemimmanenten und somit eher technokratischen Betrachtungsweise muß aber auch deutlich darauf hingewiesen werden, daß der Kriegseinsatz von Jugendlichen - oftmals noch eher Kindern - bei diesen mitunter lebenslange Traumata verursacht hat.[20] Nicht zuletzt aus diesem Grunde betonte der nach dem Krieg wiedergegründete DFV, daß man die HJ-Feuerwehr keinesfalls als Vorgängerorganisation der heutigen Jugendfeuerwehren betrachte.[21]

---

15 Vgl. Schnell 1956, S. 281; Ladwig 1985, S. 106-108; Brunswig 1987, S. 338; Schramm 1983, S. 311; ein Zeitzeugenbericht eines ehemaligen HJ-Melders der Luftschutzpolizei ist wiedergegeben in: Friedrich/Schöbel 1993, S. 16-17.

16 Zur propagandistischen Vereinnahmung der HJ-Feuerwehrscharen durch die Partei vgl. Rumpf 1952, S. 121.

17 Vgl. Ladwig 1985, S. 110-111; Engelsing 1990, S. 178.

18 Vgl. Ladwig 1985, S. 105.

19 Günther 1994, S. 50, berichtet, daß der erste Gefolgschaftführer der Braunschweiger HJ-Feuerwehr schon im ersten Gefecht getötet worden sei. Dies bestätigt auch Erich Meyer, seinerzeit Zugführer in derselben HJ-Feuerwehr-Gefolgschaft; Meyer selbst wurde nach bestandener Gesellenprüfung im Oktober 1942 ungeachtet seines relativ hohen HJ-Dienstgrads und seiner Einsatzerfahrung zur Luftwaffe eingezogen (Auskünfte von Herrn Erich Meyer an den Autor, 10.04.2000).

20 Vgl. Brunswig 1987, S. 169; Stichternath 2000, S. 65.

21 Vgl. Ladwig 1985, S. 125.

4.3.2
Materielle Ausstattung und taktische Gliederung des FE-Dienstes

Wegen des großen Rohstoffbedarfs der drei Wehrmachtteile war für die Ausrüstung des SHD bislang nur ein winziger Bruchteil dessen bewilligt worden, was Fachleute als Mindestbedarf für 220.000 Mann Einsatzkräfte ermittelt hatten. Erst im zweiten Kriegsjahr setzten in größerem Umfang Beschaffungsmaßnahmen für den Luftschutz ein.[1] Die Großserienfertigung moderner Einsatzfahrzeuge für den FE-Dienst wurde durch einen 1940 in Kraft getretenen Erlaß „Typenbegrenzung im Feuerlöschfahrzeugbau" des Reichsministers des Innern forciert, demzufolge nur noch Fahrgestelle bestimmter Hersteller [2] der Nutzlastklassen 1,5 t, 3 t und 4,5 t verwendet werden durften. Auf Grundlage dieses Erlasses entwickelte ein Konsortium der Fahrzeug- bzw. Aufbauhersteller DAIMLER-BENZ, METZ und KLÖCKNER-HUMBOLDT-DEUTZ (MAGIRUS) zwischen 1940 und 1943 zehn bis in Einzelheiten festgelegte („getypte") Bauarten für Löschfahrzeuge, Drehleitern, Schlauchwagen und ein Tanklöschfahrzeug (vgl. 5.2.4).[3] Für die Großserienfertigung wurden neun Unternehmen ausersehen, die der WIRTSCHAFTSGRUPPE MASCHINENBAU, FACHUNTERGRUPPE FEUERWEHRGERÄTE (Nachfolgeorganisation der ARBEITSGEMEINSCHAFT DER DEUTSCHEN FEUERWEHRGERÄTEFABRIKEN) angehörten.[4] Von 1940 bis 1944 wurden schätzungsweise ca. 13.000 getypte Feuerwehrfahrzeuge gebaut.[5]

Ein weiteres Problem stellte die dezentrale Unterbringung der SHD-Einheiten dar, denn für die Luftschutzkräfte und ihre Ausstattung mußten geeignete Räumlichkeiten gefunden und hergerichtet werden. Auch eine vom Hydrantennetz unabhängige Löschwasserversorgung (z.B. Löschteiche, Brunnen, Zisternen) mußte dort, wo sie nicht schon angelegt worden war, geschaffen werden.[6]

Die seit den 30er Jahren propagierte und vielerorts betriebene Dezentralisierung der Einsatzkräfte versprach bei Angriffen zwar Sicherheit vor der Vernichtung des gesamten Potentials auf einen Schlag, barg aber auch die Gefahr einer Zersplitterung in sich. Außerdem hatten die ersten alliierten Luftangriffe sowie die Auswertung der Folgen deutscher Bombardements auf Städte (Warschau, Rotterdam) gezeigt, daß kleine und zumeist noch schlecht ausgestattete Einheiten wie die F.- u. B.-

1 Vgl. Rumpf 1952, S. 23 f.; Hampe 1963, S. 263 f.

2 Daimler-Benz (1,5 t (bis 1943), 4,5 t), Klöckner-Humboldt-Deutz (4,5 t), Opel (3 t (ab 1943: Opel-„Blitz"-Einheitsfahrgestell); vgl. hierzu Hartung 1987, S. 42; Oswald/Gihl 1986, S. 68 f.; Foedrowitz 1994, S. 17 u. 19.

3 Vgl. Hartung 1987, S. 42.

4 Nach Oswald/Gihl 1986, S. 70, waren dies die Firmen Daimler-Benz (Stuttgart), Fischer (Görlitz), Flader (Jöhstadt), Hoenig (Köln), Klöckner-Humboldt-Deutz (Ulm), Koebe (Luckenwalde), Metz (Karlsruhe) Meyer-Hagen (Hagen) und Rosenbauer (Linz).

5 Laut Schätzung von Hans Brunswig, nach Oswald/Gihl 1986, S. 69.

6 Vgl. Günther 1994, S. 40-41 u. 76-79; Strumpf 1987, S. 110 u. 123.; Brunswig 1987, S. 174.

Trupps angesichts der tatsächlichen Schadensszenarien nichts gegen die sich rasch ausbreitenden Brände ausrichten konnten. Da selbst komplette Züge oftmals nicht genügend Schlagkraft besaßen, schuf das RLM mit Erlaß vom 25. Januar 1940 die Voraussetzungen zur Aufstellung von FE-Bereitschaften, großen Verbänden, die aus drei Löschzügen, einem Entgiftungszug und einigen Sonderfahrzeugen bestanden und 103 Mann stark waren. Drei bis vier Bereitschaften konnten zu einer FE-Abteilung zusammengefaßt werden. Territoriale Bezugsgröße der Abteilung war der Luftschutzabschnitt.[7] In mittleren Großstädten entsprach dieser Abschnitt dem Stadtgebiet, während größere Städte in mehrere Abschnitte aufgeteilt wurden. Die FE-Abteilungen bildeten die größten Löschformationen, die es bis dahin in Deutschland gegeben hatte.[8] Mit der Schaffung dieser Großverbände war aber das Moment des schnellen und fle-

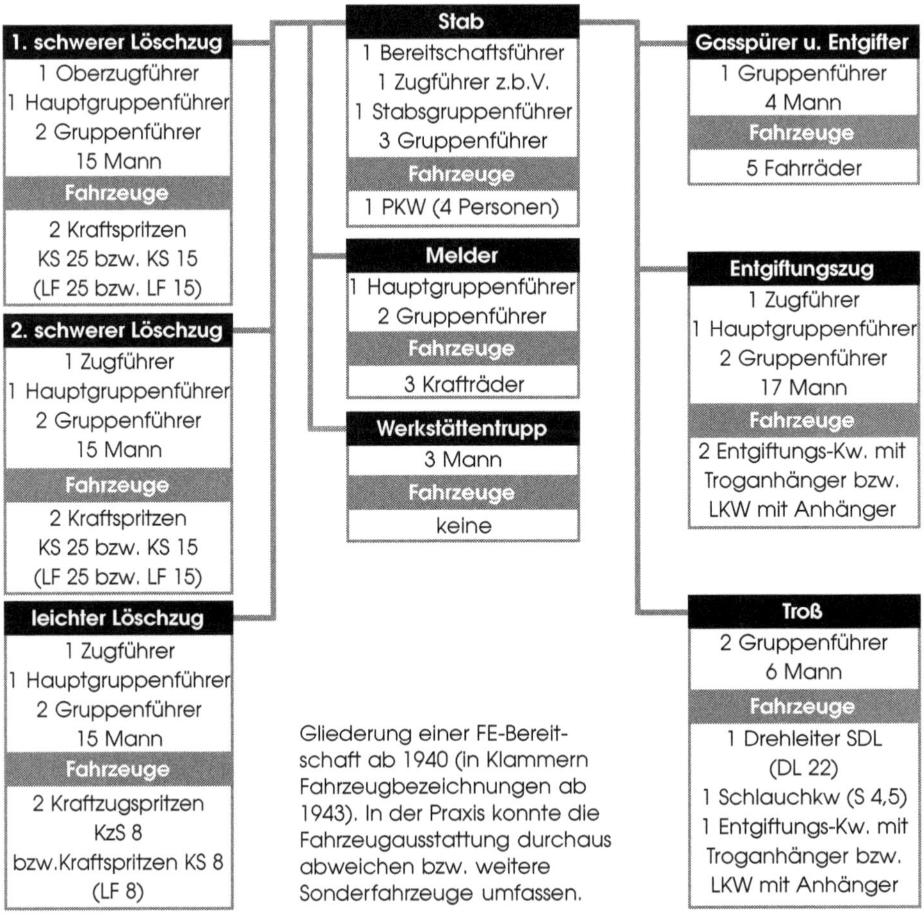

Gliederung einer FE-Bereitschaft ab 1940 (in Klammern Fahrzeugbezeichnungen ab 1943). In der Praxis konnte die Fahrzeugausstattung durchaus abweichen bzw. weitere Sonderfahrzeuge umfassen.

7 Vgl. Jarausch/Haase 1991, S. 115.
8 Vgl. Hampe 1963, S. 363; Ladwig 1985, S. 104-105.

xiblen Eingreifens, für das die nun aufgelösten F.- u. B.-Trupps einmal konzipiert worden waren, verlorengegangen. So wurden mit Erlaß des Chefs der Ordnungspolizei vom 16.01.1941 die Aufstellung sogenannter SCHNELLKOMMANDOS für Luftschutzorte I. Ordnung vorgesehen. Diese vom FE-Dienst unabhängigen Einheiten sollten aus 2 Polizeibeamten (davon 1 Fahrer), 3 SHD-Männern sowie 6 HJ-Feuerwehrleuten bestehen und eine „schnelle und intensive Bekämpfung von Brandbomben in ihrer Entwicklung" durchführen. Die Fahrzeug- und Geräteausstattung entsprach etwa derjenigen der F.- u. B.-Trupps: Ein zumeist requirierter großer Personenwagen mit angehängtem Löschkarren, auf dem leichtes Luftschutzgerät, ab 1942 bisweilen auch eine Tragkraftspritze verlastet war. Das meiste des benötigten Geräts mußte indes auf dem grauen oder schwarzen Markt besorgt werden, da ein geregelter Nachschub für die Schnellkommandos nicht vorgesehen war. Diese Einheiten scheinen längst nicht überall tatsächlich aufgestellt worden zu sein; in Nürnberg bewährten sie sich allerdings bis 1943 offenbar recht gut.[9]

Auch die ab Juli 1940 aufgestellten SOFORTKOMMANDOS sollten - wie der Name schon sagt, nach plötzlichen Luftangriffen ähnlich einem Überfallkommando der Polizei zum Einsatz kommen. Denn Bombenwürfe am Tage hatten gezeigt, daß die Alarmzeiten der bald nach Kriegsbeginn überwiegend beurlaubten und an ihre Arbeitsplätze zurückgekehrten SHD-Männer viel zu lang waren. Die Sofortkommandos waren erheblich größer als die Schnellkommandos und vereinten unter der Führung eines Polizei-Meisters gleich die drei wichtigsten SHD-Fachdienste: Sie bestanden aus einer regulären leichten Löschgruppe und einem gemischten Trupp aus 6 Helfern des Instandsetzungsdienstes und 2 Sanitätern. Anders als bei den Schnellkommandos wurden Personal und Gerät auf die Meldung „Luftgefahr" hin von ihren eigentlichen SHD-Einheiten zu den Befehlsstellen der LS-Abschnitte entsandt. Sie wurden von dort im militärischen Sinne einer „bewaffneten Aufklärung" eingesetzt, sollten also als Kundschafter für nötigenfalls nachzuführende stärkere Verbände dienen, gleichzeitig aber auch mit der Schadensbekämpfung beginnen. Über den taktischen Wert der Sofortkommandos gingen die Meinungen weit auseinander: Hielten die einen sie für eine sinnvolle Ergänzung der FE-Bereitschaften, befürchteten die anderen durch sie eine weitere Zersplitterung der ohnehin knappen Kräfte.

In den letzten beiden Kriegsjahren waren beide Konzepte angesichts der Realitäten des Bombenkriegs überholt, und die noch bestehenden Einheiten wurden aufgelöst.[10]

9 Vgl. Hampe 1963, S. 374-375; Schramm 1983, S. 74-76; Brunswig 1987, S. 168-169.
10 Vgl. Hampe 1963, S. 375; Schramm 1983, S. 73-74.

4.3.3
Überörtliche Sonderformationen

Aus der Überlegung heraus, bei Schadensereignissen größten Ausmaßes mobile Eingreifreserven zur Verfügung zu haben, wurde kurz nach Kriegsbeginn vom RLM die Aufstellung überörtlicher SHD-Abteilungen mot (mot = motorisiert) angeordnet. Das Personal wurde wie für den örtlichen SHD durch die Luftschutzleiter der Luftschutzorte I. Ordnung nach Weisung der IdO von Feuerschutzpolizeien und Freiwilligen Feuerwehren abgeordnet und durch weitere Notdienstverpflichtete ergänzt. Diese Einheiten, die Bereitschaften mehrerer Fachdienste umfaßten, wurden den Luftgaukommandos als Einsatzreserve zugeordnet. Allerdings kamen die SHD-Einheiten (mot) auch im besetzten Ausland zum Einsatz, was die Frage aufwarf, inwieweit diese Formationen noch dem zivilen Luftschutz zugerechnet werden konnten. Um die Kompetenzen klar abzustekken, wurden die SHD-Abteilungen (mot) am 1. Februar 1942 als LS-Abteilungen (mot) in die Luftwaffe übernommen.[1]

Wohl mit allen Errungenschaften der Feuerlöschgerätetechnik und „soldatischem Auftreten", aber nicht immer mit ausreichendem Fachwissen und Können ausgestattet, verursachten die Angehörigen dieser Abteilungen bei Offizieren der Feuerschutzpolizei gelegentlich eine Mischung aus Ärger und Belustigung: Dort, wo andere Luftschutzeinheiten mit vorschriftsmäßigen Techniken zu löschen versuchten, betätigten sie sich - wie Hans Brunswig es respektlos ausdrückt - „gerne mit ihren ‚Wenderohr-Anhängern' als ‚Fassadenwäscher'".[2]

Zeitgleich mit den Bestrebungen des RLM, überörtliche Hilfsverbände aufzubauen, verfügte der Reichsführer SS und Chef der Deutschen Polizei in einem Schnellbrief vom 20. Dezember 1939, daß 48 Feuerschutzpolizeien besonders qualifiziertes Personal aus ihren Reihen für die beschleunigte Aufstellung eines Feuerschutzpolizei-Regiments zur Verfügung stellen sollten.[3] Zuvor war am 10. November 1939 der Leipziger Branddirektor Hans Rumpf zum Aufstellungsleiter und Regimentskommandeur bestellt worden. Auf Veranlassung Rumpfs wurden von den örtlichen Feuerschutzpolizeien namentlich ausgewählte Offiziere und eine festgelegte Anzahl von Unterführern angefordert. Als Mannschaften sollten vorzugsweise Angehörige Freiwilliger Feuerwehren notdienstverpflichtet werden.[4] Während die laufenden Kosten für Ausrüstung, Unterhalt und Mannschaftsbesoldung vom Reich getragen wurden,

1 Vgl. ausführlich Kurt Lindner: Die motorisierten Luftschutzabteilungen der Luftwaffe. Typoskript. Seeheim-Jugenheim o.J. (1992). Archiv des Deutschen Feuerwehr-Museums e.V., Fulda, Nachlaß Kurt Lindner, 1 : 2 : 1.; ferner Hampe 1963, S. 345 ff.; speziell zu Nürnberg Schramm 1983, S. 58-60 u. 206-216.

2 Brunswig 1987, S. 167.

3 Vgl. Hampe 1963, S. 376.

4 Vgl. Jarausch/Haase 1990, S. 27.

hatten die Kommunen die abgeordneten Angehörigen ihrer Feuerschutzpolizeien weiter zu bezahlen.[5] Da Rumpf auf bereits früher von ihm erdachte Konzeptionen zurückgreifen konnte, war das zunächst aus drei Abteilungen zu je zwei Bereitschaften (später nach militärischem Sprachgebrauch als „Kompanien" bezeichnet) bestehende und 532 Mann starke Regiment am 12. April 1940 zur Abnahme bereit.[6] Zunächst waren die einzelnen Abteilungen des FEUERSCHUTZPOLIZEI-REGIMENTS „SACHSEN" in Frankreich und den Niederlanden, ab Ende 1941 auch an der Ostfront und schließlich auf den rumänischen Erdölfeldern im Einsatz.[7] Nach dem Großangriff auf Lübeck am Palmsonntag 1942 wurden mehrere Kompanien und der Regimentsstab nach Norddeutschland verlegt, wo sie nach Angriffen auf Emden, Rostock, Wilhelmshaven, Kiel, Hamburg und Bremen herbeigerufen wurden.[8]

Anfang 1941 war das FEUERSCHUTZPOLIZEI-REGIMENT 2 „HANNOVER" aufgestellt worden.[9] Ein drittes Regiment („OSTPREUSSEN") folgte am Jahresende.[10] Diese Formation wurde nicht auf Initiative des HAUPTAMTES ORDNUNGSPOLIZEI aufgestellt, sondern wurde durch das Zusammenwirken des ehrgeizigen ostpreußischen Abschnittsinspekteurs und Feuerlöschgerätefabrikanten Alfred Fiedler mit dem schon damals für seine Eigenmächtigkeiten bekannten NSDAP-Gauleiter und Oberpräsidenten Erich Koch aus dem Kreis der Freiwilligen Feuerwehren gebildet. Obgleich dem Leiter des AMTES FÜR FREIWILLIGE FEUERWEHREN, Walter Schnell, das abenteuerliche Zustandekommen dieses Regiments mißfiel, erkannte er doch gleichzeitig den hohen Prestigewert einer solchen aus der Freiwilligen Feuerwehr hervorgegangenen Truppe. Kaum war das Regiment in die Verantwortung des HAUPTAMTES ORDNUNGSPOLIZEI übernommen worden, rief Schnell alle Freiwilligen Feuerwehren Deutschlands auf, eines ihrer Mitglieder für diese Formation zur Verfügung zu stellen.[11] Ein weiteres auf eigene Faust von Fiedler in der Ukraine zusammengestelltes Feuerwehrregiment und je ein aus Tschechen („BÖHMEN UND MÄHREN") und Niederländern gebildetes Regiment folgten, ihr Einsatz blieb aber vorwiegend auf ihre Aufstellungsräume begrenzt.[12]

Das Regiment „Hannover" kam gar nicht erst dazu, als ‚Feldzug-Feuerwehr' im Wehrmachtsgefolge außerhalb des Reichsgebiets Erfahrungen zu sammeln: Beim erwähnten Großangriff auf Lübeck und kurze Zeit später in Rostock absolvierten Teileinheiten des Regiments ihre

5 Vgl. Jarausch/Haase 1990, S. 42; zur Rekrutierungspraxis vgl. Stichternath 2000, S. 66.
6 Vgl. Jarausch/Haase 1990, S. 32.
7 Vgl. Jarausch/Haase 1990, S. 48-63.
8 Vgl. Jarausch/Haase 1990, S. 64 f.
9 Vgl. Stichternath 2000, S. 67-68
10 Vgl. Tessin 1957, S. 46; zur Aufstellung weiterer Regimenter vgl. Jarausch/Haase 1990, S. 71 ff.
11 Vgl. Jarausch/Haase 1990, S. 142 u. 187.
12 Vgl. Jarausch/Haase 1990, S. 210 ff. u. 231 ff., ferner S. 239.

Feuertaufe.[13] Nach einer kurzen Stationierung in Polen wurde auch das Regiment „Ostpreußen" bis Ende Mai 1942 nach Mitteldeutschland und Nordbayern verlegt, um die dortigen Luftschutzkräfte zu verstärken; ab Anfang 1943 fand das Regiment zum Schutz des Ruhrgebiets Verwendung.[14]

Am 14. Juni 1943 wurden alle Regimenter aufgelöst und ihre Abteilungen als Feuerschutzpolizei-Abteilungen (mot) verselbständigt. Diese vollbeweglichen und gut ausgestatteten Großverbände standen den BdO in besonders gefährdeten Regionen als Einsatzreserve zur Verfügung.[15]

Obwohl die SHD-Abteilungen (mot) ebenso wie die Feuerschutzpolizei-Regimenter ab 1942 auch im Reichsgebiet im Rahmen der überörtlichen Hilfeleistung eingesetzt wurden, handelte es sich letztlich nicht um Einheiten des zivilen Luftschutzes, sondern um paramilitärische, infanteristisch ausgebildete und bewaffnete Truppenverbände der Luftwaffe bzw. der Ordnungspolizei. Die Aufstellung dieser Formationen verschärfte die angespannte Personalsituation des FE-Dienstes in den Luftschutzorten I. Ordnung durch Abordnungen qualifizierten Personals noch zusätzlich. Zudem banden die überörtlichen Abteilungen in erheblichem Umfang Material, das dementsprechend anderswo fehlte.[16] Dennoch waren die überörtlichen Einheiten sowohl der Luftwaffe als auch der Feuerschutzpolizei nach Bombenangriffen eine willkommene und nützliche Verstärkung - sofern sie rechtzeitig vor Ort waren.[17]

13 Vgl. Jarausch/Haase 1990, S. 180 ff.
14 Vgl. Rumpf 1952, S. 75 ff.; Hampe 1963, S. 377; Jarausch/Haase 1990, S. 113 ff.
15 Vgl. Hampe 1963, S. 377.
16 Vgl. Schramm 1983, S. 17.
17 Vgl. Hampe 1963, S. 377.

5 Reorganisation und Improvisation in der Zeit der großen alliierten Bomberoffensiven 1942-1945

5.1 Organisatorische Veränderungen

Der im Rahmen dieser Arbeit eingeführte Terminus eines „zentralistischen Dualismus" zur Umschreibung der Kompetenzverhältnisse im zivilen Luftschutz muß ab 1942 vollends zum Euphemismus werden:[1]

Heftig zu kämpfen hatte gerade das Reichsluftfahrtministerium mit dem Führungsanspruch der Partei, der mit Fortdauer des Krieges auch auf das Gebiet der Zivilverteidigung übergriff. Nachdem am 16. November 1942 sämtliche Gauleiter zu REICHSVERTEIDIGUNGSKOMMISSAREN (RVK) ernannt[2] und dementsprechend die Grenzen ihrer Befehlsbereiche den NSDAP-Gauen angeglichen worden waren,[3] drohten sich die Zuständigkeiten infolge der Einmischungen regionaler Parteifunktionäre noch weiter zu verkomplizieren. Vor diesem Hintergrund wirkt der Erlaß des RLM vom 17. Dezember 1942, durch den künftig Eingriffe der RVK in die Luftschutzbefehlsgebung der Befehlshaber der Ordnungspolizei und der örtlichen Luftschutzleiter unterbunden werden sollten,[4] wie ein verzweifelter Befreiungsschlag der Ministerialbürokratie. Dennoch scheint sich der Einfluß der Gauleiter auf die Luftschutzmaßnahmen eher noch ausgeweitet zu haben. Jedenfalls gelangte Franz Neumann 1944 aus der Perspektive des Exils zu der Auffassung, die „Gauleiter (...) leiten den zentralen Luftkriegseinsatz".[5] In der Tat wurde zu dieser Zeit die Angliederung des REICHSLUFTSCHUTZBUNDES und somit des gesamten Selbstschutzes an die NSDAP vorangetrieben, da nun die Partei für sich das Primat in der „Menschenführung" auch im Luftschutz beanspruchte. Schon gingen Gauleiter in ihrer Eigenschaft als RVK daran, sich eigene „Gaubefehlsstände" zu schaffen, in denen sie dem Luftschutz-Warndienst durch eigene Luftlageüberwachung und Rundfunkdurchsagen Konkurrenz

1 Vgl. auch Permooser 1996, S. 188.
2 Vgl. Neumann 1977, S. 561.
3 Vgl. Hüttenberger 1969, S. 178.
4 Vgl. Hampe 1963, S. 257; ausführlich Schramm 1983, S. 304-307.
5 Neumann 1977, S. 569; zu dieser Schlußfolgerung gelangt auch Teppe 1986, S. 291: „...sie (die RVK, A.L.) trugen die Verantwortung für die Vorbereitung und Durchführung des Luftschutzes." Auch Permooser 1996, S. 108, äußert sich bezüglich der Verhältnisse in München in diesem Sinne: „Der wichtigste Mann für den Bereich München-Oberbayern war auch in Sachen Luftschutz (Gauleiter, A.L.) Paul Giesler."

machten.[6] Manche nachrangigen Parteifunktionäre taten es den Gauleitern - in etwas bescheidenerem Rahmen - gleich.[7] Zudem wurden in manchen Städten Spritzentrupps der NSDAP gebildet und auf Veranlassung von Parteifunktionären eingesetzt, ohne der von Amts wegen zuständigen örtlichen Luftschutzleitung unterstellt zu werden (vgl. 5.2.2). Gleichzeitig sparten die Gauleiter nicht mit Kritik an den Luftwaffendienststellen, so daß für diese die Formulierung von Rechtfertigungen und Richtigstellungen zur lästigen Routine wurde.[8] Für München ist belegt, daß der dortige Luftgaubefehlshaber, General der Flakartillerie Emil Zenetti, diejenigen Luftschutzmaßnahmen, die „jeden rein militärischen Charakter entbehren" würden, als lästiges, zeit- und kräftezehrendes Anhängsel seines Zuständigkeitsbereichs gewertet hat. Gleichzeitig stellte er nicht ganz ohne Neidgefühle fest, daß das Prestige des Gauleiters Paul Giesler bei der Durchführung ziviler Luftschutzmaßnahmen ungleich größer war als sein eigenes, obwohl er eigentlich von Rechts wegen die zuständige Instanz war. Auf Einsatzstellen habe man ihn weder erkannt noch seine Anweisungen befolgt, aber sobald der Gauleiter vor Ort erschien, hätten sich alle nach diesem gerichtet. Auch seien nach Luftangriffen die Leistungen der Partei und ihrer Gliederungen stets groß in der Presse herausgestellt worden, während Luftwaffe und ziviler Luftschutz regelmäßig unerwähnt blieben.[9]

Damit nicht genug: Auf Erlaß Hitlers vom 21. Dezember 1943 wurde vom Reichsminister für Volksaufklärung und Propaganda, Dr. Joseph Goebbels, eine „Reichsinspektion zur Durchführung ziviler Luftkriegsmaßnahmen" geschaffen. Von ihren Inspektionsfahrten durch das Reich verfaßten die Mitarbeiter Berichte, die am RLM vorbei direkt an Hitler gingen und auch sogleich mit angefügten Verbesserungsvorschlägen aufwarteten. Dadurch, daß aufgrund der „Führerinformationen" z.B. Löschfahrzeuge auf allerhöchste Weisung nach dem ‚Gießkannenprinzip' an zufällig gerade besuchte Orte geliefert wurden, geriet die Bedarfsplanung des RLM empfindlich durcheinander.[10]

Trotz dieser Zuständigkeitsusurpationen durch die Partei war die Position des SS- und Polizeiapparats nach wie vor überragend; vor allem die HSSPF profitierten von der am 16. November 1942 vollzogenen Neueinteilung der Reichsverteidigungsbezirke, die faktisch eine Verkleinerung des Machtbereichs der einzelnen Reichsverteidigungskommissare mit sich brachte. Da die Wirkungsbereiche der HSSPF weiterhin den größeren Wehrkreisen entsprachen, entkoppelten sich diese zunehmend von den RVK und gebärdeten sich bald als

6 Hampe 1963, S. 251; zur Einmischung des RVK und Gauleiters Hartmann Lauterbacher in Hannover vgl. Stichternath 2000, S. 70-73.
7 Hierzu z.B. für Braunschweig Traupe 1988.
8 Vgl. Hampe 1963, S. 252.
9 Vgl. Permooser 1996, S. 186-188.
10 Vgl. Hampe 1963, S. 251 f.

„Instanz oberhalb der Gaue".[11] Daran änderte sich auch nichts, als mit Erlaß des Reichsführers SS vom 20. Februar 1944 die Bereiche der HSSPF ihrerseits der Gaueinteilung angepaßt wurden, zumal diese meist mehrere Gaue umfaßten.[12]

Als den BdO und den Abschnittsführern der Freiwilligen Feuerwehren übergeordnete Instanz und aufgrund einer der wenigen klar festgelegten Befugnisse, der Zusammenfassung aller Einsatzkräfte unter einheitlichem Befehl in Ausnahmesituationen, stand den HSSPF die Möglichkeit des direkten Eingreifens in die Einsatzleitung vor Ort zu.[13] Diese Option war für die HSSPF allerdings offenbar nur dann von praktischer Bedeutung, wenn sich ihr Dienstsitz unmittelbar in der angegriffenen Stadt befand. So wird in der Literatur mehrfach auf entsprechende Interventionen des Hamburger HSSPF während der schweren Luftangriffe im Juli 1943 hingewiesen: Dort habe der HSSPF neben allen Polizeisparten und Hilfsformationen auch auf ansonsten nicht mit dem Luftschutz befaßte SS-Dienststellen zurückgegriffen und diese zum Hilfseinsatz befohlen.[14] Die Demonstration der Führungskompetenz dieses HSSPF gegenüber der Führung der Hamburger Feuerschutzpolizei sei allerdings auf lautstarke Ausfälle wegen der angeblich schleppend voranschreitenden und schlecht organisierten Löscharbeiten beschränkt geblieben; einige Befehle des HSSPF hätten letztlich nur das Ausmaß seiner Hilflosigkeit und seines mangelnden Sachverstands dokumentiert.[15]

Es soll an dieser Stelle nicht unerwähnt bleiben, daß den örtlichen Luftschutzeinheiten und selbst leitenden Offizieren der Feuerschutzpolizei offenbar nie ganz klar war, wie ihre übergeordneten Führungsinstanzen überhaupt strukturiert waren und welche Kompetenzen welcher Stelle zustanden. Beispielsweise ließ der Kommandeur der Feuerschutzpolizei Braunschweig, Dr. Dörmann, per Verfügung ein Gliederungsschema an alle Einheiten verschikken, um „den Angehörigen der FE.-Ab-

---

11 Vgl. Hüttenberger 1969, S. 178.

12 Vgl. Tessin 1957, S. 22.

13 Hüttenberger 1969, S. 178, stellt in einem Vergleich der Kompetenzen zwischen HSSPF und RVK etwas mißverständlich heraus: „Da z.B. auch die Feuer- und Luftschutzpolizei Himmler unterstand, hatten allein die HSSPF des Recht, Feuerwehrzüge bei Luftangriffen einzusetzen, während die RVK, die doch eigentlich für den Zivilschutz verantwortlich waren, den HSSPF keine Anweisungen erteilen, sondern sich ihrer lediglich einvernehmlich ‚bedienen' konnten." Dies ließe den irrigen Schluß zu, daß alle Feuerwehrzüge stets auf die Führung durch einen HSSPF angewiesen wären. Tatsächlich lag die Befehlsgewalt über alle örtlichen und überörtlichen Kräfte in der Regel in Händen der örtlichen Luftschutzleitungen; in Ausnahmefällen konnte sie ein BdO oder ein Luftgaukommando an sich ziehen. Direkte Eingriffe durch HSSPF dürften hingegen Ausnahmefälle gewesen sein (vgl. unten). Auch Birn 1986, S. 311, überschätzt in Bezugnahme auf Hüttenberger 1969 (ebenda) die Kompetenzen der HSSPF: „Bei Luftangriffen oder anderen Katastrophen waren allein (!) die HSSPF in der Lage, den gesammelten Einsatz von Feuerwehr, Luftschutzpolizei, Technischer Nothilfe und anderen Einheiten zu befehligen und zu lenken."

14 Vgl. Birn 1986, S. 127 u. 315.

15 Vgl. Brunswig 1987, S. 204 ff.

teilung Braunschweig den Überblick über den Aufbau der Deutschen Polizei zu erleichtern". Die Bereitschaftsführer wurden angewiesen, ihren Männern dieses Schema zu erläutern und es anschließend „in jeder Unterkunft an geeigneter gut sichtbarer Stelle anzubringen". Allerdings unterlief Dörmann, der offensichtlich noch in traditionellen Hierarchien dachte, der Fehler, in seinem Schaubild den HSSPF als Untergebenen des Hauptamts Ordnungspolizei einzuzeichnen.[16]

Der Verzweiflung nahe muß auch ein Offiziersanwärter der Feuerschutzpolizei Hannover gewesen sein, der im August 1940 eine aufwendige Abschnittsarbeit mit dem Titel „Luftkriegführung und die Stellung des Feuerlöschwesens in der Organisation des zivilen Luftschutzes im Vergleich zur Organisation im Frieden und Abwägung dieser auf ihre Einsatzbereitschaft" ablieferte. Um seine Ausführungen verständlicher zu machen, wagte sich der Autor an die Erstellung zweier Schaubilder, die in der Größe 70 x 140 cm akribisch alle Ministerien, Behörden und taktischen Gliederungen berücksichtigen, die in irgendeiner Form mit dem Feuerlöschwesen und dem Luftschutz in Zusammenhang gebracht werden konnten. Neben einigen sachlichen Fehlern (in beiden Schaubildern ist ein nie verwirklichtes „Amt Freiwillige Polizeien" eingezeichnet; vgl. 4.2.1.2) scheitern die Darstellungen an dem Versuch, die verwickelten Beziehungen in eine nachvollziehbare Modellform zu bringen. So bleibt es nicht aus, daß in den Schaubildern mehrere Positionen doppelt auftreten oder die Darstellung von Hierarchien nach unten unvermittelt abgebrochen wird.[17]

Der braunschweigische Bezirksführer der Freiwilligen Feuerwehren Hans Helmke - im Zivilberuf Landwirt - machte es sich viel einfacher, in einem 1942/43 gehaltenen Vortrag vor Parteifunktionären und Kommunalbeamten seiner Resignation über die verwickelten Zuständigkeiten Ausdruck zu verleihen: „Manchesmal weiß ich tatsächlich selbst nicht mehr, wer denn eigentlich was zu sagen hat."[18]

---

16 Vgl. Verfügung Nr. 85 betr. Gliederung der Deutschen Polizei des Kommandeurs der Feuerschutzpolizei Braunschweig vom 20.07.1944 (Archiv der Berufsfeuerwehr Braunschweig).

17 Vgl. Arnulf Purr: Luftkriegführung und die Stellung des Feuerlöschwesens in der Organisation des zivilen Luftschutzes im Vergleich zur Organisation im Frieden und Abwägung dieser auf ihre Einsatzbereitschaft. Hannover 1940 (Archiv der Berufsfeuerwehr Oldenburg i. Oldb.).

18 Hans Helmke: Manuskript eines Vortrags vor dem Kreisleiter, dem Landrat und den Bürgermeistern eines unbekannten braunschweigischen Kreises. O.O., o.J. (ca. 1942/43), S. 2.

5.1.1
Überführung des Sicherheits- und Hilfsdienstes in die Luftschutzpolizei

In der Praxis erwies sich die Zwitterstellung des SHD zwischen RLM und Ordnungspolizei als unglücklich. Aus diesem Grunde wurden die Einsatzkräfte in Luftschutzorten I. Ordnung - darunter die Freiwilligen Feuerwehren als größtes Kontingent - zum 1. Juli 1942 in eine eigene, für die Dauer des Krieges eingerichtete Sparte Luftschutzpolizei überführt. Wesentlichste Änderung gegenüber dem SHD war die nunmehrige Bezugnahme auf die Dritte Verordnung zur Sicherstellung des Kräftebedarfs für Aufgaben von besonderer staatspolitischer Bedeutung (kurz: Notdienstverordnung) vom 15. Oktober 1938, durch die eine langfristige Verpflichtung der bisherigen SHD-Angehörigen als Teil der Polizeireserve gegenüber den bisherigen Regelungen des Luftschutzgesetzes erleichtert wurde.[1] Die Aufsicht über die Luftschutzpolizei übte weiterhin die Gruppe „RV/L" (ab 1943 Inspektion „Luftschutz") im Kommando-Amt der Ordnungspolizei aus.[2] Demgegenüber waren bereits am 2. Februar 1942 die überörtlichen SHD-Abteilungen (mot), die im Reichsgebiet als Eingreifreserve zur Verfügung der Luftgaukommandos standen, als LS-Abteilungen (mot) in die Luftwaffe integriert worden, wobei die in diesen Einheiten dienenden Kräfte nun zu regulären Soldaten wurden.[3]

5.1.2
Ernennung eines zweiten Generalinspekteurs des Feuerlöschwesens

Der eskalierende Luftkrieg, die Ausweitung der Reichsgrenzen und die daraus folgende große Anzahl von Feuerlöschformationen machten im September 1943 die Ernennung eines zweiten Generalinspekteurs des Feuerlöschwesens und die Aufteilung des Geschäftsbereiches notwendig. Zum bisherigen Generalinspekteur Dr. Johannes Meyer, der sich weiterhin um die Feuerwehrschulen, die Werkfeuerwehren und die Brandschau kümmern sollte, trat nun Hans Rumpf mit der Aufgabe, die Feuerschutzpolizeien, die Luftschutzpolizei sowie die Freiwilligen und Pflichtfeuerwehren zu beaufsichtigen

1 Vgl. Hampe 1963, S. 371; Schramm 1983, S. 57.
2 Vgl. Neufeldt 1957, S. 58 ff.
3 Vgl. Hampe 1963, S. 253 u. 346 f.; Lindner 1988, S. 111-113, wertet die Umwandlung des SHD in die Luftschutzpolizei nur als Kompromißlösung mit Interimscharakter, da durch diese noch immer keine Auflösung der Konkurrenzstellung zwischen RLM und RFSSuChdDtPol. erzielt wurde.

und die Offizierschule der Ordnungspolizei (früher Reichsfeuerwehrschule) in Eberswalde zu leiten.[1] Rumpf entwickelte eine rege Reisetätigkeit und besuchte nach eigenen Angaben innerhalb eines Jahres 137 Luftschutzorte, 14 Feuerschutzpolizei-Abteilungen und die Freiwilligen Feuerwehren von 38 Landkreisen.[2] Immerhin hatte Rumpfs Aufmerksamkeit rund 1.685.000 Mitgliedern Freiwilliger Feuerwehren (einschließlich HJ-Feuerwehr) und 165.000 Mann der Luftschutzpolizei zu gelten.[3]

5.1.3 Ausdehnung der Einflußsphäre der SS

Gleichzeitig zu den zweifelsohne vereinfachenden Maßnahmen der Jahre 1942/43 wurde auch der Einfluß der SS auf alle Brandschutz- und Luftschutzkräfte größer. Sichtbarer Ausdruck hierfür war die am 9. Juli 1942 verfügte Ausweitung der SS- und Polizeigerichtsbarkeit auf die Luftschutzpolizei,[1] die allerdings nur für Straftaten im Dienst oder in Uniform zuständig sein sollte. Bereits am 1. September des gleichen Jahres fiel die gesamte Ordnungspolizei einschließlich Feuerschutzpolizei, Luftschutzpolizei und TN unter diese Sondergerichtsbarkeit, die am 11. Dezember 1942 auf alle Freiwilligen Feuerwehren ausgedehnt wurde.[2] Gerichtsherren der ersten Instanz waren stets die HSSPF.[3] Zudem wurden die Spitzenbeamten von Feuerschutzpolizei und Freiwilligen Feuerwehren gedrängt, der Allgemeinen SS beizutreten.[4] Allen SS-Angehörigen der Feuerschutzpolizei und der Freiwilligen Feuerwehr wurde ab 1942 das Recht zugestanden, an ihrer Uniform die SS-Siegrunen deutlich sichtbar anzubringen.[5]

---

1 Vgl. Neufeldt 1957, S. 89 f.
2 Zu seiner Tätigkeit als Generalinspekteur berichtet Rumpf 1952, S. 86 f. u. 109 ff.
3 Zahlen nach Neufeldt 1957, S. 99.

1 Zur Sondergerichtsbarkeit von SS und Polizei vgl. Birn 1986, S. 132 ff.; Buchheim 1964, S. 156 ff.; Engelsing 1990, S. 172 f.
2 Vgl. Birn 1986, S. 137; Buchheim 1964, S. 158; Strumpf 1987, S. 124 f.; Schnell 1956, S. 283, verharmlost die Auswirkungen der Unterstellung unter die SS- und Polizeigerichtsbarkeit. Schramm 1983, S. 65, weist demgegenüber auf die besonders einschüchternde Wirkung dieses Disziplinierungsmittels hin.
3 Vgl. Birn 1986, S. 133; Buchheim 1964, S. 161.
4 Rumpf 1952, S. 119, gibt als Begründung an, daß Himmler angeblich die „Zwangsverbindung der Feuerschutzpolizei mit der damals (1943/44) praktisch nicht mehr bestehenden Allgemeinen SS betrieb", um Plänen der SA zur Übernahme des gesamten (!) Brandschutzwesens zuvorzukommen. In Anbetracht der zu diesem Zeitpunkt längst nicht mehr gegebenen Machtbasis der SA für einen solchen gewagten Schritt gegen SS und RLM ist diese Begründung vollkommen unglaubhaft.
5 Vgl. Neumann 1977, S. 575; Engelsing 1990, S. 172.

Auch der paramilitärische Charakter der Feuerschutzpolizei wurde immer mehr herausgestellt: Wie in der SS üblich, mußten sich nach Runderlaß der Reichsführers SS und Chef der Deutschen Polizei vom 5. November 1941 alle Angehörigen der uniformierten Polizei, die „mit ihrem auswärtigen Einsatz in Pol.-Bataillonen zu rechnen haben", mit einer Blutgruppentätowierung „in die Beugeseite des linken Oberarms" versehen lassen.[6] Im Dezember 1941 erging eine Verfügung, die für Offiziere und Unterführer der Feuerschutzpolizei als Angehörige der Ordnungspolizei das Tragen von Waffen vorsah.[7] Es folgte am 31. August 1942 eine Verfügung, nach der die Feuerschutzpolizei - wie alle anderen Sparten der Ordnungspolizei - auch infanteristisch ausgebildet werden sollte.[8] Eine nochmalige Steigerung von Himmlers Bestrebungen, SS und Polizei zu verschmelzen, führte Mitte 1944 zur Ausgabe von SS-Dienstpässen und Erkennungsmarken an die Feuerschutzpolizei. Alle Polizeiangehörigen, die Mitglied der SS waren, hatten fortan ihren SS-Rang ihrer Polizeidienstbezeichnung voranzustellen.[9]

Himmler, der am 24. August 1943 auch zum Reichsminister des Innern ernannt wurde, zog in zunehmendem Maße vielfältige innen- und verteidigungspolitische Kompetenzen an sich, während das RLM und die Luftwaffenführung angesichts der eskalierenden Luftkriegsentwicklung immer mehr unter Druck gerieten. In dieser Situation versuchte er, dem RLM auch die grundsätzliche Richtlinienkompetenz für den Luftschutz streitig zu machen. Aus organisationstechnischen Gründen und in Anbetracht der anhaltenden alliierten Bomberoffensiven unterblieb aber die abermalige Umressortierung des Luftschutzes, und der Reichsführer SS und Chef der Deutschen Polizei mußte sich mit den bereits getroffenen, oben dargelegten Veränderungen zufriedengeben.[10]

Schließlich kam Himmler doch noch ans Ziel: Nach zähen, im Herbst 1944 aufgenommenen Verhandlungen wurde am 5. Februar 1945 der Befehlsweg von den Luftgaukommandos zu den BdO abgeschafft und dem Reichsführer SS und Chef der Deutschen Polizei das alleinige Weisungsrecht gegenüber der Luftschutzpolizei zugesprochen. Hierzu ging man den Weg, auch dem Reichsführer SS und Chef der Deutschen Polizei den Status einer „Besonderen Verwaltung" zu verleihen, so daß sich der Einfluß des RLM auf die Luftschutzpolizei nur noch auf das Festlegen sehr pauschaler Richtlinien und Weisungen be-

6 Vgl. Giller/Mierke/Petig 1991, S. 69.
7 Vgl. Strumpf 1987, S. 124.
8 Vgl. Strumpf 1987, S. 127; besonders detailliert Stichternath 2000, S. 76-77.
9 Vgl. Strumpf 1987, S. 133; Stichternath 2000, S. 77-78.
10 Vgl. Hampe 1963, S. 252 f.

schränkte. Somit endete hier de jure der Zustand des zentralistischen Dualismus.[11] Dieser späte Versuch einer Zuständigkeitsentwirrung zugunsten der SS hatte aber keine praktischen Auswirkungen mehr.[12] Kurt Lindner ist deshalb beizupflichten, wenn er urteilt:

> „Diese letzte große Umorganisation des Luftschutzes, rund vier Monate vor Kriegsende, war nichts anderes als eine Selbsttäuschung derer, die sie veranlaßt haben, denn die in den vorausgegangenen Kriegsjahren von oberster verantwortlicher Stelle begangenen Fehler bzw. Unterlassungen in Sachen ‚Luftschutz' konnten zu diesem späten Zeitpunkt nicht mehr wettgemacht werden; dazu war es zu spät."[13]

5.2
Der Feuerlösch- und Entgiftungsdienst im Luftkriegseinsatz

Mit den Angriffen auf Lübeck und Rostock im Frühjahr 1942 begann eine neue Phase des Luftbrandkrieges. Hatten die chronisch unterbesetzten Einheiten des Luftschutzes bislang noch ausgereicht, den Folgen der Bombardements mit einigem Erfolg begegnen zu können, so führten die von Briten und Amerikanern durchgeführten strategischen Luftoffensiven gegen Großstädte und Industrieziele zu ihrer permanenten Überforderung. Nicht genug damit, daß die Einheiten des FE-Dienstes inzwischen in Dauerbereitschaft standen und das notdienstverpflichtete Personal nun praktisch kaserniert war, um nach Angriffen auf ihren Luftschutzort sofort tätig werden zu können; bald wurde für sie auch die überörtliche Löschhilfe in angegriffenen Nachbarstädten zum Regelfall. Angesichts der in ihrer Zerstörungskraft kontinuierlich gesteigerten Angriffe, die nicht selten das Verschmelzen zahlreicher Brandherde zu einem verheerenden Feuersturm nach sich zogen, wurde der FE-Dienst vor Aufgaben gestellt, denen er in seiner aus den 30er Jahren stammenden Konzeption nicht mehr gewachsen war. Um wenigstens die Menschenrettung gewährleisten zu können und möglichst eine unkontrollierte Ausweitung der Feuer zu verhindern,

---

11 Vgl. Hampe 1963, S. 253-255, der berichtet, daß der bisherige Chef des Luftschutzes, Ministerialdirigent Dr. Knipfer, wohl aufgrund von Streitigkeiten mit einigen Reichsverteidigungskommissaren im November 1944 „in einer wenig würdigen Form" von seinem Posten entfernt worden ist; ferner Neumann 1977, S. 575: „Die gesamte Luftschutzpolizei untersteht heute (1944) Himmler, nicht Göring."

12 Vgl. Hampe 1963, S. 255; Brunswig 1987, S. 360: „Wir haben allerdings von all diesem ‚Hick-Hack' in den Führungsstellen, dem ‚Auflösen', ‚Umstellen' und ‚Neuorganisieren' glücklicherweise nichts gemerkt. An der Wirksamkeit des Luftschutzes konnte all dies ohnehin nichts mehr ändern."

13 Lindner 1988, S. 116.

hatte man völlig neue Löschtaktiken zu entwickeln.[1] Hierzu zählten Wassergassen zur Evakuierung aus brennenden Straßenzügen und „Löschsprengungen" zum Erzeugen von Brandschneisen.[2] Zur Umsetzung dieser Taktiken wurden große Einsatzverbände benötigt, wodurch der Einsatz geschlossener FE-Bereitschaften unter Hinzuziehung überörtlicher Kräfte aus anderen Städten, LS-Abteilungen (mot) und Feuerschutzpolizei-Abteilungen zum Regelfall wurde.[3]

Die sinnvolle taktische Lenkung eintreffender auswärtiger Verstärkungen stellte viele Luftschutzleitungen vor große Probleme. Zwar hatte man mittlerweile an allen wichtigen Einfallsstraßen Lotsenstellen eingerichtet, konnte jedoch dorthin nur telefonisch die Einsatzbefehle für die eintreffenden auswärtigen Kräfte übermitteln. Da das empfindliche Telefonnetz aber sehr oft gleich nach Angriffen ausfiel, mußte man sich mit einigen wenigen Kradmeldern behelfen, deren Durchkommen aber stets von halbwegs intakt gebliebenen Straßen abhing.[4]

An stationären oder gar mobilen Funk als Führungsmittel war seinerzeit für den Luftschutz fast noch nicht zu denken. So erhielten im Sommer 1944 zwei der insgesamt neun Braunschweiger Lotsenstellen, an denen die meisten auswärtigen Löschkrafte erwartet werden konnten, Funkgeräte. Ein Angehöriger der HJ-Feuerwehr erinnert sich später:

Der Einsatz immer effizienterer Abwurfwaffen (hier eine Flammstrahlbombe) und Angriffstaktiken durch die Alliierten führte den FE-Dienst 1944/45 an die Grenze seiner Leistungsfähigkeit.

„Es war die Geburtsstunde der drahtlosen Sprechverbindung. In der damaligen Zeit ein enormer Fortschritt. Alle Beteiligten haben es als Wunderwerk bestaunt. (...) Wegen der Größe und des Gewichtes konnte so ein Sprechfunkgerät nur stationär in Betrieb genommen werden. Die Größe ist mit einem Kleiderschrank zu vergleichen, ca. 2,5 m lang, 0,5 m tief. Die Stromversorgung erfolgte über Batterien, die im Keller untergebracht waren. Die waren auch dementsprechend groß."[5]

1 Vgl. Hampe 1963, S. 339; Strumpf 1987, S. 132; Linhardt 2000, S. 308.
2 Vgl. Prescher 1955, S. 51; Strumpf 1987, S. 130.
3 Vgl. Prescher 1955, S. 52; Hampe 1963, S. 337; Strumpf 1987, S. 127.
4 Vgl. Prescher 1955, S. 48-49; Kronenberg 1998, S. 48-49.
5 Kronenberg 1998, S. 88-89.

Doch Hauptführungsmittel blieben die wenigen Kradmelder des NSKK oder der Motor-HJ. Bei allen Einsätzen hatten die Melder mit den Wegeverhältnissen unmittelbar nach den Angriffen zu kämpfen: Herumliegender scharfkantiger Schutt, die Gluthitze der Brände oder weichwerdender Asphalt beendeten manche Fahrt mit einer Reifenpanne oder ließen den Melder oft nicht einmal in die Nähe seines Bestimmungsorts gelangen. Selbst wenn sie durchkamen, bereitete das Auffinden mancher Adressen inmitten der Trümmerlandschaft immense Schwierigkeiten.

Die Aufgaben der Melder waren vielfältig. Hierzu zählten Kurierdienste zu den einzelnen am Luftschutz direkt oder indirekt beteiligten Stellen. Eine weitere wichtige Aufgabe hatten die Melder, wenn sie an den Ausfallstraßen der Stadt auswärtige Hilfskräfte in Empfang nahmen, um sie zu ihren Bereitstellungsräumen oder an ihre Einsatzstellen zu lotsen. Besonders heikel waren solche Missionen, bei denen bereits löschende Kräfte von ihrer Einsatzstelle wegbeordert werden mußten, um anderswo eingesetzt zu werden; die betroffenen Hausbewohner ließen dann ihre Wut und Verzweiflung über diese Befehle an den Meldern aus. Mindestens ebenso unerfreulich und zudem psychisch stark belastend waren Aufträge, nach Angriffen Tote in Straßen, Schutzräumen oder Splittergräben zu zählen, denn nicht selten waren die Opfer bis zur Unkenntlichkeit verbrannt oder verstümmelt.[6]

Angesichts der überaus unbefriedigenden Wege zur Befehlsübermittlung nimmt es nicht wunder, daß auch der Einsatz des nach friedensmäßigen Maßstäben riesigen Einsatzpotentials nicht ohne Pannen und Verzögerungen ablief. Nachdem anfangs auswärtige Hilfskräfte auf eigene Faust in die Schadensgebiete vorgedrungen waren und ihre Löschangriffe nach Gutdünken begonnen hatten, während als besonders wichtig eingestufte Objekte ungehindert niedergebrannt waren, reagierten viele Luftschutzleitungen mit der Direktive, daß die Verstärkungen aus dem Umland erst einen Einsatzbefehl abwarten müßten. Angesichts der immer verheerenderen Bombardements und der beschriebenen ungenügenden Führungsmittel hatte dies nun aber oft zur Folge, daß die Löschzüge herumstanden und auf ihren Befehl warteten, während in der Umgebung alles brannte. Dies führte vielerorts zu Unmut in der betroffenen Bevölkerung.[7] Nachdem es nach schweren Angriffen auf Hannover im Oktober 1943 auch verbreitet zu solchen Situationen gekommen war, meldeten sich die örtlichen Wehrmachtsbefehlshaber mit heftigster Kritik zu Wort und forderten für die Zukunft ein selbständiges Eingreifen der heranbeorderten Kräfte. Nur aus politischen Gründen habe die Wehrmacht seinerzeit davon Abstand genommen, in dieser Situation dem offenbar völlig überforderten Polizei-Führungsstab der Luftschutzkräfte das Kommando zu entziehen, und habe sich stattdes-

6 Nach Berichten ehemaliger Angehöriger der Motor-HJ an den Verfasser, 05.04.1994; vgl. auch Kronenberg 1998, S. 48-49.

7 Vgl. Schramm 1983, S. 214-216; Linhardt 2000, S. 310-311.

sen für eine eigene Hilfsaktion entschieden.[8]

Für die Einsatzkräfte war das Vordringen bis zu den zugewiesenen Schadensorten äußerst schwierig: Nicht nur herumliegende Trümmer und Bombentrichter, sondern auch beschädigte Versorgungsleitungen, abgerissene Fahrdrähte der Straßenbahn und nicht zuletzt Blindgänger und Zeitzünderbomben machten den Besatzungen der Löschfahrzeuge schon bei der Anfahrt schwer zu schaffen.[9] Der Reifenverschleiß war dementsprechend groß, was angesichts der insgesamt prekären Rohstoffknappheit doppelt schwer wog. Hatte man schließlich doch die zugewiesene Brandstelle erreicht, begann das kräftezehrende und zeitraubende Aufbauen einer Löschwasserversorgung. Zwar gab es bei der Luftschutzpolizei einige Schlauchwagen mit 1500 m C-Druckschläuchen, jedoch verbot sich meist das rasche, von der Konstruktion dieser Fahrzeuge her vorgesehene Verlegen vorgekuppelter Schläuche in langsamer Fahrt, da hierfür die Straßenverhältnisse praktisch nie gegeben waren. Außerdem waren diese Spezialfahrzeuge einfach zu selten, um überall zur Verfügung zu stehen. So mußten die Löschkräfte improvisieren und jeden Winkel ihrer eigenen Fahrzeuge mit Schlauchmaterial und Armaturen vollstopfen. Eine besondere Erschwernis der Rettungs-, Bergungs- und Löscharbeiten ergab sich aus der Notwendigkeit, ohne jede Ausleuchtung der Einsatzstelle auszukommen; vielmehr wurde besonderer Wert darauf gelegt, Brandstellen möglichst rasch ›schwarz‹, d.h. aus der Luft nicht erkennbar zu machen.[10] Mit dem Näherrücken alliierter Truppen auf Reichsgebiet 1944/45 kamen als weitere Gefährdung des Einsatzpersonals Tieffliegerangriffe hinzu.[11]

Da die meisten FE-Bereitschaften weit unter Sollstärke besetzt waren und auch nicht mehr im gewünschten Umfang durch HJ-Feuerwehrleute ergänzt werden konnten, bemühte man sich bereits seit 1942, zusätzliche Reserven zu erschließen.

8 Vgl. Stichternath 2000, S. 73.
9 Vgl. Kronenberg 1998, S. 68.
10 Vgl. Kronenberg 1998, S. 72-78.
11 Vgl. Schramm 1983, S. 219; Kronenberg 1998, S. 116-118.

5.2.1 Die Feuerwehr-Bereitschaften der Freiwilligen Feuerwehren

Unter dem Eindruck des schweren Angriffs auf Rostock am 24. April 1942 ging man im Amt für Freiwillige Feuerwehren daran, die Löschkräfte aus den Luftschutzorten II. und III. Ordnung als zusätzliches Hilfspotential für die bedrängten Großstädte nutzbar zu machen.[1] Dem überörtlichen Einsatz ländlicher Freiwilliger Feuerwehren, angestrebt durch Bildung besonderer Feuerwehr-Bereitschaften, waren allerdings durch die überalterte und teilweise mangelhafte Ausstattung dieser Feuerwehren sowie deren Unkenntnis der Führungsprinzipien in Luftschutzorten I. Ordnung zunächst enge Grenzen gesetzt. Erst ab 1943, nachdem einheitliche Richtlinien für die Aufstellung, Gliederung und Stärke der Feuerwehr-Bereitschaften erlassen worden waren, konnten die Freiwilligen Feuerwehren des Umlands zu wirksamerer Hilfe in den Großstädten herbeigerufen werden. Diese Einheiten stellten ursprünglich nur eine letzte Reserve des für die Region zuständigen BdO dar, die lediglich im Bedarfsfall zusammengezogen werden sollte; dies erwies sich aber im Verlauf des Luftkrieges immer häufiger als notwendig.[2]

In einer 15-km-Zone um den betreffenden Luftschutzort besetzten die Nacht über Angehörige der Freiwilligen Feuerwehren Alarmunterkünfte, um im Luftangriffsfall auf Anordnung des Landrates zu einem festgelegten Sammelpunkt am Stadtrand vorzurücken. Von dort wurden sie durch Lotsen zu ihren Einsatzbereichen dirigiert. Nach Angaben Rumpfs konnten rund 700 Feuerwehr-Bereitschaften mit einer Personalstärke von 100.000 Mann aufgestellt werden.[3] So waren nach dem schweren Angriff auf Braunschweig vom 15. Oktober 1944 insgesamt 26 solcher Feuerwehr-Bereitschaften im Stadtgebiet im Einsatz.[4]

1 Vgl. Schnell 1956, S. 282; Schramm 1983, S. 191 f.
2 Vgl. Hampe 1963, S. 328 u. 367 ff.; Rumpf 1952, S. 87; Schramm 1983, S. 192-205, liefert für das Beispiel der Stadt Nürnberg besonders anschauliches Material.
3 Vgl. Rumpf 1952, S. 87.
4 Vgl. Prescher 1955, S. 96.

5.2.2
Einsatzkräfte der NSDAP und ihrer Gliederungen

Eine weitere, wenn auch zweifelhafte Verstärkung erhielten die Brandschutzkräfte ab Mitte 1942 durch Spritzengruppen der NSDAP. Ausgerechnet diejenigen, die sich bisher aufgrund ihres Parteiamts sowohl dem Wehrdienst als auch der Luftschutzpflicht entzogen hatten, aber stets das Wort gegen die in ihren Augen unfähigen und feigen Feuerwehren führten, sammelten sich nun in kleinen Gruppen und besorgten sich auf halblegalen Wegen Feuerlöschgeräte und Transportfahrzeuge. Nach Luftangriffen zogen die Parteispritzengruppen auf Weisung von Ortsgruppenleitern oder Kreisleitern los und löschten dort, wo es ihnen gerade am sinnvollsten erschien. Da sie sich weder der örtlichen Luftschutzleitung noch in ihrer Nähe eingesetzten FE-Einheiten unterstellen wollten, war ihr taktischer Wert entsprechend gering. Andererseits banden die Parteispritzengruppen in erheblichem Maße Personal, dessen Einsatz im Selbstschutz oder Erweiterten Selbstschutz sinnvoller gewesen wäre, und Material, das dem regulären Feuerlöschdienst auf diese Weise vorenthalten blieb. Entgegen den Versuchen des RLM, diese Einmischung der NSDAP in seine Kompetenzen zu unterbinden, wurden weitere Parteispritzengruppen in großem Umfang aufgestellt.[1]

Neben der Partei selbst engagierten sich auch andere NS-Organisationen bei solchen Luftschutzaufgaben, die mit dem Brandschutz direkt oder indirekt zusammenhingen: Aus Nürnberg ist bekannt, daß die SA Formationen für den Feuerlöschdienst, zur Verstärkung des Selbstschutzes und für Aufräumungsarbeiten stellte, während die Lotsenstellen an den Einfallstraßen von der ALLGEMEINEN SS besetzt wurden.[2] Das NSKK und die MOTOR-HJ stellten Kradmelder.[3]

1 Vgl. Brunswig 1987, S. 174 ff.; Schramm 1983, S. 314-315, erwähnt das Vorhandensein von NSDAP-Eingreifkommandos mit Tragkraftspritzen in Nürnberg, führt aber auch an, daß sich keinerlei Hinweise auf eine Zusammenarbeit dieser Formationen mit dem FE-Dienst finden ließen.
2 Vgl. Schramm 1983, S. 303.
3 Vgl. Schramm 1983, S. 303; Linhardt 2000, S. 307.

5.2.3
Letzte Reserven: Ukrainer und Frauen

Trotz der eskalierenden Luftkriegsereignisse wurden die regulären Luftschutzeinheiten durch weitere Einberufungen zum Wehrdienst weiter geschwächt, und es wurde zunehmend schwieriger, den Stand von 54.000 Mann ortsfesten und 6.000 Mann überörtlichen Löschkräften der Luftschutzpolizei zu halten.[1] In den letzten beiden Kriegsjahren war man deshalb gezwungen, die Pfade der Tradition zu verlassen und sich auf unorthodoxe Methoden der Personalbeschaffung zu verlegen:

Ab Herbst 1943 wurde versucht, den Mannschaftsmangel in Feuerschutzpolizeien und Luftschutzdiensten durch abkommandierte Ausländer abzumildern. Den Anfang machten Polen und Tschechen, denen bald Ukrainer in weitaus bedeutenderer Anzahl nachfolgten: Durch das kontinuierliche Zurückweichen der deutschen Truppen an der Ostfront verloren die vornehmlich im rückwärtigen Frontgebiet eingesetzten POLIZEI-SCHÜTZENREGIMENTER ihre bisherigen Aufgaben.[2] Die in diesen Truppenverbänden dienenden Ukrainer wurden ins Reichsgebiet verlegt und auf die Sparten der Ordnungspolizei verteilt.[3] Größere Kontingente wurden auch an zahlreiche Feuerschutzpolizeien überwiesen: Im Braunschweiger FE-Dienst zählte man neben 81 Mann Feuerschutzpolizei und 205 Mann Ergänzungskräften ca. 75 Ukrainer.[4] Der Luftschutz der Stadt Kassel wurde sogar um 140 Ukrainer ergänzt.[5] In der letzten Stärkemeldung des Hamburger FE-Dienstes vom 1. Februar 1945 wurden 723 Ukrainer gezählt; sie stellten somit rund 25 % der Löschkräfte der Hansestadt.[6] Auch der Brandschutz in der Reichshauptstadt Berlin [7], in Stuttgart [8] und Hannover [9] wurde durch eine größere Anzahl von Ukrainern verstärkt.

Die Bandbreite der Freiwilligkeit der Ukrainer reichte von ausgesprochen

---

1 Zahlen nach Rumpf 1952, S. 86; Schnell 1956, S. 281, spricht von einem Personalverlust bei den Freiwilligen Feuerwehren von „gut der Hälfte", also rund 750.000 Mann; vgl. auch Prescher 1955, S. 52.

2 Zu den Polizei-Schützenregimentern vgl. Tessin 1957, S. 31, wonach die Regimenter Mitte 1943 unter Einbeziehung zweier Bataillone aus „angeworbenen fremdvölkischen Männern, insbesondere aus der Ukraine" aufgestellt wurden. Ein Teil dieser Regimenter wurden nach ihrer Vernichtung in Mittel- und Südrußland wieder aufgelöst.

3 Rumpf 1952, S. 117: „Auch Ausländer, angeblich Freiwillige, wurden uns überwiesen."

4 Vgl. Prescher 1955, S. 42; zu den Braunschweiger Verhältnissen vgl. Linhardt 2000, S. 312-313.

5 Giller/Mierke/Petig 1991, S. 67, benutzen für die Ukrainer den sonderbaren Terminus „freiwillige Kriegsgefangene".

6 Vgl. Brunswig 1987, S. 20.

7 Vgl. Strumpf 1987, S. 131.

8 Nach Jarausch/Haase 1991, S. 123 f., bestanden in Stuttgart mehrere FE-Bereitschaften, die „weitgehend" mit Ukrainern besetzt waren.

9 Vgl. Stichternath 2000, S. 79-80

motivierten Schutzmannschaften, die dem Versprechen vertrauend, sie würden wie Deutsche behandelt werden, mit ihren Familien ins Reich kamen, bis hin zu als unzuverlässig eingestuften und unter Bewachung gestellten Zwangsrekrutierten. Mangelnde Deutschkenntnisse der Ukrainer führten zu bislang nicht vorhersehbaren Problemen bei der feuerwehrtechnischen Ausbildung, die allerdings recht bald durch ins Russische übersetzte und im Umdruckverfahren hergestellte Unterlagen überbrückt werden konnten. Besonders litten die ausländischen Feuerwehrleute unter der schlechten Behandlung und Reglementierung, denen sich insbesondere die tatsächlich aus freiem Willen dienenden Männer ungerechtfertigterweise ausgesetzt sahen.[10]

Im Verlauf des Bombenkriegs fiel notgedrungen auch ein Tabu der konservativen Brandschützer: Nun traten Frauen - zunächst aufgrund eines um ihre Mitwirkung werbenden RLM-Erlasses vom 21. April 1943 freiwillig, später als vom Chef der Ordnungspolizei Dienstverpflichtete - in die Reihen der Brandschutzkräfte ein.[11] Während sie schon vor und während des Krieges im Rahmen des Selbstschutzes von den Offiziellen für ihren Einsatz in den Hausfeuerwehren gelobt worden waren (vgl. 3.3.1), konnte man nun auch im öffentlichen Feuerlöschwesen nicht länger auf Frauen verzichten.

Längst nicht überall beschränkte sich der Einsatz weiblicher Feuerwehrleute wie bei einigen Feuerschutzpolizeien auf den Dienst im Nachrichtenwesen oder im wirtschaftlichen Bereich:[12] In Stadt und Land wurden bald auch ausschließlich aus Frauen bestehende Löschgruppen gebildet - zehn Jahre zuvor noch ein selbst für ausdrückliche Befürworter der Mitwirkung weiblicher Löschkräfte im Luftschutz entsetzliches Schreckensbild.[13] Speziell für Gemeinden ohne Feuerschutzpolizei legte der Reichsführer SS und Chef der Deutschen Polizei in einem Runderlaß vom 22. Oktober 1943 fest:

---

10 Vgl. Brunswig 1987, S. 354 f.: In einer Verfügung des Kommandeurs der Feuerschutzpolizei Hamburg Nr. 74 betr. Ablieferung der gesamten abgehenden Post der Ukrainer vom 02.06.1944 wurde angeordnet, daß alle Postsendungen der Ukrainer von den deutschen Unterführern über das Landgericht an die SS-Feldpoststelle weitergeleitet werden sollten.

11 Vgl. Schramm 1983, S. 67-68; Engelsing 1990, S. 181 f.; Linhardt 2000, S. 313.

12 Vgl. Brunswig 1987, S. 354; Giller/Mierke/Petig 1991, S. 82; Strumpf 1987, S. 125; Prescher 1955, S. 52: „In dieser Zeit (1944) füllte man die entstandenen Lücken im Personal der Luftschutzorganisationen durch Notdienstverpflichtungen von Frauen auf. Anfangs wurden die weiblichen Kräfte für Schreib-, Telefon- oder andere leichte Dienste verwandt; doch bald mußte man sie auch bei Dienstleistungen verwenden, die vorher ausschließlich Männern vorbehalten waren."

13 Vgl. Bernhard Peill: Die Löscharbeiten der Feuerwehren im Kriegs- und Luftangriffsfalle. In: GuL 1934, S. 259-262, hier S. 261: „Auch sollten wieder Frauen und Mädchen mehr als bisher im Löschdienst Verwendung finden, ohne daß natürlich eine derartige Verwendung gleich in die bekannten ‚Feuerwehramazonenkorps' außerdeutscher Länder auszuarten braucht."

„Soweit die noch in der Heimat vorhandenen bzw. verfügbaren männlichen Kräfte zur Bildung dieser Reserven (für die Freiwilligen und Pflichtfeuerwehren, A. L.) nicht ausreichen, sind ohne Rücksicht auf die Größe der Gemeinden zusätzlich geeignete weibliche Ergänzungskräfte ebenfalls im Rahmen des Notdienstes heranzuziehen."[14]

Ihren männlichen Vorgesetzten folgten die Frauen längst nicht immer so widerspruchslos, wie diese es sonst von Untergebenen gewohnt waren. Obgleich weibliche Feuerwehrleute bei Erscheinen des genannten Erlasses noch nicht der SS- und Polizeigerichtsbarkeit unterworfen wurden, hatten sie bei Vergehen im Dienst oder gar Fernbleiben empfindliche Strafen zu erwarten.[15] Andererseits fanden sich nur verhältnismäßig wenige Frauen bereit, die Position eines Gruppenführers einzunehmen; dazu waren sie durch ihre Erziehung noch zu sehr an die Unterordnung gegenüber Männern gewöhnt.[16] Der in Hans Rumpfs Erinnerungswerk „Der hochrote Hahn" eingestreuten Anekdote von „der jungen Diplomingenieurin, die, in Mantel und Stahlhelm ihren Männern als Zugführer vorangehend, ein gutes Beispiel gab",[17] dürfte daher wohl ein Einzelfall zugrundeliegen. Insgesamt standen Ende 1944 schätzungsweise 275.000 Frauen zwischen 18 und 40 Jahren als, wie Rumpf ausdrücklich betont, „ausgebildete, vollwertige Helferinnen in den Reihen des amtlichen Feuerlöschdienstes des SHD und insbesondere der freiwilligen Feuerwehren im Kriegseinsatz".[18] Auch in einem anderen Punkt stellte man die Frauen den Männern gleich: Im Frühjahr 1944 wurde auch für sie die SS- und Polizeigerichtsbarkeit zuständig.[19]

Anfangs um das Ansehen der Feuerwehren besorgt, kamen selbst hohe Feuerwehrführer wie der Leiter des Reichsamtes für Freiwillige Feuerwehren, Walter Schnell, nicht umhin, den Frauen für ihre im Einsatz erbrachten Leistungen und ihre Loyalität großen Respekt zu zollen.[20] Die im Krieg erworbenen Meriten der Frauen verhinderten jedoch nicht die sofortige Wiederherstellung der Männerdomäne Feuerwehr nach 1945.[21]

---

14 Runderlaß „Erhaltung der Schlagkraft der Feuerwehren" des RFSSuChdDtPol. vom 22.10.1944 - O-Fw 1145 Nr. 8 II/43 (Archiv des Braunschweigischen Landesfeuerwehrverbandes).

15 Vgl. Engelsing 1990, S. 182 f.

16 Vgl. Engelsing 1990, S. 183 f.; Schnell 1956, S. 281; hierzu Rumpf 1952 : „Seit Anfang 1943 hatte es sich nicht vermeiden lassen - so schwer mir diese Konzession auch gefallen war - bei den freiwilligen Feuerwehren Frauen einzustellen für einen Dienst, der für die weibliche Konstitution zu schwer ist."

17 Vgl. Rumpf 1952, S. 118.

18 Vgl. Rumpf 1952, S. 117.

19 Vgl. Seidler 1996, S. 157.

20 Vgl. Schnell 1956, S. 281.

21 Vgl. Engelsing 1990, S. 184.

5.2.4 Materielle Ausstattung des FE-Dienstes

Die Ausstattung der SHD-Einheiten in Luftschutzorten I. Ordnung mit Gerät und Fahrzeugen war unter dem Eindruck der sich verschärfenden Brandbombenangriffe zunehmend verbessert worden.[1] Entsprechend dem trotz schwerster Bombardements 1944 erzielten „Rüstungswunder" anderer kriegswichtiger Industrien erreichten die Feuerlöschgerätehersteller sogar einen Produktionsrekord von 450 Fahrzeugen pro Monat,[2] wenngleich nun auch aus Rohstoffersparnisgründen beispielsweise Fahrzeugaufbauten aus Preßpappe und Pumpengehäuse aus minderwertigem Metallguß hergestellt werden mußten und zuletzt sogar auf die Lackierung verzichtet wurde. Neuentwicklungen flossen praktisch nicht mehr in die Serienfertigung ein,[3] sondern man setzte in der Regel die Produktion der bis 1940 vorhandenen Normtypen in modifizierter Form fort. Eine Ausnahme bildete das aufgrund der Erfahrungen mit der schlechten Wasserversorgung unmittelbar nach Bombenangriffen entwickelte Tanklöschfahrzeug 15 (TLF 15) auf der Basis des bei der Wehrmacht verbreiteten Opel-Blitz-Dreitonner-Fahrgestells: Äußerlich eher an einen Tankwagen als an ein Löschfahrzeug erinnernd, mit

Tanklöschfahrzeug TLF 15

spartanisch einfachen Halterungen für die feuerwehrtechnische Beladung und freiliegender 1.500 l/min-Heckpumpe, ermöglichten diese kompakten, teilweise geländegängigen Tanklöschfahrzeuge ab 1943 dank ihres großen Wasservorrats (2.500 l) die rasche Bekämpfung von Entstehungsbränden und Nachlöscharbeiten im ‚rollenden' Einsatz. Durch die späte Einführung konnten allerdings nur noch die verhältnismäßig kleine Zahl von rund 750 TLF an die Einheiten ausgeliefert werden.[4]

Noch weitaus stärker als der Personalmangel oder das Fehlen von Ausrüstung wirkte sich die Verknappung von Verbrauchsgütern auf die Einsatzbereitschaft aus: Besonders fehlte es neben Ersatzteilen an Schläuchen und Reifen, die sich im Luftkriegseinsatz in kürzester Zeit verschlissen, und an einer ausrei-

---

1 Hierzu Prescher 1955, S. 52: „Die technische Ausrüstung und der Ausbildungsstand des Luftschutzdienstes waren Mitte 1944 allgemein gut und ausreichend."
2 Vgl. Rumpf 1952, S. 115.
3 Vgl. Rumpf 1952, S. 90.
4 Zum TLF 15 vgl. Foedrowitz 1994, S. 45-47, der diesen Fahrzeugtyp hartnäckig „TFL" nennt; Hartung 1987, S. 43; Oswald/Gihl 1986, S. 69 u. 71; Hampe 1963, S. 340; Prescher 1955, S. 52.

Bei einem Angriff zerstörter S 4,5 des Braunschweiger FE-Dienstes, Herbst1944.

chenden Versorgung mit Kraftstoff.[5] In den letzten Kriegsmonaten konnten auch beschädigte, defekte oder gar zerstörte Einsatzfahrzeuge nicht mehr ersetzt oder instandgesetzt werden, zumal die Produktion von Feuerwehrfahrzeugen aufgrund der schweren Bombenschäden bei den Herstellerfirmen Ende 1944 eingestellt werden mußte. Schwer in Mitleidenschaft gezogen waren auch die Fernverkehrswege, so daß an eine geregelte Auslieferung der wenigen noch fertiggestellten Fahrzeuge und Gerätschaften kaum mehr zu denken war. Als Lückenbüßer wurden auf Befehl des Chefs der Ordnungspolizei vom 21. Januar 1945 Fahrzeuge aus weniger luftgefährdeten Landgemeinden heranbeordert.[6]

---

5 Verfügung Nr. 86 betr. Benutzung von Krädern, Pkw und Lkw des Kommandeurs der Feuerschutzpolizei Braunschweig vom 22.06.1944 (Archiv der Berufsfeuerwehr Braunschweig): „Die angespannte Kraftstofflage macht eine weitere Einschränkung der Benutzung von Krädern, Pkw und Lkw, sowohl der gemeindeeigenen als auch der reichseigenen Fahrzeuge, notwendig." Rumpf 1952, S. 139, schreibt zur Situation in Berlin, Anfang 1945: „Bei einem einzigen Tagangriff am 6. Februar gingen 21.000 m Schlauch verloren. Auch die Treibstoffvorräte verminderten sich immer weiter ohne Möglichkeit ihrer Ergänzung. Am 15. März verfügte der Feuerlöschdienst nur noch über 150 t Treibstoff." Prescher 1955, S. 143: „Der Verschleiß an Feuerlöschschläuchen war ungeheuer. Die Löschkräfte der Stadt Braunschweig allein benutzten ca. 36.000 m Schlauchmaterial, das einer enormen Beanspruchung durch die Einwirkung von heißem Brandschutt, aber auch von den sich durch die Stadt quälenden Kraftfahrzeugen der LS-Einheiten, von Bergungs- und Hilfsfahrzeugen sowie von Pferdefuhrwerken mit ihren scharfkantigen eisenbeschlagenen Rädern ausgesetzt waren. Von dem eingesetzten Schlauchmaterial waren nach den Löscharbeiten 13.500 m beschädigt, wovon 6.500 m unbrauchbar geworden waren." Vgl. ferner Brunswig 1987, S. 173 f.; Strumpf 1987, S. 135; Foedrowitz 1994, S. 133.

6 Vgl. Foedrowitz 1994, S: 192 f.; Strumpf 1987, S. 135.

5.2.5
Das Kriegsende

Der nahende Zusammenbruch kündigte sich für viele Brandschutzeinheiten teils mit Absetzbewegungen aus ihren nun zum Frontgebiet gewordenen Einsatzbereichen,[1] teils durch Umwandlung in ein mit Infanteriewaffen oder Flammenwerfer ausgerüstetes letztes Aufgebot gegen die herannahenden alliierten Truppen an.[2] Andernorts wurden Feuerwehrleute für Schanzarbeiten im Rahmen des „Volkssturms" eingesetzt.[3] Ein besonders tragisches Schicksal erlitt der Kommandeur der Feuerschutzpolizei Berlin und geistige Vater des Reichsfeuerlöschgesetzes, Walter Goldbach, der wegen „defaitistischer Haltung" (Goldbach hatte das Abrücken Berliner Löscheinheiten nach Westen angeordnet) vom Polizeipräsidenten standrechtlich zum Tode verurteilt und von einem Sonderkommando erschossen wurde.[4]

Letztes Aufgebot: Angeführt von Parteifunktionären paradieren Angehörige der Luftschutzpolizei bei einem „Wehrappell" in Braunschweig, 16. Juli 1944.

In Lebensgefahr kamen auch Angehörige der Feuerschutzpolizeien, die von den Alliierten aufgrund ihrer Blutgruppentätowierung für Soldaten der WAFFEN-SS gehalten wurden.[5]

Von einem zentral geführten Feuerlöschwesen oder gar einer Luftschutzorganisation konnte längst keine Rede mehr sein.[6]

---

1 Nach Strumpf 1987, S. 135, setzten sich große Teile der Berliner Löschkräfte mit ihren Fahrzeugen nach Schleswig-Holstein ab; Giller/Mierke/Petig 1991, S. 88 f., geben an, der BdO habe den Kasseler Löschkräften Anfang März 1945 den Geheimbefehl zur „Verlagerung bzw. Rückführung" in den Raum Nordhausen/Harz erteilt; nach Jarausch/Haase 1991, S. 123 f., wurden die zur Verlegung aus der Stadt vorgesehenen Fahrzeuge mit Schleppstangen verbunden, um Kraftstoff zu sparen.

2 So z.B. in Berlin, vgl. Rumpf 1952, S. 139; Strumpf 1987, S. 135 f.; in Nürnberg wurde die Feuerschutzabteilung (mot) 8 gegen anrückende amerikanische Truppen infanteristisch eingesetzt, vgl. Schramm 1983, S. 220; Stichternath 2000, S. 82-83, berichtet von einem geplanten, dann aber doch nicht mehr durchgeführten Kampfeinsatz der Luftschutzpolizei Hannover.

3 Vgl. Engelsing 1990, S. 175.

4 Zur Situation in der Reichshauptstadt vgl. Strumpf 1987, S. 136; Foedrowitz 1994, S. 196-198.

5 Giller/Mierke/Petig 1991, S. 89.

6 Vgl. Prescher 1955, S. 53; zum Schicksal des REICHSAMTES FREIWILLIGE FEUERWEHREN und der Generalinspekteure des Feuerlöschwesens Anfang 1945 vgl. Huck 1957, S. 134 f., ferner Schnell 1956, S. 285.

6 Resümee

6.1 Zusammenfassung und Bewertung

Das öffentliche Feuerlöschwesen in Deutschland war seit seinen Anfängen in der zweiten Hälfte des 19. Jahrhunderts beherrscht vom Widerstreit zweier Konzeptionen der Gefahrenabwehr: einer bürgerlich-genossenschaftlichen, verkörpert von den Freiwilligen Feuerwehren, und einer obrigkeitsstaatlich-technokratischen, die sich in der Schaffung von Berufsfeuerwehren manifestierte. Zwar gab es auch Sonderformen wie z.B. in Braunschweig, wo der Gegensatz zwischen Freiwilligen Feuerwehren und Berufsfeuerwehren längst nicht so deutlich zutage trat wie etwa in Preußen; grundsätzlich aber blieben die Differenzen zwischen beiden Modellen und ihren jeweiligen Protagonisten deutlich sichtbar.

Dem Gegensatz Freiwillige Feuerwehren - Berufsfeuerwehren entsprachen auch die unterschiedlichen Auffassungen darüber, wie die jeweiligen Feuerwehren zu führen und zu verwalten seien: Favorisierten die einen möglichst lockere Bindungen an staatliche Stellen und selbst an die eigenen Interessenverbände, so sahen andere den militärischen Gehorsam gegenüber einer starken Zentralinstanz als Garanten eines funktionstüchtigen Feuerlöschwesens. Verfochten die einen vehement die Meinung, der Brand- und Katastrophenschutz sei eine Angelegenheit der Kommunen, kam für andere nur die staatliche Polizei als hierfür berufene Institution in Frage.

Noch bis Ende der 20er Jahre waren die Fronten zwischen Parteigängern der bürgerlich-genossenschaftlichen und der obrigkeitsstaatlich-technokratischen Konzeption so verhärtet, daß es nur zögernd - und auch dann nur vereinzelt und in manchen Bereichen - zu Ausgleich und Kooperation kam. Aus Kostengründen lehnten es die Reichsregierungen der Weimarer Republik ab, das Feuerlöschwesen reichsweit zu zentralisieren, so daß die Befürworter der kommunalen Zuständigkeit die Oberhand behielten. Damit waren aber auch die Nachteile der bürgerlich-genossenschaftlichen Konzeption, vor allem der übersteigerte, jede noch so notwendige Vereinheitlichungsmaßnahme verhindernde Partikularismus, auf absehbare Zeit festgeschrieben worden.

Unerwartete Verstärkung ihrer Position erhielten die Anhänger der obrigkeitsstaatlich-technokratischen Konzeption durch eine neue große Aufgabe, welche die Feuerwehren zu einem wichtigen Teil der Landesverteidigung machen sollte: den zivilen Luftschutz. Die Bomben- und Gasangriffe des Ersten Weltkriegs, die in den 20er Jahren entwickelten Luftkriegstheorien und die von revisionistischen Kreisen beschworene

Wehrlosigkeit Deutschlands bewogen auch eine Handvoll Fachleute aus den Reihen der Feuerwehren, über die Rolle des Feuerlöschwesens in einem künftigen Krieg nachzudenken. Da alsbald deutlich wurde, daß der Bombenkrieg gegen die Städte des Hinterlandes zu Feuersbrünsten größten Ausmaßes führen könne und somit den Feuerwehren die Hauptlast der Schadensbekämpfung zufiele, forderten Luftschutzexperten wie Hans Rumpf oder Fritz Lehmann eine Vereinheitlichung von Organisation, Ausbildung und Ausrüstung. In den Verbänden der Freiwilligen Feuerwehren, besonders im DEUTSCHEN FEUERWEHR-VERBAND, stießen diese Forderungen aber allenfalls auf ablehnende Resonanz, während sie im REICHSVEREIN DEUTSCHER FEUERWEHRINGENIEURE auf mehr Verständnis hoffen konnten. Dabei hatten schon Großbrände im Frieden gezeigt, daß eine stärkere technische und organisatorische Koordinierung innerhalb des deutschen Feuerlöschwesens zwingend nötig war.

Die Unfähigkeit der Interessenvertretungen der Freiwilligen Feuerwehren, eine kompetente Lösung der drängenden Probleme aus eigener Kraft herbeizuführen, öffnete staatlichen Eingriffen in das Eigenleben der Verbände Tür und Tor. Im Zuge der noch in der Zeit der ausgehenden Weimarer Republik vorbereiteten preußischen Kommunalreform, welche die Kompetenzen der einzelnen Gebietskörperschaften einschränkte und demokratische Elemente in der kommunalen Selbstverwaltung zugunsten zentralistisch-autoritärer Einflußnahme der Aufsichtsbehörden zurückdrängte, trat im größten deutschen Land mit Beginn des Jahres 1934 ein neues Feuerlöschgesetz in Kraft. Durch dieses Gesetz wurden alle Maßnahmen des Brand- und Katastrophenschutzes zu einer (zunächst noch kommunalen) Polizeiangelegenheit erklärt; die Feuerwehrverbände wurden nach ihrer Umwandlung zu Körperschaften öffentlichen Rechts auf die Rolle von Erfüllungsgehilfen des Innenressorts reduziert. Zu dieser Zeit deckten sich hier noch die Vorstellungen der konservativen preußischen Ministerialbürokratie mit denen der neuen nationalsozialistischen Regierung.

Nach der Machtübernahme durch die Nationalsozialisten wurde der Luftschutz mit einem Schlag zu einem Gegenstand des öffentlichen Interesses gemacht. Hatten die republikanischen Reichsregierungen aus politischen und finanziellen Gründen auf eine ausgebaute Zivilverteidigung verzichtet, so änderte sich dies unter den neuen Machthabern: Der Luftschutz erhielt als eine Maßnahme der Kriegsvorbereitung hohe Priorität und wurde als Teil der Gesamtluftverteidigung dem REICHSLUFTFAHRTMINISTERIUM übertragen. Auch die Feuerwehren mußten sich dieser vor 1933 bestenfalls als Randthema bewerteten Aufgabe im neuen Staat stellen. Um aber für den Luftschutz überhaupt von Nutzen zu sein, mußte das Feuerlöschwesen reichseinheitlich umstrukturiert werden. Während das Innenressort an seinen Plänen, die preußische Feuerlöschgesetzgebung auf der Grundlage der NS-Gleichschaltungsgesetze auf andere Länder zu übertragen, letztlich an rechtlichen Hürden scheiterte, konnte das Reichsluftfahrtministerium ungehindert von derartigen Hemmnissen eine Reihe von vereinheitlichenden Maßnahmen in Angriff nehmen. Da aber die grundsätzliche Zuständigkeit für die Feuerwehren beim Innenressort lag, wurde im Luftschutzgesetz von 1935 festgelegt, daß der Reichsluftfahrtminister den Reichsminister des Innern mit der Durchführung des Luftschutzes beauftragen solle. Somit erhielt der sich schon bald nach 1933 herausbildende zentralistische Dualismus im Feuerlöschwesen eine erste gesetzliche Grundlage, und auch das Anfang 1939 in Kraft getretene Reichsfeuerlöschgesetz änderte an der Zuständigkeitsaufteilung auf zwei Ministerien nichts. Demgegenüber hatten die Feuerwehrverbände trotz aller Selbstanpassung an das nationalsozialistische Regime an Bedeutung und Einfluß verloren; sie wurden schließlich mit der (im Rückblick absolut zutreffenden) Begründung aufgelöst, daß sie nicht in der Lage wären, eine Vereinheitlichung des deutschen Feuerlöschwesens im Hinblick auf den Luftschutz herbeizuführen.

Neue Dynamik erhielten die Bemühungen des Innenressorts, die Feuerwehren reichsweit unter Kontrolle zu bekommen, nach der Mitte 1936 erfolgten Ernennung des Reichsführers SS, Heinrich Himmler, zum Chef der Deutschen Polizei. Im neugeschaffenen Hauptamt Ordnungspolizei wurde im Verlauf des Jahres 1937 die künftige Führungsspitze des deutschen Feuerlöschwesens etabliert. Alle Sachbearbeiterstellen und Führungspositionen wurden mit leitenden Beamten aus Berufsfeuerwehren besetzt; demgegenüber verblieb den Freiwilligen Feuerwehren nur ein hinsichtlich seiner Kompetenzen stark eingeschränktes und durch den Chef der Ordnungspolizei beaufsichtigtes Selbstverwaltungsorgan. Das im Hauptamt Ordnungspolizei erarbeitete Reichsfeuerlöschgesetz ließ dementsprechend unmißverständlich erkennen, was die professionellen Brandschützer von ihren ehrenamtlichen „Kameraden" hielten: Freiwillige Feuerwehren hatten keine Bürgerinitiative, sondern eine „technische Hilfspolizeitruppe" zu sein. Die Anhänger des obrigkeitsstaatlich-technokratischen Modells hatten sich auf der ganzen Linie durchgesetzt.

Überlagert wurde diese Entwicklung durch Himmlers Bestrebungen, mittelfristig die Feuerwehren zusammen mit den übrigen Polizeisparten aus dem Bereich der Inneren Verwaltung in die Einflußsphäre der SS zu überführen. Auch wenn die geplante Verschmelzung von Polizei und SS im Sinne einer „Institutionalisierung einer außernormativen Sonderexekutive" [1] bis zum Kriegsende nicht in allen Teilen vollendet war, so gerieten die Feuerwehren - insbesondere die als Feuerschutzpolizei in die Ordnungspolizei eingegliederten Berufsfeuerwehren - dennoch immer mehr in den Sog des Himmlerschen Machtapparats.

Als der Zweite Weltkrieg begann, wurden die Feuerwehren trotz aller Vorausplanungen inmitten ihrer laufenden Umstrukturierung zu einer Polizeitruppe

1 Benz 1986, S. 79.

überrascht. Auch der Luftschutz war durch die mangelnden Zuweisungen an Fahrzeugen und Gerät und die noch immer nicht überall durchgeführten organisatorischen Vorbereitungen nur bedingt einsatzbereit. Größte Schwierigkeiten bereitete die Besetzung der Einheiten des Sicherheits- und Hilfsdienstes mit geeignetem Personal. Während die materielle Ausstattung der Luftschutzkräfte verhältnismäßig rasch verbessert werden konnte, zwang die chronische Personalnot zu immer neuen Improvisationen. Nach den ersten schweren Luftangriffen zeigte sich, daß die Anfang der 30er Jahre entwickelten Einsatzkonzepte des SHD vor der Realität versagten. Nicht eine Vielzahl dezentralisierter Löschkräfte, sondern nur der geschlossene Einsatz großer Verbände versprach angesichts riesiger Bombenteppiche aus Spreng- und Brandbomben ein gewisses Maß an Wirksamkeit. Auf dem Höhepunkt der alliierten Bomberoffensiven in den Jahren 1943/44 konnten sich die Löschkräfte nur noch darauf beschränken, möglichst viele Menschen aus Feuersturmgebieten zu retten und eine allzu unkontrollierte Ausbreitung der Brände zu verhindern.[2]

Aufgrund der Eigenschaft des nationalsozialistischen Systems, Machtkonzentrationen eine Fülle von Sondergewalten und Zuständigkeitsusurpationen entgegenzustellen, war der Sieg des Zentralismus - sofern er jemals wirklich stattgefunden hat - im deutschen Feuerlöschwesen von nur kurzer Dauer: Hatte sich auf der Ebene der Spitzengliederung ein zwar unbefriedigendes, aber immerhin doch überschaubares Nebeneinander zweier Ministerien eingespielt, so war die Verteilung von Macht und Kompetenzen von der regionalen Ebene abwärts schon weitaus offener. Nicht allein die Gauleiter der NSDAP in ihrer Eigenschaft als Reichsverteidigungskommissare, sondern auch die von Himmler eingesetzten Höheren SS- und Polizeiführer, die mit niemals festumrissenen Kompetenzen in die Zuständigkeiten der Hauptämter eingriffen, stifteten in allen Instanzen Verwirrung. Quertreibereien und Eigenmächtigkeiten lokaler Funktionäre der Partei oder ihrer Formationen taten ein übriges, die Arbeit der in den Luftschutz eingebundenen Löschkräfte zusätzlich zu erschweren. Vermutlich blieb das deutsche Feuerlöschwesen nur deshalb bis kurz vor Kriegsende halbwegs funktionstüchtig, weil die zahlreichen beaufsichtigenden, befehlenden, verwaltenden und kritisierenden Stellen aufgrund räumlicher Entfernung sowie weiterer legal oder illegal wahrgenommener Kompetenzen permanent überlastet waren und einfach nicht die Zeit fanden, den örtlichen Einsatzkräften in noch größerem Maße hineinzureden.

Vor diesem Hintergrund muß die Frage gestellt werden: War der Luftschutz - insbesondere der Einsatz der Brandschutzkräfte - eine Notwendigkeit oder eine Illusion?

Er war im Grunde beides. Der Luftschutz hat zweifelsohne noch größere Verluste an Menschenleben und Sach-

2 Zu einer ähnlichen Beurteilung gelangt auch Permooser 1996, S. 112.

werten vermeiden helfen: angefangen bei den Luftschutzwarten und Hausfeuerwehren, die Brandbomben vom Dachboden auf die Straße warfen, bis hin zu den FE-BEREITSCHAFTEN der LUFTSCHUTZPOLIZEI, deren Wassergassen das Evakuieren von Bunkerinsassen aus brennenden Straßenzügen ermöglichten. Alle Luftschutzmaßnahmen hatten aber ein Doppelgesicht: So sehr sie ein Segen für den einzelnen waren, so sehr wirkten sie sich kriegsverlängernd und somit für die Nationalsozialisten herrschaftsstabilisierend aus. Demzufolge war der Luftschutz vom Standpunkt der damaligen Machthaber ebenso wie der Zivilbevölkerung in den angegriffenen Städten eine Notwendigkeit.

Gleichzeitig war der Luftschutz aber auch spätestens seit dem verheerenden Angriff auf Lübeck am Palmsonntag 1942 eine Illusion. Auch radikale Umgliederung, Verstärkung der Einsatzkräfte und das forcierte Bunkerbauprogramm konnten ein dramatisches Ansteigen der Opferzahlen und immense Verwüstungen der Großstädte nicht verhindern.

Dabei kann noch von Glück gesprochen werden, daß die Alliierten keine Gaswaffen oder die seinerzeit in Erprobung stehenden bakteriologischen Kampfstoffe gegen Deutschland zum Einsatz gebracht haben. Auch die Anwendung der Atombombe blieb deutschen Großstädten durch das Kriegsende im Mai 1945 gerade noch erspart. Hier wäre sicherlich jede Luftschutzvorkehrung vergeblich gewesen.

Umso bedenklicher muß aus heutiger Sicht wirken, daß die Funktionseliten des Luftschutzes, die nach Gründung der Bundesrepublik bald wieder in Amt und Würden waren, die Erfahrungen des konventionellen Bombenkrieges auf einen künftig zu erwartenden Atomkrieg hochzurechnen versuchten und alsbald daran gingen, ein Zivilschutzsystem aufzubauen, das - mit wenigen Ausnahmen - dem Luftschutz des Zweiten Weltkriegs bis in Einzelheiten glich. Auch der Sicherheits- und Hilfsdienst erstand als LUFTSCHUTZ-HILFSDIENST (LSHD) in beinahe unveränderter Struktur wieder; der wesentlichste Unterschied zum alten SHD lag darin, daß die Polizei nicht mehr als Führungs- und Sicherheitsdienst in die Fachdienste eingebunden war.[3]

Daß aber der Zivilschutz als staatliche Aufgabe schon seit den späten 60er Jahren nicht mehr besonders ernstgenommen wurde, verraten schon die amtlich veröffentlichten Kostenrelationen [4] zwischen militärischer und ziviler Verteidigung von nahezu konstant 60:1. Im Klartext heißt dies, daß sämtliche Bundesregierungen bis 1989 sechzigmal mehr Steuergelder in die Streitkräfte investiert haben als in alle Maßnahmen zum Schutz der Zivilbevölkerung. Bislang hat sich deswegen allerdings keine breite öffentliche Empörung erhoben, und der Einfluß der Zivilschutzbefürworter auf die Bundesregierungen ist seit der Wiederzulassung von Luftschutzmaßnah-

3 Vgl. Bundesamt für zivilen Bevölkerungsschutz: Vorläufige Dienstvorschrift „Führung des Luftschutzhilfsdienstes" (LSHD-Dv 1). Bonn 1965, S. 10 ff.
4 Vgl. Zivilschutz 1983, S. 55.

men durch die Westalliierten am 27. Juli 1951 augenscheinlich sehr gering geblieben.[5] Vom Nachkriegs-Luftschutz, der in der Bundesrepublik als „ziviler Bevölkerungsschutz" (später „Zivilschutz"), in der DDR als „Zivilverteidigung firmierte, gingen keine entscheidenden Impulse auf das Feuerlöschwesen mehr aus, die mit denjenigen in den 30er Jahren vergleichbar wären. Ein Dualismus in der Spitzenorganisation hat sich allerdings wieder herausgebildet: Während die Länder für den „friedensmäßigen" Katastrophenschutz - und damit auch für die Feuerwehren - zuständig sind, liegt der für den Kriegsfall aufgestellte Erweiterte Katastrophenschutz als Teil des Zivilschutzes in der Verantwortung des Bundesministeriums des Innern. Nach dem Ende der Ost-West-Konfrontation reduzierte der Bund in den 90er Jahren sein Engagement in vielen Bereichen des Zivil- und Katastrophenschutzes erheblich. Ob und in welcher Form es nach den Ereignissen des 11. September 2001 tatsächlich zu einer Renaissance dieser Staatsaufgabe kommt, wie dies manche Stimmen aus der Politik unter dem frischen Eindruck der Ereignisse gegenüber den Medien forderten, bleibt abzuwarten.

5 Vgl. BZS 1983, S. 138.

6.2 Ausblick: Zur Situation der Feuerwehren nach 1945

Nach dem Krieg wurden die Feuerwehren der drei westlichen Besatzungszonen alsbald wieder aus der Polizeiorganisation gelöst und in die Verantwortlichkeit von Ländern und Kommunen zurückgeführt. Dagegen blieb das Feuerlöschwesen in der sowjetischen Besatzungszone auch nach Gründung der DDR Angelegenheit der Polizei; dort bestanden bis zur Wiedervereinigung Berufsfeuerwehren (als KOMMANDOS FEUERWEHR DER VOLKSPOLIZEI) selbst in Kleinstädten. Ungeachtet der politischen Vorzeichen scheint also die obrigkeitsstaatlich-technokratische Konzeption besonders auf autoritäre Regime attraktiv zu wirken.[1]

Mit der Wiederherstellung der bürgerlich-genossenschaftlichen Konzeption erstanden auch die Feuerwehrverbände neu: 1952 wurden der DEUTSCHE FEUERWEHRVERBAND (DFV) und der BRAUNSCHWEIGISCHE FEUERWEHRVERBAND wiedergegründet. An die Stelle des REICHSVEREINS DEUTSCHER FEUERWEHRINGENIEURE traten andere Organisationen, z.B. die VEREINIGUNG ZUR FÖRDERUNG DES DEUTSCHEN BRANDSCHUTZES E.V. (vfdb). Das Verbandswesen der Feuerwehren in der Bundesrepublik ist aber mittlerweile so weit ausgewuchert, daß schon Feuerwehrfunktionäre darüber Klage führen.

Zum Zustand des deutschen Feuerlöschwesens nach der Wiedervereinigung äußerte sich 1993 der Hamburger Oberbranddirektor und Vorsitzende der ARBEITSGEMEINSCHAFT DER LEITER DER BERUFSFEUERWEHREN DEUTSCHLANDS (AGBF), Dieter Farrenkopf, in einer Ansprache anläßlich des 30jährigen Jubiläums des DEUTSCHEN FEUERWEHR-MUSEUMS in Fulda. Nach einer knappen Aufstellung der Mitgliederzahlen der Feuerwehren stellte er fest:

> „Das ist die Feuerwehr in Deutschland, wohlgemerkt nicht die Deutsche Feuerwehr. Die, glaube ich, gibt es seit der Wiedervereinigung und der Zurruhesetzung des letzten deutschen Feuerwehrgenerals gar nicht mehr. Und das ist gut so; denn allzu zentrale Verwaltung hemmt den Fortschritt. Ob der derzeitige Zustand aber besser ist, ich weiß es nicht."[2]

Farrenkopf führt in seiner Rede anhand des Beispiels „Übertragung des Katastrophenschutzes auf die Feuerwehr" vor, welche „Ochsentour" jemand unternehmen müsse, der ‚die' Meinung der Feuerwehren zu diesem Thema ermitteln wollte: Allein 16 Innenministerien der Länder und 34 weitere Verbände, Vereinigungen, Institute und andere Einrichtungen seien bei so einem Vorhaben zu berücksichtigen. Dementsprechend beklagt Farrenkopf „die ganze trostlose Vielfalt, die oftmals in eine Ziel- und Planungslosigkeit mündet".[3] Ob man sich Farrenkopfs Bekenntnis, daß für ihn „der Deutsche Feuerwehrverband das

---

1 Vgl. hierzu ausführlich Gläser 2000.
2 Farrenkopf 1993, S. 90 ff.
3 Vgl. Farrenkopf 1993, S. 92.

einzig mögliche Dach des deutschen Feuerwehrwesens" sei,[4] anschließen möchte, ist eine Frage des persönlichen Standpunkts. Es sollte aber stets als Mahnung im Gedächtnis bleiben, daß der DFV schon einmal nicht in der Lage gewesen ist, eine dringend notwendige Umstrukturierung und Vereinheitlichung des deutschen Feuerlöschwesens aus eigener Kraft durchzuführen, sondern das Feld jenen überließ, die entsprechende Maßnahmen unter behördlichem Zwang in die Wege leiteten.

Heute verdrängen die Feuerwehren (oder wissen es schlichtweg nicht), wie sehr sie in ihrer modernen Gestalt noch immer ein Produkt des Krieges und hier besonders des Luftschutzes sind: Viele Normen für Feuerwehrgeräte, taktische Gliederungen und Ausbildungsgrundsätze wurden übernommen bzw. weiterentwickelt und haben bis heute Gültigkeit. Auch wenn die Freiwilligen Feuerwehrleute keinen „Fußdienst" mehr zu absolvieren haben, tragen einige von ihnen trotz allem noch die alten Polizei-Rangabzeichen und den dunkelblauen, karmesinrot abgesetzten Uniformrock aus dem „Dritten Reich". Diejenigen Feuerwehrangehörigen, die im vom Bund finanzierten Ergänzungsteil des Katastrophenschutzes Dienst tun, bekommen zu diesem Zweck bundeseigene Fahrzeuge gestellt. Die Liste ließe sich noch weiter fortsetzen.

Zwei wesentliche Übel der Weimarer Zeit sind zurückgekehrt:

1. Die mittlerweile wieder sehr verbreitete Praxis vieler Berufs- und Freiwilliger Feuerwehren, sich maßgeschneiderte Einsatzfahrzeuge bauen zu lassen, hat zu einer enormen Ausweitung der zulässigen Baunormen und einer Preisexplosion geführt. In den letzten Jahren laufen deshalb immer wieder Bemühungen, die Zahl der Normen auf ein vernünftiges Maß zurückzuführen. Was die Europäische Union an Schwierigkeiten hinsichtlich einer technischen Vereinheitlichung des Feuerlöschwesens bringen wird, bleibt abzuwarten.
2. Dadurch, daß die Planungshoheit für die Feuerwehren den Kommunen übertragen ist, variiert die Qualität der Gefahrenabwehr im regionalen Vergleich erheblich. Populismus in der Lokalpolitik, der beispielsweise dem Bau und Unterhalt von Sportstadien höhere Priorität einräumt als dem von Feuerwachen, ist ein weiterer Schwachpunkt.

Das deutsche Feuerlöschwesen, wie es sich heute darstellt, verdankt viel seinen Pionieren Metz, Magirus oder Scabell; seine moderne Form, die es im internationalen Vergleich in eine Spitzenposition gebracht hat, erhielt es aber auch von Männern wie Rumpf, Schnell oder Goldbach. Farrenkopfs Behauptung, „allzu zentrale Verwaltung" hemme den Fortschritt, widerspricht den historischen Fakten.

4 Farrenkopf 1993, S. 94.

Um Mißverständnissen vorzubeugen: Hier soll keiner Neuauflage zentralistischer Spitzengliederungen nach Art des „Dritten Reiches" oder der DDR das Wort geredet werden. Das bürgerlich-genossenschaftlich organisierte Feuerlöschwesen muß aber - so schwierig dies sein mag - zur einer Form finden, die der Leistungsfähigkeit und Effizienz obrigkeitsstaatlich-technokratischer Modelle nahekommt, ohne das Engagement derer, die es durch ihre Mitgliedschaft in den Feuerwehren tragen, zu einem staatlichen Handlangerdienst herabzuwürdigen.

Es liegt mir fern, Patentrezepte für dieses grundsätzliche Problem anzubieten. Zu wünschen bleibt aber, daß die Feuerwehren niemals mehr eines Krieges und einer damit verbundenen Maßnahme wie dem zivilen Luftschutz bedürfen, um daraus die Kraft für anstehende Erneuerungen und Verbesserungen zu schöpfen.

Anhang A: Dokumente

I
Das Preußische Gesetz über das Feuerlöschwesen vom 15. Dezember 1933 (Auszug)

Das Staatsministerium hat das folgende Gesetz beschlossen:

Abschnitt I:
Die Feuerwehren

§ 1: In jedem Ortspolizeibezirke muß eine leistungsfähige und den örtlichen Verhältnissen entsprechend ausgerüstete Feuerwehr vorhanden sein. Besteht ein Ortspolizeibezirk aus mehreren Gemeinden, so ist in jeder Gemeinde für genügenden Feuerschutz zu sorgen.

§ 2: Die Feuerwehr hat im Auftrag des Ortspolizeiverwalters die Gefahren abzuwehren, die der Allgemeinheit oder dem einzelnen durch Schadenfeuer drohen. Die Polizeiaufsichtsbehörden können den Feuerwehren auch die Abwehr sonstiger Gefahren übertragen.

§ 3: (1) Die Feuerwehr im Sinne der §§ 1 und 2 kann bestehen:
a) aus Berufsfeuerwehrmännern;
b) aus einer Freiwilligen Feuerwehr;
c) aus Personen, die durch Polizeiverordnung zu einer Pflichtfeuerwehr zusammengeschlossen sind.

(2) Die Feuerwehr bedarf der Anerkennung der Polizeiaufsichtsbehörde.

§ 4: (1) Jede Gemeinde von mehr als 100.000 Einwohnern soll Berufsfeuerwehrmänner anstellen. Gemeinden mit weniger als 100.000 Einwohnern können Berufsfeuerwehrmänner anstellen. Die Zahl der Berufsfeuerwehrmänner bestimmt die Polizeiaufsichtsbehörde unter Berücksichtigung der örtlichen Verhältnisse. Die Uniformierung, Ausbildung und Amtsbezeichnung der Berufsfeuerwehrmänner regelt der Minister des Innern nach Anhörung des zuständigen Ausschusses des Feuerwehrbeirats.

(2) Die Anerkennung als Berufsfeuerwehr darf nur ausgesprochen werden, wenn die auf Grund des Abs. 1 Satz 3 und 4 zu erlassenden Vorschriften erfüllt sind.

§ 5: (1) Freiwillige Feuerwehren sind Vereine, deren Vereinszweck in der Bekämpfung der Feuersgefahren besteht. Die Rechtsstellung der Mitglieder regelt die Satzung. Die aktiven Mitglieder müssen das 18. Lebensjahr vollendet und dürfen das 60. Lebensjahr nicht überschritten haben. Die Ausbildung und Uniformierung der freiwilligen Feuerwehrmänner und die Bezeichnung der Führer regelt der Minister des Innern nach Anhörung des zuständigen Ausschusses des Feuerwehrbeirats.

* Preußische Gesetzsammlung, Jg. 1931-1933, S. 484.

(2) Die Anerkennung als Freiwillige Feuerwehr darf nur ausgesprochen werden, wenn

1. die Vereinssatzung von der Polizeiaufsichtsbehörde genehmigt ist und
2. die Bestimmungen des Abs. 1 und der auf Grund dieses Absatzes erlassenen Vorschriften erfüllt sind.

§ 6: (1) Soweit die auf Grund der §§ 4 und 5 gebildeten Feuerwehren hinsichtlich ihrer Stärke den örtlichen Verhältnissen nicht entsprechen, sind Pflichtfeuerwehren zu bilden.

(2) Die Rechte und Pflichten, die Uniformierung und die Ausbildung der Pflichtfeuerwehrmänner sowie die Bezeichnung der Führer wird durch Polizeiverordnung geregelt. Die Anerkennung als Pflichtfeuerwehr darf nur ausgesprochen werden, wenn die Vorschriften dieser Polizeiverordnung erfüllt sind.

Abschnitt II:
Die Feuerwehrverbände

§ 7: Die in einem Kreise vorhandenen anerkannten Feuerwehren bilden den Kreisfeuerwehrverband. Der Kreisfeuerwehrverband ist eine Körperschaft des öffentlichen Rechtes. Die Rechtsstellung des Vorstandes und der Mitglieder regelt die Satzung. Die Satzung bedarf in Landkreisen der Genehmigung des Landrats, in Stadtkreisen der Genehmigung des Regierungspräsidenten, in Berlin der Genehmigung des Oberpräsidenten. Die Vorstandsmitglieder werden in Landkreisen durch den Landrat, in Stadtkreisen durch den Regierungspräsidenten, in Berlin durch den Oberpräsidenten ernannt und abberufen.

§ 8: Dem Kreisfeuerwehrverband obliegt es:

1. durch die Veranstaltung von Führerbesprechungen den Austausch der Erfahrungen zu vermitteln;
2. durch gemeinsame Feuerwehrübungen die Schlagkraft der örtlichen Feuerwehrenzu erhöhen.

§ 9: Die Kreisfeuerwehrverbände einer Provinz bilden den Provinzialfeuerwehrverband. Der Provinzialfeuerwehrverband ist eine Körperschaft des öffentlichen Rechtes. In dem Provinzialfeuerwehrverbande müssen die für die Provinz bestehende Feuersozietät sowie die Städte, Landkreise und Landgemeinden der Provinz durch je einen Vertreter vertreten sein. Die Vorstandsmitglieder werden durch den Oberpräsidenten ernannt und abberufen. Im übrigen richtet sich die Rechtsstellung des Vorstandes und der Mitglieder nach der Satzung. Die Satzung bedarf der Genehmigung des Oberpräsidenten.

§ 10: Dem Provinzialfeuerwehrverband obliegt es:

1. die Einrichtung und Unterhaltung einer Provinzialfeuerwehrschule;
2. die Veranstaltung von Ausbildungslehrgängen im Feuerlöschwesen;
3. die Pflege des vorbeugenden Brandschutzes;
4. die Unterstützung der Kreisfeuerwehrverbände bei den diesen obliegenden Aufgaben.

§ 11: (1) Die Provinzialfeuerwehrverbände bilden den Feuerwehrbeirat. Dieser ist eine Körperschaft des öffentlichen Rechtes. Der Minister des Innern kann Vertreter der Gemeinden und Personen, die über besondere Kenntnisse im Feuerlöschwesen verfügen (insbesondere Berufsfeuerwehrmänner), in den Feuerwehrbeirat einberufen. Im Feuerwehrbeirat müssen die öffentlichen und privaten Feuerversicherungsunternehmen und die Provinzen, Städte, Landkreise und Landgemeinden durch je einen Vertreter vertreten sein. Die Vorstandsmitglieder werden durch den Minister des Innern ernannt und abberufen. Im übrigen wird die Rechtsstellung des Vorstandes und der Mitglieder durch die Satzung geregelt. Die Satzung bedarf der Genehmigung des Ministers des Innern.

(2) Durch die Satzung ist je ein Ausschuß für die Angelegenheiten der freiwilligen Feuerwehren und der Berufsfeuerwehren zu bilden.

§ 12: Dem Feuerwehrbeirat obliegt:

1. die Förderung des Feuerlöschwesens durch Pflege des einschlägigen Schrifttums und der Sammlung von Erfahrungen der außerpreußischen Feuerwehren;
2. die Prüfung und Begutachtung von Feuerlöschgeräten;
3. die Beratung des Ministers des Innern in allen Angelegenheiten des Feuerlöschwesens und der Feuerverhütung;
4. die Unterstützung der Provinzialfeuerwehrverbände bei den diesen obliegenden Aufgaben.

Abschnitt III:
Die Aufsicht über die Feuerwehrverbände

§ 13: (1) Die Aufsicht über den Kreisfeuerwehrverband führen in Landkreisen der Landrat, in Stadtkreisen der Regierungspräsident und die diesem vorgesetzen Polizeiaufsichtsbehörden, in Berlin der Oberpräsident und der Minister des Innern. Die Aufsicht über den Provinzialfeuerwehrverband führen der Oberpräsident und der Minister des Innern, die Aufsicht über den Feuerwehrbeirat der Minister des Innern.

(2) Die Sitzungen der Verbände, der Verbandsausschüsse und der Vorstandsitzungen sind der unmittelbar vorgesetzten Aufsichtsbehörde unter Angabe der Tagesordnung spätestens acht Tage vor dem anberaumten Zeitpunkte mitzuteilen.

(3) Die Aufsichtsbehörden können sich über die Angelegenheiten der Feuerwehrverbände durch Akteneinsichtnahme, durch Berichtseinforderungen und durch die Entsendung von Kommissaren zu den Sitzungen jederzeit unterrichten.

§ 14: Alle Beschlüsse der Verbände oder ihrer Organe, die eine finanzielle Auswirkung haben, insbesondere die Beschlüsse über die Feststellung des Haushaltsplans und über die Jahresabrechnung, sind der unmittelbar vorgesetzten Aufsichtsbehörde vorzulegen. Diese Beschlüsse treten erst in Kraft, wenn die Aufsichtsbehörden innerhalb von zwei Wochen nach Eingang des Beschlusses keinen Widerspruch erhoben haben.

§ 15: (1) Beschlüsse eines Verbandes, die die geltenden Gesetze oder die Verbandssatzung verletzen, kann die unmittelbar vorgesetzte Aufsichtsbehörde aufheben und verlangen, daß Maßnahmen, die auf Grund derartiger Beschlüsse getroffen sind, rückgängig gemacht werden. Gegen die Aufhebungsverfügung steht den Kreis- und Provinzialfeuerwehrverbänden innerhalb von zwei Wochen die Beschwerde an die nächsthöhere Aufsichtsbehörde zu. Diese entscheidet endgültig.

(2) Die Aufsichtsbehörden können ihre Zuständigkeiten durch besondere Organe ausüben.

Abschnitt IV:
Die sachliche Ausrüstung der Feuerwehren

§ 16: (1) Die Beschaffung und Unterhaltung der für die Feuerwehren erforderlichen Löschgerätschaften, Ausrüstungsstücke, Alarmeinrichtungen, Wasserstationen und Gerätehäuser ist eine Aufgabe der Gemeinden. Über die Notwendigkeit von Aufwendungen für das Feuerlöschwesen entscheidet auf Antrag des Ortspolizeiverwalters in den Landgemeinden und kreisangehörigen Städten der Landrat, in den Stadtkreisen der Regierungspräsident, in Berlin der Oberpräsident.

(2) Gemeinden, die nicht imstande sind, die in Abs. 1 genannten Einrichtungen selbständig zu beschaffen, können durch die Kommunalaufsichtsbehörde mit Nachbargemeinden zu einem Feuerlöschverbande vereinigt werden. Der Feuerlöschverband hat die Stellung eines Zweckverbandes im Sinne des Gesetzes vom 19. Juli 1911 (Gesetzsammlung S. 115). Über die infolge Veränderung oder Aufhebung eines Feuerlöschverbandes notwendig werdende Auseinandersetzung zwischen den Beteiligten entscheidet die Kommunalaufsichtsbehörde. Streitigkeiten zwischen den beteiligten Gemeinden über ihre Berechtigung oder Verpflichtung zur Teilnahme an den Nutzungen oder Lasten des Feuerlöschverbandes unterliegen der Entscheidung der Kommunalaufsichtsbehörde.

§ 17: Durch Polizeiverordnung oder durch polizeiliche Verfügung kann vorgeschrieben werden:

1. daß in Häusern Feuerlöschgeräte vorhanden sein müssen,
2. daß besonders feuergefährliche Betriebe das nötige Löschwasser bereithalten,
3. daß in Warenhäusern Werksfeuerwehren (sic!) gebildet werden,
4. daß die Bewohner von größeren Häuserblocks oder von Ortsteilen für Zwecke des Feuerlöschwesens oder des Luftschutzes zusammengeschlossen werden,

5. daß Eigentümer von Fahrzeugen jeder Art diese in fahrbereitem Zustande für Feuerlöschzwecke zur Verfügung stellen müssen,
6. daß die Inhaber von Gebäuden diese einer regelmäßigen Brandschau unterziehen lassen müssen.

Abschnitt V:
Vom Verhalten in Brandfällen

(§ 18 regelt Verpflichtung zur Meldung von Bränden, § 19 die Kommandozuständigkeit des örtlichen Wehrführers, § 20 die nachbarschaftliche Löschhilfe, § 21 die Dienstverpflichtung von zusätzlichem Personal bei Forst-, Heide-, Wiesen- und Moorbränden, § 22 Verhaltensregeln für Grundstückseigentümer im Brandfall, § 23 die Kosten für eine Brandwache, A. L.)

Abschnitt VI:
Schlußbestimmungen

(Rechts- und Verwaltungsvorschriften, insbesondere für die Übergangszeit, werden durch den Minister des Innern erlassen. Inkrafttreten des Gesetzes am 1. Januar 1934, A. L.)

II
Runderlaß „Angleichung der außerpreußischen Feuerwehren" des Reichs- und Preußischen Ministers des Innern vom 12. Januar 1936*

Durch das in Vorbereitung befindliche Reichsfeuerlöschgesetz werden die öffentlichen Feuerwehren in eine Polizei-Exekutive besonderer Art umgewandelt werden, ähnlich wie das in Preußen durch das Gesetz über das Feuerlöschwesen vom 15.12.1933 (GS. S. 484) bereits geschehen ist. Nachdem durch die Schaffung des Ministerialblatts des Reichs- und Preußischen Ministeriums des Innern (vergl. RdErl. d. RuPrMdI vom 12.11.1935 - II d 3115, RMBliV 1936 S. 3) die technischen Voraussetzungen für die Erteilung einheitlicher Weisungen an alle Polizei-Behörden im Reich gegeben sind, werde ich in Zukunft bereits vor Inkrafttreten des Reichsfeuerlöschgesetzes grundsätzliche Erlasse über das Feuerlöschwesen an alle Polizei-Behörden des Reiches richten, um die aus verschiedenen Gründen dringend erwünschte Einheitlichkeit des Feuerlöschwesens im gesamten Reich wenigstens anzubahnen.

Es ist daher bei allen Polizei-Behörden zu bestimmen, wer für die Bearbeitung des Feuerlöschwesens zuständig ist. Weiter ist dafür zu sorgen, daß die Feuerwehren und Feuerwehrverbände von meinen Weisungen Kenntnis erhalten. Für die Unterrichtung der Landesfeuerwehrverbände sind die Landesregierungen, für die Unterrichtung der Kreis- (Bezirks-)Feuerwehrverbände die Landräte (Bezirksoberamtmänner, Amtshauptleute, Kreisdirektoren), für die Unterrich-

* III D 6007/36. Reichsministerialblatt für die innere Verwaltung, Jg. 1936, S. 65.

tung der örtlichen Feuerwehren die Ortspolizeibehörden verantwortlich. Ich lege besonderen Wert darauf, daß die Ortspolizei-Behörden schon jetzt die engste Fühlungnahme mit den örtlichen Feuerwehren (Berufs-, Freiwillige, Pflichtfeuerwehren) anstreben. Es empfiehlt sich, die Zusammenarbeit mit diesen bereits jetzt so durchzuführen, als ob das Gesetz, durch das die öffentlichen Feuerwehren eine besondere Exekutive der Ortspolizei-Behörden werden sollen, bereits erlassen wäre.

Falls sich in einzelnen Orten dabei Schwierigkeiten ergeben sollten, ist unverzüglich den zuständigen Polizei-Aufsichtsbehörden zu berichten. Diese haben darauf hinzuwirken, daß überall ein reibungsloses Zusammenarbeiten zwischen den Ortspolizei-Behörden und den örtlichen Feuerwehren stattfindet.

An die Landesregierungen, den Reichskommissar für die Rückgliederung des Saarlandes, alle außerpreußischen Polizei-Behörden. - Nachrichtlich an alle preußischen Polizei-Behörden.

III
Gesetz über das Feuerlöschwesen („Reichsfeuerlöschgesetz") vom 23. November 1938*

Vorspruch

Die wachsende Bedeutung des Feuerlöschwesens vor allem für den Luftschutz erfordert, daß schon seine friedensmäßige Organisation hierauf abgestellt wird. Hierzu ist nötig die Schaffung einer straff organisierten, vom Führerprinzip geleiteten, reichseinheitlich gestalteten, von geschulten Kräften geschulten Polizeitruppe (Hilfspolizeitruppe) unter staatlicher Aufsicht. Zur Erreichung dieses Zieles hat die Reichsregierung das folgende Gesetz beschlossen, das hiermit verkündet wird:

I. Abschnitt
Die Feuerschutzpolizei

§ 1: (1) Der Reichsminister des Innern bestimmt, welche Gemeinden eine Feuerschutzpolizei einrichten müssen. Er bestimmt ferner, inwieweit die bisherigen Berufsfeuerwehren in die Feuerschutzpolizei übergeleitet werden.

(2) Die Beamten der Feuerschutzpolizei sind Polizeivollzugsbeamte. Für sie gelten die Vorschriften der §§ 8 bis 12, 14, 19 bis 25, 26 Abs. 2, § 27 sowie für die Polizeioffiziere der Feuerschutzpolizei auch die Vorschriften des § 7 Abs. 2 Satz 1 des Deutschen Polizeibeamtengesetzes vom 24. Juni 1937 (RGBl. I S.653) sinngemäß.

* Reichsgesetzblatt Teil I, Jg. 1938, S. 1662.

(3) Die Altersgrenze (§ 8 des Deutschen Beamtengesetzes vom 26.Januar 1937 - RGBl. I S. 39) wird auf den Tag festgesetzt, an dem der Beamte der Feuerschutzpolizei das 60. Lebensjahr vollendet.

(4) Im übrigen gelten für die Beamten der Feuerschutzpolizei die allgemeinen beamtenrechtlichen Vorschriften.

II. Abschnitt
Die Feuerwehren

§ 2: Feuerwehren sind
a) die Freiwilligen Feuerwehren,
b) die Pflichtfeuerwehren,
c) die Werkfeuerwehren.

§ 3: (1) Jede Gemeinde, in der eine Feuerschutzpolizei nicht besteht, hat eine leistungsfähige und den örtlichen Verhältnissen entsprechend ausgerüstete Freiwillige Feuerwehr oder Pflichtfeuerwehr oder beide Feuerwehren nebeneinander aufzustellen.

(2) Durch die Aufsichtsbehörde können mehrere Gemeinden zu einem Feuerlöschverband zusammengeschlossen werden.

§ 4: (1) Die Aufsichtsbehörde bestimmt, welche Gemeinden neben der Feuerschutzpolizei eine Freiwillige Feuerwehr oder Pflichtfeuerwehr oder beide Feuerwehren aufstellen müssen.

(2) Bestehen in einer Gemeinde neben der Feuerschutzpolizei eine Freiwillige Feuerwehr oder eine Pflichtfeuerwehr oder beide Feuerwehren, so bilden sie unbeschadet ihrer verwaltungsmäßigen Selbständigkeit eine Einheit. Der Führer der Einheit ist der Leiter der Feuerschutzpolizei.

§ 5: (1) Die Beschaffung und Unterhaltung der für die Freiwilligen Feuerwehren und Pflichtfeuerwehren erforderlichen Löschgeräte, Bekleidung, Ausrüstung, Alarmeinrichtungen, Wasserversorgungsanlagen und Gerätehäuser ist Aufgabe der Gemeinden.

(2) Ferner haben die Gemeinden die durch Teilnahme an Lehrgängen entstehenden Kosten zu tragen.

(3) Den Mitgliedern der Feuerwehren ist der Lohnausfall bei Brand- und Katastrophenbekämpfung zu erstatten, soweit ihnen die unentgeltliche Hilfeleistung billigerweise nicht zugemutet werden kann. Die nähere Regelung trifft der Reichsminister des Innern im Einvernehmen mit den beteiligten Reichsministern. Er kann dabei bestimmen, ob und inwieweit Gemeinden und andere Rechtsträger zum Ausgleich des Lohnausfalls bei Brand- und Katastrophenbekämpfung heranzuziehen sind.

(4) Der Reichsminister des Innern bestimmt ferner im Einvernehmen mit dem Reichsminister der Finanzen, inwieweit auch Gemeindeverbände und Länder an den Kosten des Feuerlöschwesens zu beteiligen sind.

(5) Über die Notwendigkeit von Aufwendungen der Gemeinden für die Feuer-

wehren entscheidet die Aufsichtsbehörde.

§ 6: (1) Die von den Freiwilligen Feuerwehren gebildeten Vereine und Verbände werden aufgelöst. Der Reichsminister des Innern bestimmt den Zeitpunkt der Auflösung und regelt die Rechtsnachfolge.

(2) An die Stelle der Vereine tritt eine nach Löscheinheiten gegliederte Hilfspolizeitruppe, deren Organisation der Reichsminister des Innern bestimmt. Der freiwillige Dienst in dieser Hilfspolizeitruppe ist ein ehrenvoller, opferbereiter Einsatz für die deutsche Volksgemeinschaft.

III. Abschnitt
Gemeinsame Vorschriften

§ 7: Im übrigen regelt der Reichsminster des Innern das gesamte Feuerlöschwesen (einschließlich der Brandschau) durch die erforderlichen Rechts- und Verwaltungsvorschriften im Einvernehmen mit den zuständigen obersten Reichsbehörden.

§ 8: (1) Dieses Gesetz tritt einen Monat nach seiner Verkündung in Kraft.

(2) Die Inkraftsetzung dieses Gesetzes für das Land Österreich und für die sudetendeutschen Gebiete bleibt vorbehalten.

Anhang B:
Chronik des zivilen Luftschutzes in Deutschland

04.-13.12.1914
Drei französische Luftangriffe auf die unverteidigte Stadt Freiburg im Breisgau geben den Anstoß zum Aufbau eines Luftschutz-Warndienstes.

08.10.1916
Im Zuge der Zusammenfassung aller fliegenden Truppenteile des deutschen Heeres unter einem Kommandierenden General der Luftstreitkräfte wird auch eine Abteilung Heimatluftschutz gebildet. Den Stellvertretenden Generalkommandos in luftgefährdeten Front- und Heimatgebieten werden Kriegsbranddirektoren und Kriegsbrandmeister zugeordnet.

22.05.1926
Im Anschluß an die Pariser Vereinbarungen über Luftfahrt wird Deutschland von Frankreich und Belgien der Aufbau eines zivilen Luftschutzes zugestanden.

1928
Vermehrt halten auf Feuerwehrtagen und bei anderen Anlässen Befürworter eines „passiven" Gas- und Luftschutzes Vorträge, darunter Branddirektor Lehmann (Braunschweig), Branddirektor Kaiser (Breslau) und Brandingenieur Rumpf (Königsberg).

1929
Der Kommandant der Celler Feuerwehr und Leiter der Provinzialfeuerwehrschule Hannover, Walter Schnell, entwickelt den „Dreiteiligen Löschangriff" auf der Grundlage einer Löschgruppe mit der Stärke 1:8. Ab 1938 wird diese Taktik verbindlich für das gesamte Reich, und auch die Fahrzeugentwicklung (Löschgruppenfahrzeuge) wird hierauf ausgerichtet.

24.10.1931
Das Reichsministerium des Innern erläßt Richtlinien für die Organisation des zivilen Luftschutzes, und in Anlehnung daran erarbeitet das Berliner Polizeiinstitut für Technik und Verkehr die Vorläufige Ortsanweisung für den Luftschutz der Zivilbevölkerung. Hierdurch wird in wesentlichen Zügen die Struktur des aufzubauenden Sicherheits- und Hilfsdienstes (SHD) festgelegt, in dem die Feuerwehren den Feuerlöschdienst bilden.

02.02.1933
Vom Reichsministerium des Innern geht die Zuständigkeit für den zivilen Luftschutz auf das neu gegründeten Reichskommissariat für Luftfahrt, das spätere Reichsluftfahrtministerium (RLM), über.

29.04.1933
Gründung des Reichsluftschutzbundes (RLB) mit der Aufgabenstellung, „zum gemeinen Nutzen das deutsche Volk von der lebenswichtigen Bedeutung des Luftschutzes zu überzeugen und es für die tätige Mitarbeit jedes einzelnen im Selbstschutz zu gewinnen." Der RLB entwickelt sich zur Massenorganisation mit rund 1,9 Millionen Mitgliedern, davon

96.000 hauptamtlichen Funktionsträgern.

10.09.1933
Das Dorf Öschelbronn bei Pforzheim brennt infolge nicht zusammenpassender Schlauch- und Hydrantenkupplungen der badischen und württembergischen Feuerwehren größtenteils ab. Dieses Ereignis wird von den zuständigen Ministerien zum Anlaß genommen, in der Folgezeit die Beachtung verbindlicher Normen durch eine Reihe von Erlassen durchzusetzen (u.a. reichsweite Einführung der Storz-Kupplung zum 01.01.1938).

04.10.1933
Unter dem Druck des RLM kommt es zur Gründung der Arbeitsgemeinschaft der deutschen Feuerwehrgerätefabriken, um die Konkurrenzsituation zwischen den Firmen aufzuheben und somit eine rationelle Großserienfertigung von Fahrzeugen und Geräten zu ermöglichen.

15.12.1933
In Preußen erscheint das Gesetz über das Feuerlöschwesen (Inkrafttreten 01.01.1934), wodurch es zu einer engen Anbindung der Feuerwehren und ihrer Verbände an die Polizeiorganisation kommt. Erste Regelungen zum Luftschutz in § 17 (2).

26.06.1935
Erscheinen des Luftschutzgesetzes, durch dessen Vierte und Sechste Durchführungsverordnung (31.01.1938 bzw. 13.02.1939) die Normung von Feuerlösch- und Luftschutzgeräten verbindlich festgelegt wird. Normen- und Prüfstelle wird die Luftwaffeninspektion 13 mit der ihr unterstellten Reichsanstalt der Luftwaffe für Luftschutz. Einführung einer besonderen Luftschutzdienstpflicht, um u.a. die SHD-Einheiten personell auffüllen zu können.

22.08.1935
In einem Runderlaß legt das RLM den Feuerwehren nahe, bei Neubeschaffung schwerer Einsatzfahrzeuge Dieselmotoren aus Wirtschaftlichkeitsgründen den Vorzug zu geben.

12.01.1936
Durch einen Runderlaß „Angleichung der außerpreußischen Feuerwehren" versucht das Reichs- und Preußische Ministerium des Innern, schon vor Inkrafttreten des geplanten Reichsfeuerlöschgesetzes einheitliche Verhältnisse im Reich zu schaffen. Die Wirkung des Erlasses bleibt allerdings aufgrund der verfassungsrechtlichen Besonderheiten der deutschen Länder bescheiden.

17.06.1936
Ernennung von Heinrich Himmler zum Reichsführer SS und Chef der Deutschen Polizei. Das neu geschaffene Hauptamt Ordnungspolizei beginnt mit dem organisatorischen Aufbau einer Reichsspitzengliederung für die Berufsfeuerwehren, Freiwilligen Feuerwehren und SHD-Ergänzungskräfte. Vorbereitung des Reichsfeuerlöschgesetzes. Beginn des Dualismus zwischen Ordnungspolizei und RLM in technischen Fragen (u.a. Parallelentwicklung von Fahrzeugen in vereinheitlichter („getypter") Bauart).

23.11.1938
Das reichsweit gültige Gesetz über das Feuerlöschwesen erscheint (Inkrafttreten 23.12.1938). Die Berufsfeuerwehren werden als Feuerschutzpolizei Teil der Ordnungspolizei, die Freiwilligen Feuerwehren zu technischen Hilfspolizeitruppen, sämtliche noch bestehenden Feuerwehrverbände werden aufgelöst. Im Vorspruch des Gesetzes heißt es: „Die wachsende Bedeutung des Feuerlöschwesens vor allem für den Luftschutz erfordert, daß schon seine friedensmäßige Organisation hierauf abgestellt wird."

16.02.1940
Durch einen Erlaß „Typenbegrenzung im Feuerlöschfahrzeugbau" des Reichsministers des Innern wird der Bau von getypten Feuerwehrfahrzeugen auf Fahrgestellen der Nutzlastklassen 1,5 t, 3 t und 4,5 t vorgeschrieben. Auf Grundlage dieses Erlasses bauen die in der Wirtschaftsgruppe Maschinenbau, Fachuntergruppe Feuerwehrgeräte zusammengeschlossenen Unternehmen bis 1944 ca. 13.000 Feuerwehrfahrzeuge.

09.09.1940
Verkündung des Führer-Sofortprogramms für den Bunkerbau. Bis Kriegsende werden ca. 6.000 Schutzbunker gebaut.

Juli 1941
Ab der zweiten Bauwelle wird für Luftschutzbunker die „Braunschweiger Schutzbewehrung" vorgeschrieben. Diese an der TH Braunschweig von Prof. Dr.-Ing. Theodor Kristen entwickelte Spezialbewehrung ermöglicht bei erheblichen Einsparungen an Baustahl und hochwertigen Betonsorten ein Maximum an Festigkeit.

01.07.1942
Der Sicherheits- und Hilfsdienst wird für die Dauer des Krieges in eine eigene Sparte der Ordnungspolizei, die Luftschutzpolizei, überführt.

09.07.1942
Die SS- und Polizeigerichtsbarkeit wird auf die Feuerschutzpolizei, die Luftschutzpolizei und die Technische Nothilfe ausgedehnt. Am 11.12.1942 folgen die Freiwilligen Feuerwehren.

1943
Aufgrund der Erfahrung mit Problemen beim Aufbau der Wasserversorgung nach Luftangriffen wird das Tanklöschfahrzeug TLF 15 auf Opel-Blitz-Allradfahrgestell entwickelt; es ergänzt in rund 750 Exemplaren die bisherigen getypten Fahrzeuge. Im gleichen Jahr Produktionsbeginn der 800-l-Einheitstragkraftspritze in Großserie.

1944/45
Auf dem Höhepunkt der alliierten Bomberoffensiven ist die Luftschutzpolizei zunehmend überfordert, den massiven Angriffen mit Spreng- und Brandbomben wirksam entgegentreten zu können. Materialengpässe und nicht zuletzt drückender Personalmangel beeinträchtigen die Wirksamkeit des zivilen Luftschutzes ebenso wie Kompetenzstreitigkeiten. Als die Alliierten in Deutschland selbst vorrücken, erhalten viele örtliche Luftschutzkräfte Absetzbefehle. Hierbei gehen zusätzlich Fahr-

zeuge und Gerätschaften verloren, die für den Brandschutz nach Kriegsende fehlen.

Mit Kriegsende hört der zivile Luftschutz in Deutschland auf zu existieren. Doch bereits in den frühen 50er Jahren werden viele ehemalige Luftschutz-Funktionsträger und -Fachleute beauftragt, in der Bundesrepublik einen ZIVILEN BEVÖLKERUNGSSCHUTZ (später ZIVILSCHUTZ) unter Auswertung der Erfahrungen aus dem Zweiten Weltkrieg aufzubauen.

Verzeichnis der verwendeten Abkürzungen

ADGB	Allgemeiner Deutscher Gewerkschaftsbund
ADB	Allgemeiner Deutscher Beamtenbund
AfFF	Amt für Freiwillige Feuerwehren (im P.F.B.)
ASB	Arbeiter-Samariter-Bund
A.- u. I.G.d.Fog.	Arbeits- und Interessengemeinschaft deutscher Feuerwehrorgane
BdO	Befehlshaber der Ordnungspolizei (spätere Bezeichnung der IdO)
DBB	Deutscher Beamtenbund
DFV	Deutscher Feuerwehr-Verband
DNVP	Deutschnationale Volkspartei
DRFV	Deutscher Reichs-Feuerwehr-Verband (=DFV)
DRK	Deutsches Rotes Kreuz
DVO	Durchführungsverordnung
DVP	Deutsche Volkspartei
FE-Dienst	Feuerlösch- und Entgiftungsdienst im SHD
FSchP.	Feuerschutzpolizei (Bezeichnung für Berufsfeuerwehren ab 1939)
LSPol.	Luftschutzpolizei (Bezeichnung für SHD ab 1942)
HSSPF	Höherer SS- und Polizeiführer
IdO	Inspekteur der Ordnungspolizei
L IN 13	Luftwaffeninspektion 13 (ziviler Luftschutz) im RLM
KL	Kraftfahrleiter
KOMBA	Reichsbund der Kommunalbeamten und -angestellten (Gewerkschaft im DBB)
KS	Kraftfahrspritze
KzS 8	Kraftzugspritze (kleines Löschfahrzeug mit Tragkraftspritzenanhänger)
LF	Lösch(gruppen)fahrzeug (Bezeichnung für KS ab 1943)
LSHD	Luftschutzhilfsdienst (Bundesrepublik Deutschland)
NSBA	Nationalsozialistische Beamtenarbeitsgemeinschaft
NSBDT	Nationalsozialistischer Bund deutscher Technik
NSDAP	Nationalsozialistische Deutsche Arbeiterpartei
NSV	Nationalsozialistische Volkswohlfahrt
P.F.B.	Preußischer Feuerwehrbeirat
RDF	Reichsverein Deutscher Feuerwehringenieure
RFSSuChdDtPol.	Reichsführer SS und Chef der Deutschen Polizei
RLB	Reichsluftschutzbund
RLM	Reichsluftfahrtministerium

RMdI	Reichsministerium des Innern
RuPrMdI	Reichs- und Preußisches Ministerium des Innern
RVK	Reichsverteidigungskommissar
SA	Sturmabteilung
SS	Schutzstaffel
SHD	Sicherheits- und Hilfsdienst
SPD	Sozialdemokratische Partei Deutschlands
TLF	Tanklöschfahrzeug
TN	Technische Nothilfe
vfdb	Vereinigung zur Förderung des Deutschen Brandschutzes e.V.
VDB	Verband Deutscher Berufsfeuerwehren (Vorläufer des RDF)
VDB	Verband Deutscher Berufsfeuerwehrmänner (Gewerkschaft im ADGB)

Zeitungs- und Zeitschriftenkürzel

BLZ	Braunschweigische Landeszeitung
BTZ	Braunschweiger Tageszeitung
DR	Die Räder, Zeitschrift der Technischen Nothilfe
DtFsch	Deutscher Feuerschutz (bis Mitte 1939 FLöschP)
FLöschP	Die Feuerlösch-Polizei (ab 1937)
FVZ	Feuerwehr-Verbands-Zeitung (bis 1933 PFZ)
GuL	Gasschutz und Luftschutz
PFZ	Preußische Feuerwehr-Zeitung

Bildquellennachweis

Berufsfeuerwehr Braunschweig, Sammlung Stude	S. 26
Archiv des Braunschweigischen Landesfeuerwehrverbandes, Braunschweig	S. 34, 60, 63, 74, 105
Archiv Hermann Günther, Groß Brunsrode	S. 29, 31, 32, 40, 46, 100, 116, 117, 120, 121, 131, 153
Sammlung Andreas Linhardt, Braunschweig	S. 9, 13, 28, 75, 77, 81, 107, 110, 115, 128, 183
Erich Meyer, Braunschweig	S. 157
Stadtarchiv Braunschweig	S. 35, 159, 174, 184, 185

Quellen und Literatur

I. Zeitgenössische Quellen

I.1
Periodika (chronologisch)

I.1.1
Preußische Feuerwehr-Zeitung (PFZ), 43. Jg. 1933;

Die deutschen Feuerwehren und das neue Deutschland. Ausschußsitzung des Deutschen Feuerwehr-Verbandes und des Preußischen Landes-Feuerwehr-Verbandes am 24. und 25. April in Cottbus. In: PFZ 1933, S. 165-169.

Bergmann: Keine Sozialdemokraten als Feuerwehrführer! In: PFZ 1933, S. 245.

I.1.2
Feuerwehr-Verbands-Zeitung (FVZ), 44. Jg. 1934 - 46. Jg. 1936 (Forsetzung von I.1.1)

Deutscher Feuerwehr-Verband. In: FVZ 1934, S. 483.

Führertagung des Deutschen Feuerwehrverbandes. In: FVZ 1934, S. 279.

Von der Gasschutzschule in Braunschweig. In: FVZ 1934, S. 290-291.

Jahressitzung der Arbeits- und Interessengemeinschaft Deutscher Feuerwehrorgane. In: FVZ 1934, S. 179.

Oscar H. Greiser: Die Staatliche Gas- und Luftschutzschule in Danzig. In: FVZ 1934, S. 273-275.

Dr. (Christian) Kerstiens: Das preußische Feuerlöschgesetz und seine Auswirkungen. Aus dem Vortrag des Oberregierungsrats Dr. Kerstiens vom Ministerium des Innern auf der Tagung des Landesfeuerwehrverbandes zu Hannover am 7. Januar 1934. In: FVZ 1934, S. 77-79.

Der Luftschutzwagen. In: FVZ 1934, S. 206.

Dr. Müller: Die Freiwilligen Feuerwehren im neuen Staate. Vortrag des Vorsitzenden des Landesamtes der Freiwilligen Feuerwehren im Feuerwehrbeirat in Preußen auf der Führertagung des Deutschen Feuerwehrverbandes am 12. Mai 1934 in Berlin. In: FVZ 1934, S. 264-267.

Der Reichsverband der deutschen Feuerwehrgerätefabriken. In: FVZ 1934, S. 217.

Landesbranddirektor Gaedicke: Feuerwehr und Nationalsozialismus. In: FVZ 1935, S. 547-548.

W. Gemkow: Normung und Feuerschutz. In: FVZ 1935, S. 265-266.

Paul Kalaß: Die Feuerwehr im Luftschutz. In: FVZ 1935, S. 405-407.

Eine Adolf-Ecker-Stiftung. In: FVZ 1935, S. 329.

Die Braunschweiger Tagung der A.- und Z.-Stelle. In: FVZ 1935, S. 509-512.

Deutsches Feuerwehrheim Reichenhall. In: FVZ 1935, S. 526.

Weibliche Blockfeuerwehr. In: FVZ 1935, S. 523.

Hans Brunswig: Dieselmotor und Einheitslöschzug. Entwicklung und Einführung genormter Feuerwehr-Fahrzeuge. In: FVZ 1936, S. 596-600 u. 623-626.

Auflösung des Deutschen Feuerwehr-Verbands. In: FVZ 1936, S. 401.

Zum Tag der deutschen Polizei einschließlich Freiwillige Feuerwehr - Feuerlöschpolizei. In: FVZ 1936, S. 100.

2 1/2 Millionen Luftschutzwarte. In: FVZ 1936, S. 100.

I.1.3 Die Feuerlösch-Polizei (FLöschP). Amtliche Zeitschrift für das gesamte Feuerlöschwesen, 1. Jg. 1937 - 3. Jg. 1939

Kurt Daluege: Der Weg zur Feuerlöschpolizei. Grundfragen zur Neuorganisation des Feuerlöschwesens. In: FLöschP 1937, S. 161-164.

Dipl.-Ing. Kohrs: Einheitlichkeit im Feuerlöschwesen! In: FLöschP 1938, S. 3-5.

W. Kalaß: Die Uniform der Feuerschutzpolizei. In: FLöschP 1939, S. 333-336.

Die neue Uniform der Feuerschutzpolizei. In: FLöschP 1939, S. 322-326.

I.1.4 Deutscher Feuerschutz (DtFSch). Amtliche Zeitschrift für das gesamte Feuerlöschwesen, 3. Jg. 1939 (Fortsetzung von I.1.3)

(Walter) Goldbach: Die Jugendfeuerwehren werden in den Streifendienst der Hitlerjugend überführt. In: DtFSch 1939, S. 706-707.

(Walter) Goldbach: Die Organisation der Feuerschutzpolizei. In: DtFSch 1939, S. 500.

(Walter) Schnell: Was muß jetzt in den Freiwilligen Feuerwehren nach Auflösung der Vereine und Verbände geschehen? In: DtFSch 1939, S. 701-704.

Keine Juden in den Feuerwehren. Die endgültige Regelung durch die Dritte und Vierte Durchführungsverordnung. In: DtFSch 1939, S. 705-706.

I.1.4 Gasschutz und Luftschutz (GuL), 4. Jg. 1934

Heinrich Paetsch: Kritische Betrachtung der Luftschutzübungen an der deutschen Küste im Juni 1934. In: GuL 1934, S. 197-201.

Heinrich Paetsch: Die mittel- und süddeutschen Luftschutzübungen im Oktober 1934. Kritische Betrachtung und Auswertung ihrer Ergebnisse. In: GuL 1934, S. 281-289.

Bernhard Peill: Die Löscharbeiten der Feuerwehren im Kriegs- und Luftangriffsfalle. In: GuL 1934, S. 259-262.

Die nordwestdeutschen Luftschutzübungen im April 1934. Kritische Betrachtung und Auswertung ihrer Ergebnisse. In: GuL 1934, S. 141-147.

(Christian) Kerstiens: Die Neuregelung des Feuerlöschwesens in Preußen und der Luftschutz. In: GuL 1934, S. 87-89 (Nachwort der Schriftleitung S. 89).

I.1.5 Die Räder. Zeitschrift der Technischen Nothilfe (DR), 14. Jg. 1934 - 15. Jg. 1935

Die Luftschutzübungen an der Nordsee. In: DR 1933, S. 221-223.

Oberingenieur Kattner: Was der Reichsluftschutzbund will. Ein Gespräch mit seinem Vizepräsidenten. In: DR, 14. Jg. 1933, S. 247-248.

Heinz Orlovius: Das neue Reichskommissariat für die Luftfahrt und seine Aufgaben. In: DR, 14. Jg. 1933, S. 125-126.

Diverse Mitteilungen aus den Ortsgruppen der Technischen Nothilfe (gekennzeichnet durch S. B ...). In: DR 1933.

I.1.6
Weitere Fachzeitschriften

Dipl.-Ing. Kaiser: Der 19. Deutsche Feu-er-wehrtag zu München. In: Feuerschutz, 3. Jg. 1923, S. 182-186.

Auflösung des Deutschen Feuerwehr-Verbandes e.V.. In: Oldenburger Feuerschutz. Zeitschrift für das Feuerlösch- und Rettungswesen vorbeugender und bekämpfender Art. Organ des Landes-Feuerwehr-Verbandes Oldenburg, 13. Jg. 1936, Nr. 8, S. 88-91.

I.1.7
Tageszeitungen: Braunschweigische Landeszeitung (BLZ), Braunschweiger Tageszeitung (BTZ), Volksfreund

Luftangriffe und Feuerwehr. In: BLZ, 11.07.1928.

Egon Wertheimer: Der Untergang Londons. In: Volksfreund, 03.09.1928.

Landesfeuerwehrtag in Vorsfelde. In: Volksfreund, 12.09.1928.

mdt. (d.i. Schriftleiter Mundt): Braunschweigs neueste Feuerwache. Auf dem Wege zur Neugliederung der Feuerwehr. In: BLZ, 16.04.1930.

Luft- und Gasschutzfrage auf dem Feuerwehrtag. In: BLZ, 16.11.1932.

Protest gegen Luftschutz-Manöver. In: Volksfreund, 25.11.1932.

Um Gas- und Luftschutz-Manöver. Die ungünstige Witterung am Sonntag. In: Volksfreund, 29.11.1932.

Luftüberfall-Alarm. In: BLZ, 24.09.1933.

Edgar Kahn: Große Straßenräumungsübung der SA in der Annahme: Feindliche Flieger über Braunschweig! In: BLZ, 26.09.1933.

mdt. (d.i. Schriftleiter Mundt): Braunschweigs Oktoberfestwiese eröffnet. Ein Vergnügungspark, der nur mit Gasmaske betreten werden darf. In: BLZ, 17.10.1933.

mdt. (d.i. Schriftleiter Mundt): Einweihung der Luft- und Gasschutzschule. In: BLZ, 17.10.1933.

(Rudolf) Schaubode: Ergebenheitsadresse der Berufsfeuerwehr Braunschweig an Hitler. In: BLZ, 17.10.1933.

Rückblick auf die Straßenräumungsübung. In: BLZ, 18.10.1933.

'Bombeneinschläge' am Petritor. In: BTZ, 19.10.1936.

Schulkinder mit Gasmasken und Feuerpatschen. Eine wohlgelungene Luftschutzübung in der Schule Hinter der Masch. In: BTZ, 18.05.1936.

I.2
Bücher, gebundene Broschüren, Tagungsberichte

Schmiedel 1926
Landesbranddirektor Schmiedel: Der Werdegang und die Tätigkeit des Preußischen Feuerwehr-Beirats von 1907 bis 1925 (P.F.B. Drucksache Nr. 28). Berlin 1926.

Krohne 1928
Rudolf Krohne (Hrsg.): Luftgefahr und Luftschutzmöglichkeiten in Deutschland. Berlin 1928.

RDF-Bericht 1928
Reichsverein Deutscher Feuerwehringenieure: Bericht über die XXIII. Tagung des RDF am 4., 5. und 6. Juli 1928 in Breslau. Berlin 1928.

Hans Rumpf: Die Aufgaben der Feuerwehr bei der Durchführung von Luftschutzmaßnahmen. In: RDF-Bericht 1928, S. 33-38.

DRFV-Bericht 1928
Deutscher Reichs-Feuerwehrverband: 20. Deutscher Feuerwehrtag in Breslau 1928. Vortrags- und Verhandlungsbericht. München 1929.

Branddirektor Dr.-Ing. Kaiser: Ausbau und Durchführung des Gasschutzes bei den Feuerwehren. In: DRFV-Bericht 1928, S. 94-99.

Douhet 1935
Giulio Douhet: Luftherrschaft. Dt. von Roland E. Strunk, Berlin 1935 (Anm.: Die italienische Originalausgabe Il dominio dell' aria erschien 1921).

P.F.B.-Bericht 1930
Preußischer Feuerwehr-Beirat: XIX. Hauptversammlung am 30. und 31. Mai 1930 zu Kiel, Bericht des Vorsitzenden W. Gempp (Drucksache Nr. 34). Berlin 1930.

Stapusch: Aufnahme des Verbandes Deutscher Berufsfeuerwehrmänner und des Komba in die Arbeits- und Interessengemeinschaft Deutscher Feuerwehrorgane. In: P.F.B.-Bericht 1930, S. 144-146.

P.F.B.-Bericht 1931
Preußischer Feuerwehr-Beirat: XX. Hauptversammlung am 20. und 21. Mai 1931 zu Danzig, Bericht des Vorsitzenden W. Gempp (P.F.B. Drucksache Nr. 35). Berlin o.J.

(Heinrich) Paetsch: Der zivile Luftschutz. In: P.F.B.-Bericht 1931, S. 44-49.

(Hans) Rumpf: Feuerwehr und Luftschutz. In: P.F.B.-Bericht 1931, S. 49-54.

Reissner 1931
A. Reissner: Gesamtverband der Arbeitnehmer der öffentlichen Betriebe und des Personen- und Warenverkehrs. In: Ludwig Heyde (Hrsg.): Internationales Handwörterbuch des Gewerkschaftswesens. Band 1. Berlin 1931, S. 599-600.

Ronde/Mahs 1931
Hans Ronde: Der Luftschutz, u. Freiherr von Mahs: Der Kollektivschutz der Bevölkerung gegen Luftangriffe und die Sicherung lebenswichtiger Betriebe (Veröffentlichungen des Reichsverbandes der Deutschen Industrie 58). Berlin 1931.

DFV-Bericht 1932
Deutscher Feuerwehrverband: Verhandlungsbericht über den 21. Deutschen Feuerwehrtag in Karlsruhe vom 5. bis 9. August 1932. München 1933.

Adolf Ecker: Geschäftsbericht für die Zeit vom Juli 1928 bis 31. Dezember 1931. In: DFV-Bericht 1932, S. 32-38.

Fritz Lehmann: Ziviler Luftschutz. In: DFV-Bericht 1932, S. 40-53.

Teetzmann 1935
Otto Alfred Teetzmann: Der Luftschutz-Leitfaden für alle. Berlin 1935.

AfFF-Jahresbericht 1936
O.V. (vermutl. Dr. Rudolf Müller): Jahresbericht des Amtes für freiwillige Feuerwehren im Feuerwehrbeirat für das Geschäftsjahr 1936, Berlin 1936/37.

Feuerwehrbeirat 1936
Feuerwehrbeirat, Körperschaft des öffentlichen Rechts: Mitgliederversammlung am 15. und 16. Mai 1936 in Breslau und Waldenburg, Drucksache Nr. 1, Berlin o.J. (1936).

Dr. (Christian) Kerstiens: Vereinheitlichung der Feuerwehren im deutschen Reich. In: Feuerwehrbeirat 1936, S. 45-49.

Reppert/Goldbach 1940
Karl Reppert/Walter Goldbach: Das Gesetz über das Feuerlöschwesen vom 23. November 1938 nebst Durchführungsverordnungen, Ausführungserlassen und sonstigen einschlägigen Bestimmungen. Stuttgart u. Berlin 2. Aufl. 1940.

I.3 Gesetze, Erlasse, Verordnungen und Verfügungen

Gesetz über das Feuerlöschwesen vom 15.12.1933. Preußische Gesetzsammlung Nr. 79, Jg. 1931-1933, S. 484.

Berufsfeuerwehr, Runderlaß des Preußischen Ministers des Innern vom 12.01.1934 an alle Polizeibehörden - II D 2007. Ministerialblatt für die innere Verwaltung, S.77. In: FVZ 1934, S. 62.

Mustersatzung für den Feuerwehrbeirat, Runderlaß des Preußischen Ministeriums des Innern vom 15.03.1934 - II D 2044. Ministerialblatt innere Verwaltung, S. 475. In: FVZ 1934, S. 153-154.

Uniformierung der Berufs- und der freiwilligen Feuerwehrmänner. Verfügung des Preußischen Ministers des Innern vom 06.02.1934 - II D 2059. In: FVZ 1934, S. 105.

Feuerwehr und SA-Dienst. Verordnungsblatt der Obersten SA-Führung Nr. 17. In: FVZ 1934, S. 198.

Mitgliedschaft von Feuerwehrmännern in SA und SS, Runderlaß des Preußischen Ministeriums des Innern vom 15.08.1934. Ministerialblatt für die innere Verwaltung, S. 1099. In: FVZ 1934, S. 433-434.

Zusammenarbeit zwischen Feuerwehr und Reichsluftschutzbund, Runderlaß des Reichs- und Preußischen Ministers des Innern vom 24. 05.1935 - III D 6261. In: FVZ 1935, S. 308.

Mitgliedschaft von Feuerwehrmännern in der SA, SS und dem NSKK, Runderlaß des Reichs- und Preußischen Ministers des Innern vom 31.05.1935 - III D 6017 IV. In: FVZ 1935, S. 308.

Luftschutzgesetz vom 26.06.1935. Reichsgesetzblatt Teil I, Jg. 1935, S. 827.

Angleichung der außerpreußischen Feuerwehren, Runderlaß des Reichs- und Preußischen Ministers des Innern vom 12.01.1936 - III D 6007/36. Reichsministerialblatt innere Verwaltung, Jg. 1936, S. 65.

Normen für das Feuerlöschwesen, Runderlaß des RFSSuChdDtPol. im RMdI u. d. RLMuObdL. vom 11.09.1936 - O-VuR R II 6382 IV/36 u. Z L 4a 7898/36. In: Feuerschutz, 16. Jg. 1936, H. 9, S. 164.

Deutsches Polizeibeamtengesetz vom 24.06.1937. Reichsgesetzblatt Teil I, Jg. 1937, S. 653.

Gesetz über das Feuerlöschwesen vom 23.11.1938. Reichsgesetzblatt Teil I, Jg. 1938, S. 1662.

Feuerlöschwesen, Brandbekämpfungsmaßnahmen in luftangriffsfreier Zeit. Reichsministerialblatt für die innere Verwaltung, Jg. 1941, Ausgabe B, S. 559.

Bundesamt für zivilen Bevölkerungsschutz: Vorläufige Dienstvorschrift „Führung des Luftschutzhilfsdienstes" (LSHD-Dv 1). Bonn 1965.

I.4 Archivalien

Archiv der Berufsfeuerwehr Braunschweig

Verfügungen des Kommandeurs der Feuerschutzpolizei Braunschweig, 1944:
Nr. 74 betr. Ablieferung der gesamten abgehenden Post der Ukrainer, 2. Juni;
Nr. 85 betr. Gliederung der Deutschen Polizei, 20.06.1944;
Nr. 86 betr. Benutzung von Krädern, Pkw und Lkw; 22.06.1944;
Nr. 116 betr. Dienst- und Freizeitregelung der FE-Abteilung, 22.07.1944.

Archiv der Berufsfeuerwehr Oldenburg i. Oldb.

Arnulf Purr: Luftkriegführung und die Stellung des Feuerlöschwesens in der Organisation des zivilen Luftschutzes im Vergleich zur Organisation im Frieden und Abwägung dieser auf ihre Einsatzbereitschaft, Hannover 1940.

Archiv des Braunschweigischen Landesfeuerwehrverbands, Braunschweig

Lehrgangsbescheinigung der Bezirksgruppen-Luftschutzschule Braunschweig für Hans Helmke über Teilnahme an einem Sonderlehrgang für Feuerwehr-Führer, 16. Oktober 1935.

Hans Helmke: Manuskript eines Vortrags vor dem Kreisleiter, dem Landrat und den Bürgermeistern eines unbekannten braunschweigischen Kreises. O.O., o.J. (ca. 1942/43).

Erhaltung der Schlagkraft der Feuerwehren, Runderlaß des Reichsführers SS und Chefs der Deutschen Polizei vom 22. Oktober 1944 - O-Fw 1145 Nr. 8 II/43.

Archiv des Deutschen Feuerwehrmuseums e.V., Fulda

Kurt Lindner: Die motorisierten Luftschutzabteilungen der Luftwaffe. Typoskript. Seeheim-Jugenheim o.J. (1992). Nachlaß Kurt Lindner, 1 : 2 : 1.

Archiv Hermann Günther, Groß Brunsrode

Braunschweigische Landesfeuerwehrtage (Einladungen, Programme, Redemanuskripte), 2 : 1 : 1.

Rundschreiben des Braunschweigischen Landesfeuerwehrverbandes bzw. des Bezirksführers der Freiwilligen Feuerwehren 1935-1940, 2 : 1 : 6.

Sammlung Bruno Rinck, Rotenburg (Wümme)

Erlaß des Reichs- und Preußischen Ministers des Innern vom 08.03.1935 - III D 6082.

Universitätsarchiv der TU Braunschweig

Personalakte Diedrich Dieckmann, PA 108.

Akte Seminar für Technischen Luftschutz, A I:246.

II. Sekundärliteratur

Benz 1986
Wolfgang Benz: Partei und Staat im Dritten Reich. In: Martin Broszat/Horst Möller (Hrsg.): Das Dritte Reich. Herrschaftsstruktur und Geschichte. Vorträge aus dem Institut für Zeitgeschichte. München 2. durchges. Aufl. 1986.

Birn 1986
Ruth Bettina Birn: Die Höheren SS- und Polizeiführer. Himmlers Vertreter im Reich und in den besetzten Gebieten. Düsseldorf 1986.

Braunschweig 2000
Gerd Biegel (und Brigitt Frielinghaus, Andreas Linhardt, Hartmut Nickel) (Hrsg.): Kampf gegen Feuer. Zur Geschichte der Berufsfeuerwehr Braunschweig (Veröffentlichungen des Braunschweigischen Landesmuseums 95). Braunschweig 2000.

Brunswig 1987
Hans Brunswig: Feuersturm über Hamburg. Die Luftangriffe auf Hamburg im Zweiten Weltkrieg und ihre Folgen. Stuttgart 1978, 8. Auflage 1987.

Buchheim 1964
Hans Buchheim: SS und Polizei im NS-Staat. Duisdorf bei Bonn 1964.

Bürger 1953
Albert Bürger: Deutsche Feuerwehrtage 1853-1953. In: Brandschutz, 7. Jg. 1953, S. 40-41.

Bürger 1955
Albert Bürger: Die Feuerwehren und ihre zwischenstaatlichen Beziehungen. In: Brandschutz, 9. Jg. 1955, S. 4-5.

BZS 1983
Bundesamt für Zivilschutz (Hrsg.): Dienen zum Schutz der Menschen. Das Bundesamt für Zivilschutz in Bonn 1953-1983. Bonn 1983.

Celle 1989
O.V.: Portrait: Celle - Eine Feuerwehr wird 125 Jahre. In: Feuerwehr & Modell, 8. Jg. 1989, Sondernummer Niedersachsen, S. 43-54.

Davis/Turner 1983
Brian Leigh Davis/Pierre Turner: Deutsche Uniformen im Dritten Reich 1933-1945. Dt. München 2. Aufl. 1983.

Diehl-Thiele 1969
Peter Diehl-Thiele: Partei und Staat im Dritten Reich. Untersuchungen zum Verhältnis von NSDAP und allgemeiner innerer Staatsverwaltung 1933-1945 (Münchener Studien zur Politik 9). München 1969.

Engelsing 1990
Tobias Engelsing: Im Verein mit dem Feuer. Die Sozialgeschichte der Freiwilligen Feuerwehr von 1830 bis 1950. Konstanz 1990.

Engelsing 1998
Tobias Engelsing: Als der Kommandant den Benzinkanister brachte. Die Synagogenbrände 1938 und die Verdrängung jüdischer Feuerwehrkameraden aus den Wehren. In: Brandschutz / Deutsche Feuerwehr-Zeitung 2/ 1998, S. 93-97.

Ewald
Gustav Ewald: Die Geschichte der Feuerspritze bis 1945, Stuttgart o.J. (1974?).

Farrenkopf 1993
Dieter Farrenkopf: Festansprache aus Anlaß des 30jährigen Bestehens des Deutschen Feuerwehrmuseums. In: Mitteilungsblatt des Deutschen Feuerwehr-Museums (Fulda) e.V., 4. Jg. 1993, S. 89-94.

Finker 1970
Kurt Finker: Jungdeutscher Orden (Jungdo) 1920-1933 In: Fricke1970, Bd. 2, S. 227-237.

Foedrowitz 1994
Michael Foedrowitz: Feuerwehrfahrzeuge im Einsatz 1939-1945. Feuersturm und Wassergasse. Wölfersheim-Berstadt 1994.

Foedrowitz 1998
Michael Foedrowitz: Bunkerwelten. Luftschutzanlagen in Norddeutschland. Berlin 1998.

Försterling/Mahn/Trabert 1993
Reinhard Försterling/Johannes Mahn/ Barbara Trabert: Das Feuerlöschwesen in Salzgitter (Beiträge zur Stadtgeschichte, hrsg. vom Archiv der Stadt Salzgitter, Bd. 10). Salzgitter 1993.

Frank 1929
Branddirektor Syndikus Frank (Hrsg.): Das Deutsche Feuerwehrbuch. Ein Ehrenbuch des Dienstes am Allgemeinwohl. Dresden/Wien 1929, Reprint-Sonderausgabe Hanau 1989.

Fricke 1970
Dieter Fricke et al. (Hrsg.): Die bürgerlichen Parteien in Deutschland. Handbuch der Geschichte der bürgerlichen Parteien und anderer bürgerlicher Interessenorganisationen vom Vormärz bis zum Jahre 1945. 2 Bde. Berlin 1970.

Friedrich/Schöbel 1993
Heinz Friedrich/Frieder Schöbel (Hrsg.): Braunschweig im Bombenkrieg. Dokumente zur Ausstellung 30.9. - 31.10.1993. Braunschweig 1993.

Furtwängler 1964
Franz Josef Furtwängler: ÖTV. Die Geschichte einer Gewerkschaft, hrsg. v. Hauptvorstand der Gewerkschaft Öffentliche Dienste, Transport und Verkehr. Stuttgart 4. erweiterte Aufl. 1964.

Giller/Mierke/Petig 1991
Andreas Giller/Klaus Mierke/Hansfrieder Petig: 100 Jahre Berufsfeuerwehr Kassel 1891-1991. Eine Dokumentation. Kassel 1991.

Gläser 2000
Heinz Gläser: Feuerwehrwesen der DDR. Versuch einer Systematisierung. In: Brandschutz / Deutsche Feuerwehr-Zeitung 2/2000, S. 83-98.

Grabe/Hollmann/Mlynek/Radtke 1983
Thomas Grabe/Reimar Hollmann/Klaus Mlynek/Michael Radtke: Unter der Wolke des Todes leben. Hannover im Zweiten Weltkrieg. Hamburg 1983.

Grote 1985
Eckart Grote: Braunschweig im Zweiten Weltkrieg (Arbeitsberichte aus dem Städtischen Museum Braunschweig 49). Braunschweig 1985.

Gruber 1985
Walter Gruber: Das Rote Kreuz in Deutschland. Wiesbaden 1985.

Grollmus 1931
Erich Grollmus: Verband Deutscher Berufsfeuerwehrmänner. In: Ludwig Heyde (Hrsg.): Internationales Handwörterbuch des Gewerkschaftswesens, Band 1. Berlin 1931, S. 1864.

Günther 1970
Hermann Günther: Die geschichtliche Entwicklung des Braunschweigischen Feuerwehrverbandes (Titel fingiert). Braunschweig 1970.

Günther 1990
Hermann Günther: Braunschweigischer Feuerwehrverband 1870-1990. Goslar 1990.

Günther 1994
Hermann Günther: Die Berufsfeuerwehr Braunschweig im Vorfeld der Luftangriffe von 1944. Planung, Aufbau und Einsatz des Zivilen Luftschutzes 1926-1943. Hrsg. u. mit einem Vorwort versehen von Andreas Linhardt. Goslar/Braunschweig 1992, 3. erw. Auflage 1994.

Günther 2000
Hermann Günther: Die Überland-Motorspritze. In: Braunschweig 2000, S. 230-235.

Haag 1958
Walter Haag: Reichswehr und Luftschutz 1919-1932. In: Ziviler Luftschutz, 22. Jg. 1958, Teil 1: H. 5, S. 98-102; Teil 2: H. 7, S. 159-165.

Hampe 1963
Erich Hampe: Der Zivile Luftschutz im Zweiten Weltkrieg. Frankfurt am Main 1963.

Hannover 1988
O.V.: Portrait: Feuerwehr Hannover. In: 112. Magazin der Feuerwehr, 13. Jg. 1988, H. 4, S. 198-210.

Hartung 1987
Werner Hartung: Feuerwehrfahrzeuge der Kriegszeit. In: Brekina Autoheft, Umkirch 1987, S. 40-62.

Hauschild-Thiessen 1993
Renate Hauschild-Thiessen (Bearb.): Die Hamburger Katastrophe vom Sommer 1943 in Augenzeugenberichten (Veröffentlichungen des Vereins für Hamburgische Geschichte 38). Hamburg 1993.

Herterich/Hornung 1970
Oskar Herterich/Wolfgang Hornung: Die deutschen Brandschutz-Organisationen. Werden - Wirken - Vergehen - Auferstehen. In: VFDB-Zeitschrift/Forschung und Technik im Brandschutz, 19. Jg. 1970, S. 45-52.

Hillgruber/Hümmelchen 1978
Andreas Hillgruber/Gerhard Hümmelchen: Chronik des zweiten Weltkriegs. Kalendarium militärischer und politischer Ereignisse 1939-1945. Düsseldorf 1978, Sonderausgabe Bindlach 1989.

Hornung 1985
Wolfgang Hornung: Feuerwehrgeschichte. Brandschutz und Löschgerätetechnik von der Antike bis zur Gegenwart. Stuttgart 2. Aufl. 1985.

Huck 1957
Jürgen Huck: Ausweichstellen und Aktenschicksal des Hauptamtes Ordnungspolizei im Zweiten Weltkrieg. In: Zur Geschichte der Ordnungspolizei 1936 - 1945 (Schriften des Bundesarchivs 3/ 1957). Koblenz 1957.

Hüttenberger 1969
Peter Hüttenberger: Die Gauleiter. Studie zum Wandel des Machtgefüges in der NSDAP (Schriftenreihe der Vierteljahrshefte für Zeitgeschichte 19). Stuttgart 1969.

Hüttenberger 1980
Peter Hüttenberger: Bibliographie zum Nationalsozialismus (Arbeitsbücher zur modernen Geschichte 8). Göttingen 1980.

Jarausch/Haase 1990
Dieter Jarausch/Joachim Haase: Die Feuerwehrregimenter im 2. Weltkrieg. Teil 2. (Bericht Nr. 18 der Deutschen Brandschutzgeschichte der Vereinigung zur Förderung des Deutschen Brandschutzes e.V. (vfdb)). Stuttgart 1990.

Jarausch/Haase 1991
Dieter Jarausch/Joachim Haase: Die Stuttgarter Feuerwehr. Stuttgart 1991.

Klinge 2001
Godeke Klinge: Vom Heimatluftschutz zum Zivilschutz. Die Geschichte und Entwicklung des deutschen Luft- und Zivilschutzes von 1900 bis 1990. In: IG-Nachrichten, 2. Jg. 2001, Teil 1 (Kaiserzeit und Erster Weltkrieg): H. 3, S. 20-28 ; Teil 2 (Die Weimarer Republik 1919-1932): H. 4, S. 26-37.

Kronenberg 1998
Werner Kronenberg: Braunschweig 1939-1945. Berichte und Kommentare (eines ehemaligen Angehörigen der Hitler-Jugend-Feuerwehr 1942-45). Typoskript. Braunschweig 1998.

Ladwig 1985
Benno Ladwig: Jugendfeuerwehren in Deutschland 1865 bis 1965 (Bericht Nr. 11 der Deutschen Brandschutzgeschichte der Vereinigung zur Förderung des Deutschen Brandschutzes e.V. (vfdb)). Typoskript. Wallmenroth 1985.

Lindner 1988
Kurt G. Lindner: Der Sicherheits- und Hilfsdienst (SHD) und die Luftschutzpolizei (LS-Pol.) (Bericht Nr. 17 der Deutschen Brandschutzgeschichte der Vereinigung zur Förderung des Deutschen Brandschutzes e.V. (vfdb)). Typoskript. Seeheim-Jugenheim 1988.

Linhardt 1991
Andreas Linhardt: Die Anfänge der Technischen Nothilfe. Vom Spartakusaufstand bis zum Kapp-Lüttwitz-Putsch. Typoskript. Braunschweig 1991.

Linhardt 2000
Andreas Linhardt (Verf., Bearb.): Auf dem Weg zur modernen Großstadtfeuerwehr 1906-1945. In: Braunschweig 2000, S. 195-315.

Lippe 1992
Helmut von der Lippe: „Diese Nacht vergesse ich nie". Lübeck Palmarum 1942: Eine Stadt im Bombenhagel. Lübeck 1992.

Matzerath 1970
Horst Matzerath: Nationalsozialismus und kommunale Selbstverwaltung (Schriftenreihe des Vereins für Kommunalwissenschaften e.V. Berlin 29). Stuttgart/Berlin/Köln/Mainz 1970.

Müller 1988
Wilhelm Müller: Mit einem Unfall fing es an. Illustrierte Geschichte des Arbeiter-Samariter-Bundes. Wiesbaden 1988.

Munson 1978
Kenneth Munson: Bomber, Überwachungs- und Aufklärungsflugzeuge 1914-1919, Zürich 2. revidierte Auflage 1978 (engl. Originalausgabe Bombers 1914-19, London 1968).

Neffke 1989
Reinhard Neffke: Abriß der Geschichte der KOMBA-Gewerkschaft anläßlich der Wiederbegründung vor vierzig Jahren, hrsg. von der Bundesleitung der KOMBA-Gewerkschaft für den Kommunal- und Landesdienst. Bonn 1989.

Neufeldt 1957
Hans-Joachim Neufeldt: Die Organisation des Hauptamtes Ordnungspolizei. In: Zur Geschichte der Ordnungspolizei 1936 - 1945 (Schriften des Bundesarchivs 3/1957). Koblenz 1957.

Neumann 1977
Franz Neumann: Behemoth. Struktur und Praxis des Nationalsozialismus 1933-1944, hrsg. und mit einem Nachwort „Franz Neumanns Behemoth und die heutige Faschismusdiskussion" von Gert Schäfer. Köln/Frankfurt am Main 1977.

Nickel 2000
Hartmut Nickel: Schadenfeuer und deren Bekämpfung vom Mittelalter bis zur Mitte des 19. Jahrhunderts. In: Braunschweig 2000, S. 19-107.

Obst 1991
Dieter Obst: „Reichskristallnacht". Ursachen und Verlauf des antisemitischen Pogroms vom November 1938. Diss. Bochum 1991. Frankfurt am Main 1991.

Oswald/Gihl 1986
Werner Oswald/Manfred Gihl: Kraftfahrzeuge der Feuerwehr und des Sanitätsdienstes 1900 - 1975. Eine Typengeschichte. Stuttgart 5. Aufl. 1986.

Ottomann 1970
Hans Ottomann (verantw.): Hundert Jahre Braunschweigischer Feuerwehrverband e.V. Festschrift. Goslar 1970.

Overesch/Saal 1982
Manfred Overesch/Friedrich Wilhelm Saal: Die Weimarer Republik. Eine Tageschronik der Politik, Wirtschaft, Kultur. Düsseldorf 1982. Lizenzausgabe Augsburg 1992.

Permooser 1996
Irmtraud Permooser: Der Luftkrieg über München 1942-1945. Bomben auf die Hauptstadt der Bewegung. Oberhaching 1996.

Prescher 1955
Rudolf Prescher: Der rote Hahn über Braunschweig. Luftschutzmaßnahmen und Luftkriegsereignisse in der Stadt Braunschweig 1927 bis 1945 (Braunschweiger Werkstücke 18). Braunschweig 1955.

Prescher 1980
Rudolf Prescher: Berufsfeuerwehr Braunschweig, gegründet am 01.08.1875. Zum Bericht Nr. 9 der Deutschen Brandschutzgeschichte der Vereinigung zur Förderung des Deutschen Brandschutzes e.V. (vfdb): Berufsfeuerwehren/Feuerlöschpolizeien/Feuerschutzpolizeien von A - Z, S. 105 - 136 (Karlsruhe 1984). Typoskript. Braunschweig 1980.

Prescher 1981
Rudolf Prescher: Berufsfeuerwehr - Feuerlöschpolizei/Feuerschutzpolizei - Berufsfeuerwehr von 1933-1951 (Bericht Nr. 2 der Deutschen Brandschutzgeschichte der Vereinigung zur Förderung des Deutschen Brandschutzes e.V. (vfdb)). Typoskript. Braunschweig 1981.

Prescher 1984
Rudolf Prescher: Berufsfeuerwehren/Feuerlöschpolizeien/Feuerschutzpolizeien von A-Z. (Bericht Nr. 9 der Deutschen Brandschutzgeschichte der Vereinigung zur Förderung des Deutschen Brandschutzes e.V. (vfdb)). Typoskript. Braunschweig 1984.

Prescher 1986
Rudolf Prescher: Berufsfeuerwehr Braunschweig. Zur Ausarbeitung von 1980, Ergänzungen und Quellenanhänge. Typoskript. Braunschweig 1986.

Price 1979
Alfred Price: Handbuch Deutsche Luftwaffe 1939-1945. Führung, Organisation, Ausstattung. Stuttgart 1979.

Rebentisch/Teppe 1986
Dieter Rebentisch/Karl Teppe (Hrsg.): Verwaltung contra Menschenführung im Staat Hitlers. Studien zum politisch-administrativen System. Göttingen 1986.

Roloff 1964
Ernst-August Roloff: Braunschweig und der Staat von Weimar. Politik, Wirtschaft und Gesellschaft 1918-1933 (Braunschweiger Werkstücke 31). Braunschweig 1964.

Rumpf 1952
Hans Rumpf: Der hochrote Hahn. Darmstadt 1952.

Salewski 1974
Michael Salewski: Zur deutschen Sicherheitspolitik in der Spätzeit der Weimarer Republik. In: Vierteljahreshefte für Zeitgeschichte 1974, H. 2, S. 121-147.

Schmidt 1964
Klaus Schmidt: Die Brandnacht. Dokumente von der Zerstörung Darmstadts am 11. September 1944. Darmstadt 10. Auflage o.J. (1. Aufl. 1964).

Schnell 1956
Walter Schnell: Abriß aus der Geschichte der Freiwilligen Feuerwehren 1933-1945. In: Hans G. Kernmayr (Hrsg.): Der goldene Helm. München 1956, S. 274-285.

Schramm 1983
Georg Wolfgang Schramm: Der zivile Luftschutz in Nürnberg 1933-1945. 2 Bde. (Nürnberger Werkstücke zur Stadt- und Landesgeschichte 35/I u. II). Diss. Erlangen-Nürnberg 1983.

Seidler 1996
Franz W. Seidler: Blitzmädchen. Die Geschichte der Helferinnen der deutschen Wehrmacht im Zweiten Weltkrieg. Bonn 1996.

Spuler 1964
Berthold Spuler (Bearb.): Minister-Ploetz. Regenten und Regierungen der Welt, Teil II, Band 4: Neueste Zeit 1917/18-1964, Würzburg 2. Aufl. 1964.

Steinweg 1989
Wolfgang Steinweg: 1939. Hannovers Weg in den Zweiten Weltkrieg. Hannover 1989.

Stichternath 2000
Christian Stichternath: Polizeitruppe und Luftschutzorganisation: Berufsfeuerwehr Hannover im Dritten Reich. Magisterarbeit. Hannover 2000.

Stichternath 2001
Christian Stichternath: Die Feuerwehr im Dienst des Nationalsozialismus. Politisierung, Militarisierung und Propaganda bei der Berufsfeuerwehr Hannover. In: Brandschutz / Deutsche Feuerwehr-Zeitung 2/2001, S. 126-132.

Stichternath 2002
Christian Stichternath: Die Feuerwehr als Teil der Kriegführung. Personalmangel, Aufgabenwandel, Militarisierung. In: Brandschutz / Deutsche Feuerwehr-Zeitung 2/2002, S. 108-117.

Strumpf 1983
Günter Strumpf: Offiziersvereinigungen der deutschen Berufsfeuerwehren von 1875 bis 1945 (Bericht Nr. 1 der Deutschen Brandschutzgeschichte der vfdb). Hanau 1983.

Strumpf 1987
Günther Strumpf: Die Berliner Feuerwehr von den Anfängen bis zur Gegenwart. Hanau 1987.

Tessin 1957
Georg Tessin: Die Stäbe und Truppeneinheiten der Ordnungspolizei. In: Zur Geschichte der Ordnungspolizei 1936 - 1945 (Schriften des Bundesarchivs 3/1957). Koblenz 1957.

Teppe 1986
Karl Teppe: Der Reichsverteidigungskommissar. Organisation und Praxis in Westfalen. In: Dieter Rebentisch/Karl Teppe (Hrsg.): Verwaltung contra Menschenführung im Staat Hitlers. Studien zum politisch-administrativen System. Göttingen 1986, S. 278-301.

Traupe 1988
Karl Traupe: Der Kreisbefehlsstand in Braunschweig und andere Kriegsbauten im Nußberg. Typoskript. Braunschweig 1988.

Vorländer 1988
Herwart Vorländer: Die NSV. Darstellung und Dokumentation einer nationalsozialistischen Organisation (Schriften des Bundesarchivs 35). Boppard am Rhein 1988.

Voßmeier 1990
Reinhard Voßmeier: Die Geschichte der Deutschen Feuerwehrtage. In: Bevölkerungsschutz-Magazin, Jg. 1990, H. 6, S. 56-57.

Wiswe/Prescher 1975
Mechthild Wiswe/Rudolf Prescher: Brandschutz im Wandel der Zeit. 100 Jahre Berufsfeuerwehr Braunschweig (Veröffentlichungen des Braunschweigischen Landesmuseums 3). Braunschweig 1975.

Wolf 1985
Werner Wolf: Luftangriffe auf die deutsche Industrie 1942-45. München 1985.

Wood/Gunston 1979
Tony Wood/Bill Gunston: Die Luftwaffe. Eine illustrierte Geschichte der deutschen Luftstreitmacht im II. Weltkrieg. London 1977, dt. Sonderausgabe Köln 1979.

Zivilschutz 1983
Bundesminister des Innern (Hrsg.): Zivilschutz heute für den Bürger - mit dem Bürger. Bonn 4. geänderte Auflage 1983.

Zuch 1989
Martin Zuch: 115 Jahre Freiwillige Feuerwehr Rühme. Braunschweig 1989.

Personenregister

Berichte des vfdb-Referats 11

Nr. 1 01/1982, Fachgebiet: RDF und Vorgänger
Günther Strumpf: Offiziersvereinigungen der deutschen Berufsfeuerwehren von 1895 bis 1945.
- Printausgabe: Hanau: EFB-Verlag 1983.
- 3 Mikro-Fiches = 153 S.

Nr. 2 02/1982, Fachgebiet: Berufsfeuerwehr (Feuerschutzpolizei)
Rudolf Prescher: Berufsfeuerwehr/Feuerlöschpolizei/Feuerschutzpolizei/Berufsfeuerwehr von 1933 bis 1951.
- 6 Mikro-Fiches = 314 S.

Nr. 3 03/1982, Fachgebiet: Militärische Feuerwehren
Karl Rode: Die Fliegerhorst-Feuerwehr der deutschen Luftwaffe von 1935 bis 1945.
- Printausgabe: Ludwigsburg: Selbstverlag 1984.
- 6 Mikro-Fiches = 351 S.
- Auszugsweise Abdruck in: 112. Magazin der Feuerwehr. H. 5, 6 u. 7/1987. 341 S =

Nr. 4 04/1982, Fachgebiet: Vorbeugender Brandschutz
Alexander Stude: Aus den Anfängen des Vorbeugenden Brandschutzes von 1882 bis 1901.
- 3 Mikro-Fiches = 150 S.

Nr. 5 05/1982, Fachgebiet: Fahrzeuge
Karl Zispe: Luftfahrzeuge.
- 1 Mikro-Fiche (zusammen mit Nr. 6) = 21 S.

Nr. 6 05/1982, Fachgebiet: Einsatztaktik und -organisation/Luft
Karl Zispe: Feuerwehr-Flugdienst.
- 1 Mikro-Fiche (zusammen mit Nr. 5) = 16 S.

Nr. 7 11/1983, Fachgebiet: Berufsfeuerwehr (Feuerschutzpolizei)
Rudolf Prescher: Deutsche Berufsfeuerwehr von 1851 bis 1932.
- 5 Mikro-Fiches = 273 S.

Nr. 8 01/1984, Fachgebiet: vfdb
Hanns-Dieter Spohn: Vereinigung zur Förderung des Deutschen Brandschutzes e.V. von der Gründung bis 1983.
- 2 Mikro-Fiches = 92 S.

Nr. 9 11/1984, Fachgebiet: Berufsfeuerwehr (Feuerschutzpolizei)
Rudolf Prescher: Berufsfeuerwehren/Feuerlöschpolizeien/Feuerschutzpolizeien von A-Z.
- 13 Mikro-Fiches = 830 S.

Nr. 10 05/1984, Fachgebiet: Militärische Feuerwehren
Karl Rode: Militärische Feuerwehren Heer-Marine-Luftwaffe.
- 1 Mikro-Fiche = 22 S.

Nr. 11 04/1985, Fachgebiet: Jugend-Feuerwehr (HJ-Feuerwehr)
Benno Ladwig: Jugendfeuerwehren in Deutschland von 1865 bis 1965.
• Printausgabe: Hanau: EFB-Verlag 1986.
• 5 Mikro-Fiches = 304 S.

Nr. 12 04/1986, Fachgebiet: Feuerwehrverlage und Zeitschriften
Helmut Raab: Die Feuerspritze - Geschichte einer Feuerwehr-Zeitschrift.
• 5 Mikro-Fiches = 296 S.

Nr. 13 05/1986, Fachgebiet: Tragbare Leitern
Gert Magnus: Die tragbaren Leitern.
• 4 Mikro-Fiches = 231 S.

Nr. 14 06/1986, Fachgebiet: Feuerschutzpolizei-Regimenter
Dieter Jarausch/Joachim Haase: Die Feuerwehr-Regimenter im 2. Weltkrieg. Das Feuerschutzpolizei-Regiment „Sachsen".
• Printausgabe: Stuttgart: Selbstverlag 1986.

Nr. 15 03/1987, Fachgebiet: Hauptberufliche Kräfte
Benno Ladwig/Rudolf Prescher/Hanns-Dieter Spohn: Hauptberufliche Kräfte bei Freiwilligen Feuerwehren und Freiwillige Feuerwehren bei Berufsfeuerwehren.
• 1 Mikro-Fiche = 54 S.

Nr. 16 04/1988, Fachgebiet: Dichtung/Musik/Lied/Signale
Benno Ladwig: Musik und Lied in der Feuerwehr.
• 9 Mikro-Fiches = 583 S.

Nr. 17 11/1988, Fachgebiet: SHD (LS-Polizei) und LS-Abteilungen (mot) der Luftwaffe
Kurt G. Lindner: Der Sicherheits- und Hilfsdienst (SHD) und die Luftschutzpolizei (LS-Pol.).
• Typoskript: Deutsches Feuerwehr-Museum Fulda, Nachlaß Kurt Lindner, 1 : 2 : 2.
• 3 Mikro-Fiches = 148 S.

Nr. 18 01/1990, Fachgebiet: Feuerschutzpolizei-Regimenter
Dieter Jarausch/Joachim Haase: Die Feuerwehr-Regimenter im 2. Weltkrieg. Teil 2.
• Printausgabe: Stuttgart: Selbstverlag 1990.

Nr. 19 04/2002, Fachgebiet: SHD (LS-Polizei) und LS-Abteilungen (mot) der Luftwaffe
Andreas Linhardt: Feuerwehr im Luftschutz 1926-1945. Die Umstrukturierung des öffentlichen Feuerlöschwesens in Deutschland unter Gesichtspunkten des zivilen Luftschutzes.
• Printausgabe: Braunschweig: Selbstverlag (Books on Demand) 2002.

Berichte auf Mikro-Fiches sind zu beziehen bei:

M & M Mikrofilm- und Mediengesellschaft mbH
Schockenriedstraße 12 A

D-70565 Stuttgart (Vaihingen)
Tel. (0711) 78053-0, Fax (0711) 78053-23, E-Mail: M-M-Wandel@t-online.de